SEQUESTRANDO
O BITCOIN

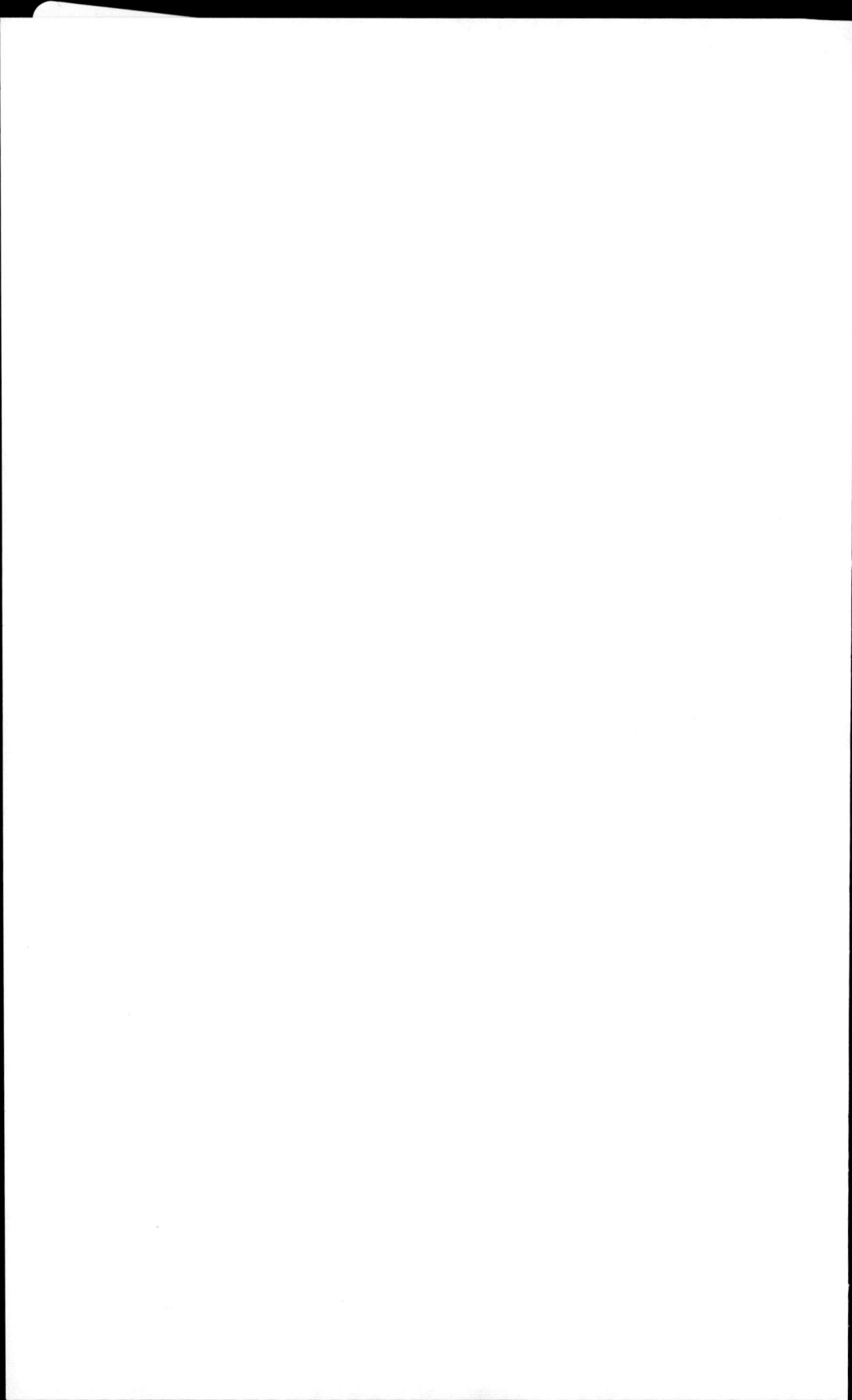

SEQUESTRANDO O BITCOIN

A **HISTÓRIA OCULTA** DO BTC

ROGER VER COM
STEVE PATTERSON

Coescrito com Steve Patterson

Steve-patterson.com

ISBN 979-8-9894924-7-3 (Brochura)

ISBN 979-8-9894924-9-7 (ePub)

ISBN 979-8-9894924-3-5 (Versão em Inglês)

Configuração da capa por Felix Diaz De Escauriaza

Sumário

Parte II: Sequestrando o Bitcoin

Parte III: Retomando o Bitcoin

SEQUESTRANDO O BITCOIN

Nota do Tradutor

A palavra "Bitcoin" é utilizada com o artigo definido masculino "o" por dois motivos: pela utilização costumeira desse artigo definido para se fazer referência a diversas moedas fiduciárias, tais como o real, o dólar, o euro, o yuan e o iene; e pela conotação dessa palavra na condição de "sistema" (sistema computacional-monetário).

Tendo em vista a profusão de termos e expressões com relação ao mundo da computação e das criptomoedas, várias palavras aparecem em língua inglesa; vocábulos correspondentes tanto em português quanto em inglês foram colocados em cada capítulo, conforme o contexto de cada trecho.

Boa leitura!

Prefácio

por Jeffrey Tucker

A história que você aqui lerá é de tragédia, a crônica de uma tecnologia monetária emancipacionista subvertida para outros fins. Trata-se de uma leitura dolorosa, com certeza, sendo também a primeira vez em que essa história é contada com tantos detalhes e tanta sofisticação. Tivemos a chance de libertar o mundo. Essa oportunidade foi perdida, provavelmente sequestrada e subvertida.

Aqueles de nós que acompanharam o Bitcoin desde os primórdios olharam com fascínio para a maneira como ele obteve força e como parecia oferecer um caminho alternativo viável para o futuro da moeda, do dinheiro. Enfim, depois de milhares de anos de corrupção governamental da moeda, finalmente tínhamos uma tecnologia intocável, sólida, estável, democrática, incorruptível e cumpridora da visão dos grandes defensores da liberdade de toda a história humana. A moeda, finalmente, poderia ser libertada do controle do estado e, assim, alcançar objetivos econômicos em vez de objetivos políticos — prosperidade para todos *versus* guerra, inflação e expansão estatal.

De qualquer forma, essa era a visão. Infelizmente, isso não aconteceu. A adoção do Bitcoin é menor hoje em comparação com cinco anos atrás. Não se encontra numa trajetória de vitória final, mas num caminho diferente para incrementar de maneira gradual o preço aos seus adotantes anteriores. Em resumo, a tecnologia foi traída por pequenas mudanças que, na época, quase ninguém entendia.

Eu certamente não compreendia. Eu vinha lidando com o Bitcoin por alguns anos — e fiquei impressionado principalmente com a velocidade da liquidação, com o baixo custo das transações e com a capacidade de qualquer pessoa, mesmo sem o suporte de um banco, de enviá-lo ou recebê-lo sem mediação financeira. Esse é um milagre sobre o qual, na época, escrevi de forma entusiasmada. Realizei uma Conferência de Criptomoedas em Atlanta, Geórgia, em outubro de 2013, que se concentrou no lado intelectual e técnico das coisas. Foi uma das primeiras conferências nacionais sobre o assunto; porém, mesmo nesse evento, percebi dois lados se unindo: aqueles que acreditavam na concorrência monetária; e aqueles cujo único compromisso era com um protocolo.

A minha pista inicial de que algo dera errado apareceu dois anos depois, quando, pela primeira vez, vi que a rede estava seriamente entupida. As taxas de transação dispararam, a liquidação diminuiu ao ritmo de caramujos, e um número grande de processos de transferência entre dinheiro fiduciário e criptomoedas foi fechado por causa dos elevados custos de *compliance* (conformidade). Eu não entendi. Entrei em contato com vários especialistas, os quais me explicaram sobre uma guerra civil silenciosa que se formou dentro do mundo cripto. Os chamados "maximalistas" tinham se voltado contra a adoção generalizada. Eles gostavam das taxas altas. Não se importavam com as liquidações lentas. E muitos estavam se envolvendo no minguante número de corretoras de criptomoedas (*exchanges*) que ainda se encontravam em funcionamento graças a uma repressão governamental.

Ao mesmo tempo, foram se tornando disponíveis novas tecnologias que aprimoraram extensamente a eficiência e a disponibilidade do comércio em dólares fiduciários. Elas incluíam Venmo, Zelle, CashApp, pagamentos no Facebook/Meta e várias outras coisas, além de iPads e anexos de *smartphones* que possibilitavam a qualquer comerciante de qualquer tamanho processar cartões de crédito. Tais tecnologias se mostravam completamente diferentes do Bitcoin porque eram baseadas em permissões e mediadas por empresas financeiras. No entanto, para os usuários, elas pareciam ótimas; e a sua presença no mercado afastou o caso de uso do Bitcoin no exato momento em que a minha amada tecnologia se tornara uma versão irreconhecível de si mesma.

A bifurcação — *forking* — do Bitcoin em Bitcoin Cash ocorreu dois anos depois, em 2017, e foi acompanhada de grandes gritos e lamentos como se algo horrível estivesse acontecendo. Na verdade, tudo que estava ocorrendo era uma mera restauração da visão original do fundador, Satoshi Nakamoto. Ele, junto com os historiadores monetários do passado, acreditava que a chave para transformar qualquer mercadoria em moeda, em dinheiro generalizado, estava na adoção e no uso. É impossível sequer imaginar condições sob as quais qualquer mercadoria poderia assumir a forma de moeda sem um caso de uso viável e aproveitável pelo mercado. O Bitcoin Cash foi uma tentativa de restaurar isso.

O momento de acelerar a adoção dessa nova tecnologia foi o período 2013–2016, mas esse momento foi espremido em duas direções: a limitação deliberada da capacidade da tecnologia de escalonar; e o impulso de novos sistemas de pagamento para excluir o caso de uso. Conforme este livro demonstra, no final de 2013, o Bitcoin já tinha sido alvo de captura. Quando o Bitcoin Cash se apresentou para o resgate, a rede mudara todo o seu foco: da ação de usar para a ação de manter o que existe e para a ação de elaborar tecnologias de segunda camada com as quais lidar com os problemas de escalabilidade. Aqui estamos em 2024, com uma indústria lutando para encontrar o seu caminho dentro de um nicho, enquanto os sonhos de um preço "para a lua" estão desaparecendo na memória.

Este é o livro que tinha de ser escrito. Trata-se da história de uma oportunidade perdida de mudar o mundo, uma história trágica de subversão e traição. Mas trata-se também de uma história esperançosa de esforços que podemos realizar para garantir que o sequestro do Bitcoin não seja o capítulo final. Ainda existe a chance de que essa grande inovação liberte o mundo, mas o caminho de aqui para lá acaba se mostrando mais tortuoso que aquele que qualquer um de nós jamais imaginou.

Roger Ver não toca a sua própria trombeta neste livro, mas ele realmente se revela um herói desta saga, não apenas mostrando-se um profundo conhecedor das tecnologias, mas também um homem que se apegou a uma visão emancipatória do Bitcoin desde os primeiros dias até o presente. Compartilho do seu compromisso com a ideia de dinheiro *peer-to-peer* (ponta-a-ponta) para as massas, juntamente com um mercado concorrencial de moedas ofertadas pela livre iniciativa. Esta constitui uma história documental extremamente importante; e a polêmica, por si só, desafiará qualquer pessoa que acredite estar do outro lado. Independentemente disso, este livro tinha de existir, por mais doloroso que fosse. É um presente para o mundo.

Jeffrey Tucker
Presidente, Instituto Brownstone

Introdução

Os últimos treze anos da minha vida foram despendidos tentando fazer do Bitcoin e de outras criptomoedas o dinheiro do futuro. Essa tecnologia possui o potencial de tornar o mundo um lugar radicalmente mais livre e próspero; e ela acabará sendo uma das invenções mais importantes de todos os tempos. Passei mais de uma década evangelizando sobre os benefícios do Bitcoin; financiei inúmeras *startups* dentro da indústria; construí os meus próprios negócios em torno disso; e vi o preço aumentar em mais de 6.500.000%. Este livro, porém, não é uma história de amor, e eu preferiria que ele não precisasse ser escrito. O projeto com o qual me envolvi em 2011 foi sequestrado e modificado para pior.

O Bitcoin foi configurado e projetado para ser dinheiro digital, utilizável no comércio diário, com taxas diminutas e transações rápidas, funcionando dessa maneira por anos. Entretanto, hoje, o Bitcoin é considerado "ouro digital", não destinado ao comércio diário, com taxas elevadas e transações lentas — uma reversão completa da configuração original. Hoje, ele é discutido e abordado na condição de "reserva de valor", com pouca consideração sobre a sua utilidade como sistema de pagamento. Algumas pessoas inclusive afirmam que o Bitcoin não pode funcionar como um sistema de pagamento, pois não escala. Essas ideias corriqueiras são simplesmente falsas. O motivo pelo qual o Bitcoin não mais é utilizado como dinheiro digital nada tem a ver com a tecnologia subjacente. É porque um grupo de desenvolvedores/programadores de *software* tomou o controle do projeto, decidiu modificar a sua configuração e limitou intencionalmente a sua funcionalidade — seja por incompetência, por sabotagem ou por uma mistura de ambos. A tomada do controle aconteceu entre 2014 e 2017, acabando por resultar na cisão da rede em duas e na indústria de criptomoedas fraturada em mil pedaços. O projeto original ainda existe e permanece extremamente promissor, mas não mais é negociado sob o símbolo-*ticker* "BTC".

À medida que viajo e continuo a falar ao redor do mundo sobre os benefícios das criptomoedas, tornou-se evidente que quase ninguém conhece a história da apoderação do Bitcoin. As principais plataformas de discussão *online* foram fortemente censuradas por anos, e tais plataformas controlam cuidadosamente as informações que as pessoas recebem. Os maximalistas do Bitcoin — as vozes barulhentas que insistem na ideia de que sejam golpes todos os projetos que não sejam o BTC — também desencorajam a investigação crítica, principalmente por meio de intimidações contra as pessoas nas redes sociais. Qualquer indivíduo que questione a narrativa deles é instantaneamente ridicularizado, e isso provou ser uma tática eficaz para silenciar a dissidência. Visto que ninguém fala, os recém-chegados quase não têm a chance de ouvir sobre a verdadeira história do Bitcoin, assim como a sua real configuração. Este livro fornece tais informações.

Sequestrando o Bitcoin possui três partes. A Parte I compõe uma análise detalhada da configuração original do Bitcoin e das mudanças radicais nela feitas. A Parte II consiste na história da tomada do controle, da apoderação, incluindo as muitas táticas sujas empregadas — como censura, propaganda e ataques a negócios e empresas que discordavam da narrativa. A seção final, a Parte III, é sobre resgatar o Bitcoin dos seus captores e oferecer uma visão realista para o futuro.

Envolver-se cedo com uma tecnologia inovadora representa um

sonho de muitos empreendedores, e a minha jornada tem sido repleta de momentos emocionantes e histórias interessantes. Mas esta obra não consiste num livro de memórias. O objetivo dela é educar. Nos últimos anos, tenho compartilhado essas informações em conversas privadas, discursos públicos e vídeos na internet, mas agora é o momento de colocar tudo por escrito. O objetivo é auxiliar as pessoas a entenderem a situação atual do Bitcoin e a forma como ele chegou ali. Aos empreendedores e investidores interessados em promover ao mundo um dinheiro digital rápido, barato, confiável e à prova de inflação: ainda podemos fazer isso. Só temos de trabalhar juntos no projeto certo.

Parte I:
Uma Configuração Engenhosa

1

Visão Modificada

A revolução das criptomoedas começou quando o Bitcoin foi lançado para o mundo em 2009. Durante a última década, o Bitcoin passou de ser algo absolutamente obscuro para se tornar sensação internacional que originou uma indústria nova. Os empreendedores estão tentando utilizar a tecnologia para solucionar uma ampla variedade de problemas, desde simplesmente aprimorar os pagamentos *online* até reelaborar o sistema financeiro global. Entre toda a cobertura jornalística, toda a especulação de Wall Street e todo o entusiasmo na internet, as criptomoedas são provavelmente a tecnologia mais badalada do século XXI. No entanto, apesar do *hype* (frenesi) e dos aumentos astronômicos de preços, o impacto delas no mundo real tem sido pequeno. No futuro, as criptomoedas podem servir como o alicerce de um novo sistema financeiro ou se tornar uma alternativa ao dinheiro emitido pelos governos; porém, até o momento, o principal uso delas tem sido a especulação financeira.

A situação faz com que me lembre de quando eu morava no Vale do Silício durante o *boom* (bonança) da internet dos anos 1990. Previa-se que a tecnologia da internet iria revolucionar o comércio no mundo inteiro, o que significava que qualquer "empresa de internet" sem nenhuma infraestrutura ou nenhum plano de negócios plausível poderia arrecadar milhões apenas por possuir um domínio, um *website*, de nome sofisticado. A especulação foi alucinante. Muitas das maiores *startups* faliram logo alguns anos depois de abrirem o capital. Entretanto, apesar do infame estouro da bolha *dot.com* ("ponto.com"), o mundo acabou de fato sendo revolucionado pela internet. A tecnologia tornou-se infraestrutura essencial para a economia global, bem como uma parcela indispensável da vida moderna, embora o seu processo de amadurecimento tenha demorado mais que aquilo que as pessoas tinham esperado. As criptomoedas estão percorrendo um caminho semelhante. Apesar da especulação selvagem e da relativa falta de utilização, elas se mostram uma parte inevitável do nosso futuro.

Qualquer história das criptomoedas modernas deve iniciar com o Bitcoin, o avô de todas. A minha própria vida se entrelaçou com o Bitcoin desde que o descobri em 2010. As minhas primeiras moedas foram adquiridas no início de 2011 por menos de US$ 1 cada. Após alguns poucos meses, o preço disparou para US$ 30, apenas para cair e retornar a US$ 2 em novembro do mesmo ano — a primeira das muitas flutuações extremas de preços que se tornaram corriqueiras para o setor. A rápida valorização do preço, seguida por uma queda (*crash*) de 80% ou mais, mostra-se um ciclo regular que se repetiu várias vezes na curta história do Bitcoin. A volatilidade inspira boas manchetes de notícias, já que o público em geral encontra-se quase exclusivamente focado no preço. Mas, para mim, o Bitcoin sempre foi mais que somente um investimento financeiro. É uma ferramenta magnífica para aumentar a quantidade de liberdade econômica no mundo.

A comunidade Bitcoin dos tempos iniciais estava recheada de pessoas excêntricas e ideias incomuns. Como muitos outros, fui particularmente atraído pelo Bitcoin por causa dos meus ideais políticos e filosóficos. Eu dou imenso valor à liberdade humana; e acredito que os indivíduos devem ter o máximo controle sobre as suas próprias vidas. Quanto mais poder qualquer governo possua, menos poder os indivíduos detêm; e eu sabia, pelo meu estudo de economia e história, que o controle dos bancos centrais sobre a oferta monetária confere aos governos uma enorme quantidade de poder. O Bitcoin, então, foi naturalmente atraente para mim, pois ele foi configurado para operar sem uma autoridade governante central. As pessoas não precisam pedir permissão para utilizá-lo. Não há um "Banco Central do Bitcoin" que controle a oferta de moedas, e a tecnologia não reconhece fronteiras internacionais. Poucas coisas possuem mais potencial para incrementar a liberdade global que o dinheiro digital rápido, barato, não permissionado (em inglês, *permissionless*) e à prova de inflação.

O futurismo constitui a outra motivação filosófica principal por trás do meu entusiasmo pelas criptomoedas. Pensadores como Ray Kurzweil pincelam um convincente afresco do futuro em que os seres humanos melhoram radicalmente o seu bem-estar por meio de tecnologia avançada. Quando alcançarmos suficiente desenvolvimento econômico e tecnológico, poderemos ser capazes de reduzir em muito a quantidade de sofrimento no mundo e de até mesmo estender a nossa própria expectativa de vida para desfrutar de mais tempo na Terra. Para chegarmos lá, isso exigirá um nível suficiente de riqueza e prosperidade para a continuidade do financiamento das pesquisas, assim como liberdade permanente para inovar. Na minha mente, o Bitcoin nos deixa um passo mais perto de um futuro mais sofisticado tecnologicamente, no qual a vida de todos é melhorada.

Essas crenças, eu não era o único a tê-las na comunidade Bitcoin dos tempos primordiais. Fóruns *online* e plataformas de mensagens compunham os eixos centrais de discussão; e, se você visitasse esses locais da internet, veria discussões intermináveis sobre o Bitcoin ser muito mais que um simples sistema de pagamentos ou um mero investimento especulativo. Todos sabíamos que a tecnologia poderia ser utilizada para melhorar drasticamente o mundo. Brian Armstrong, cofundador e CEO da Coinbase, num artigo intitulado "How Digital Currency Will Change the World" ("Como o Dinheiro Digital Mudará o Mundo"), capturou perfeitamente esse sentimento ao afirmar:

> O dinheiro digital pode ser a maneira mais eficaz que o mundo já viu de incrementar a liberdade econômica. Se isso acontecer, as implicações são profundas. O dinheiro digital poderia tirar muitos países da pobreza, melhorar as vidas de bilhões de pessoas e acelerar o ritmo da inovação no mundo (...), reduzir guerras, propiciar uma situação melhor para os 10% mais pobres, derrubar governos corruptos e elevar a felicidade. [1]

O meu entusiasmo rapidamente se transformou em evangelismo, e eu recebi o apelido de "Jesus do Bitcoin" por pregar o Evangelho do Bitcoin para qualquer um que ouvisse — e para muitas pessoas que não desejassem escutar. Os meus amigos e a minha família, a mídia e as empresas que eu patrocinava ouviam a mesma mensagem: o Bitcoin é um dinheiro rápido, barato e confiável que foi projetado para a internet. Com ele, você pode enviar instantaneamente qualquer quantia monetária para qualquer lugar do mundo por cerca de um único centavo de dólar ou menos. Na verdade, nos primeiros dias, a maioria das transações de Bitcoin era completamente gratuita e só incluía uma pequena taxa caso as suas moedas tivessem sido recentemente movidas. As pessoas podiam ver de imediato o valor de tal tecnologia, independentemente da sua ideologia pessoal. Um dos melhores apelos de *marketing* estava em simplesmente fazer com que as pessoas usassem o Bitcoin, visto que a experiência de usuário era fantástica em comparação com outros sistemas de pagamentos. Eu incentivava as pessoas a baixarem uma carteira nos seus telefones para lhes enviar alguns dólares. Depois de experenciarem a sua primeira transação de Bitcoin, levava apenas poucos segundos para ouvir o inevitável "Uau!" depois de se deslumbrarem com a sua primeira impressão.

Em 2015, o Bitcoin estabelecera tanto ímpeto que parecia imparável. Empresas proeminentes, da Microsoft à Expedia, estavam começando a aceitá-lo para pagamentos, e a jovem indústria estava crescendo de maneira exponencial. Os sucessos começaram a se acumular. Os investimentos do capital de risco *(venture capital)* aumentaram. A cobertura da mídia se tornou positiva. O Bitcoin encontrava-se num voo direto para a Lua.

Fracasso ao Decolar

Avançando para os dias de hoje. Apesar de ser um nome conhecido, o Bitcoin ainda não tomou conta do mundo. Na realidade, existe uma verdade sombria além das manchetes e dos gráficos de preços: a utilização real do Bitcoin diminuiu desde 2018, e muitas empresas o abandonaram totalmente como uma opção de pagamento. Em múltiplas ocasiões, a rede cedeu e se tornou quase inutilizável com enormes taxas de transação e pagamentos não confiáveis. Em tempos de congestionamento da rede, a taxa média pode chegar a mais de US$ 50, e as transações podem demorar dias ou inclusive semanas para serem processadas. E talvez o pior de tudo: essas falhas impeliram a indústria a adotar as supostas "carteiras custodiadas/custodiais" (*custodial wallets*), as quais são simplesmente contas de clientes gerenciadas por uma empresa, semelhantes a contas bancárias comuns.

Todo o propósito do Bitcoin fica debilitado, prejudicado pela utilização em massa de carteiras custodiadas, pois o controle total é entregue a uma terceira parte que pode censurar, rastrear e até mesmo confiscar moedas — não diferente de um saldo em conta no aplicativo Venmo. A fraude também se torna mais fácil. Por exemplo, quando a corretora de criptomoedas (*exchange*) FTX entrou em colapso no ano de 2022, mais de um bilhão de dólares de fundos de clientes desapareceram instantaneamente. Isso somente foi possível porque a FTX detinha o controle absoluto do dinheiro dos seus clientes. A integração do Bitcoin ao PayPal constitui outro exemplo proeminente de usuários sendo integrados a carteiras custodiadas em vez de terem controle pleno sobre os seus fundos. Se as pessoas comuns estiverem todas usando carteiras custodiadas, o Bitcoin terá perdido uma propriedade-chave que o tornou tão revolucionário.

Taxas altas, pagamentos não confiáveis, carteiras custodiadas e menos utilização no comércio — por outras métricas além do preço, o Bitcoin não pousou na Lua; nem sequer saiu de órbita. Então, o que aconteceu?

A História Oficial

A explicação convencional para essas tendências negativas é que o Bitcoin foi vítima do seu próprio sucesso. À medida que obteve popularidade, a rede acabou ficando sem capacidade. As limitações tecnológicas inerentes fizeram com que as taxas disparassem, os pagamentos se tornassem não confiáveis, os comerciantes abandonassem a rede e a indústria migrasse para carteiras custodiadas. Em resposta a esses problemas, a narrativa em torno do Bitcoin mudou para a proposta de ser "ouro digital" e "reserva de valor", deixando de lado a concepção de ser dinheiro digital. Se o Bitcoin não deve ser utilizado no comércio diário, então o atributo de operar como um sistema de pagamento não importa.

Apesar da frequência com a qual essas ideias são repetidas na imprensa e entre comentaristas populares, elas são completamente incorretas. A história real é muito mais dramática. O Bitcoin foi elaborado para escala massiva e não esbarrou em limitações tecnológicas inerentes. Ao invés disso, o projeto foi apoderado por um diminuto grupo de desenvolvedores de *software* que reconfigurou o sistema inteiro. Esses desenvolvedores intencionalmente limitaram a sua capacidade e a sua funcionalidade e defendem abertamente taxas altas e pendências nas transações — a antítese da configuração original.

Quando, nos dias atuais, falo para as pessoas sobre tais fatos, elas costumam achar que eu esteja exagerando, mas os próprios desenvolvedores dizem isso. Por exemplo, o influente desenvolvedor de Bitcoin Greg Maxwell expressou claramente: "Não acho que estas questões envolvendo as taxas de transação sejam um fracasso – isso é sucesso!".[2] Mark Friedenbach, outro desenvolvedor do Bitcoin, afirmou: "Confirmações lentas e taxas altas serão a norma em qualquer resultado seguro."[3] Quando a rede quase ficou paralisada em dezembro de 2017 e a taxa média de transações chegou a mais de US$ 50, eles comemoraram "tirando o champanhe"[4] e ficaram satisfeitos ao verem o congestionamento, com a alegação de que as pendências persistentes compusessem "o critério necessário para a estabilidade".[5]

Se você me dissesse em 2012 que os desenvolvedores de Bitcoin acabariam desejando taxas altas e transações lentas, eu não teria acreditado em você, assim como nenhum dos primeiros empreendedores que ajudaram a criar a indústria. As ideias são bizarras demais. Transações caras e congestionamento da rede não são coisas necessárias para segurança ou estabilidade. O oposto é verdadeiro: taxas elevadas e pagamentos não confiáveis impelem as pessoas a usarem carteiras custodiadas, o que enfraquece e prejudica todo o propósito original do Bitcoin.

No seu curso atual, o Bitcoin não irá empoderar a pessoa comum. O projeto estagnou durante os últimos anos não por falhas tecnológicas, mas sim por falhas humanas. Especificamente, por causa de liderança ruim e de um modelo falho de governança. Quando conheci o Bitcoin em 2010, foi tão emocionante que quase senti uma obrigação moral de contar às pessoas sobre isso e compartilhar as boas notícias. Hoje, tendo em vista as mudanças que foram feitas, sinto uma obrigação moral de transmitir às pessoas a má notícia: o Bitcoin foi sequestrado e não mais se assemelha ao projeto original que inspirou a mim e a inúmeros outros. Mas a sua história ainda não acabou.

A Solução Alternativa

A configuração original e escalável do Bitcoin ainda existe, mas não é negociada em corretoras de criptomoedas (*exchanges*) sob o símbolo-*ticker* BTC. Chama-se "Bitcoin Cash" e é negociada como BCH. Durante anos, a indústria foi frustrada pelos desenvolvedores do BTC — até o ano de 2017, quando uma nova rede foi criada de modo a preservar a visão original do Bitcoin como dinheiro digital com taxas baixas, transações rápidas e sem a necessidade de carteiras custodiadas. A rede do BCH é muito menos conhecida que o BTC, mas já escalonou a sua capacidade de volume de transferências para mais de trinta vezes a rede do BTC, com planos de escalonar exponencialmente no futuro.

Os eventos que provocaram a criação do Bitcoin Cash foram controversos, polêmicos, acabando por receber o nome de "Guerra Civil do Bitcoin". E, até os dias de hoje, as comunidades BTC e BCH se mostram frequentemente hostis entre si. Se você só segue o Bitcoin de maneira casual, terá ouvido exclusivamente o lado BTC da história; este livro conta o outro lado, repleto de detalhes históricos, trechos e citações de outros *early adopters* (pioneiros) que compartilhavam da mesma visão para o Bitcoin na condição de dinheiro digital.

Para distinguir entre as diferentes redes, entre os diferentes grupos, faz-se útil estabelecer uma terminologia clara. A rede do BTC é muitas vezes referida como "Bitcoin Core", ao passo em que a rede do BCH é muitas vezes referida como "Bitcoin Cash". Então, esses são os termos utilizados daqui em diante. A palavra "Bitcoin", por si só, refere-se à tecnologia subjacente que é usada em ambas as redes. Tanto o Bitcoin Core quanto o Bitcoin Cash utilizam a tecnologia do Bitcoin, compartilhando exatamente o mesmo histórico de transações até a sua cisão em agosto de 2017. Os desenvolvedores do Bitcoin Core decidiram se desviar da configuração original, ao passo em que os desenvolvedores do Bitcoin Cash se mantiveram fiéis a ela.

Evitando Perigos

Se esta tecnologia é realmente revolucionária, então ela ameaça o poder das instituições financeiras e políticas existentes e estabelecidas. Entretanto, na trajetória atual, se nada mudar, tais instituições assimilarão as criptomoedas e as neutralizarão. Se o Bitcoin irá tornar o mundo um lugar mais livre, a nossa janela de oportunidade está se fechando. O setor se aproxima de dois cenários de fracasso. O primeiro seria a captura total realizada pelos sistemas financeiros e regulatórios existentes. A adoção em massa de carteiras custodiadas faz com que isso seja possível, pois as transações são facilmente rastreadas e controladas, com os governos podendo, sem dificuldades, forçar as empresas a entrarem em conformidade (*compliance*).

O outro cenário de fracasso seria as pessoas simplesmente desistirem e abandonarem completamente a visão do dinheiro digital à prova de inflação. Tenho visto muitas mentes talentosas e muitos empresários competentes concluírem prematuramente que o Bitcoin não pode escalonar por causa do fracasso do Bitcoin Core. Essa desilusão pode ser evitada caso as pessoas percebam que a tecnologia original do Bitcoin ainda existe, funciona bem e pode escalonar de modo a lidar com a adoção global. O Bitcoin Core simplesmente se desviou dessa configuração. Antes de perder a fé na tecnologia da *blockchain* (cadeia de blocos), empreendedores e desenvolvedores precisam, primeiro, ter uma experiência com a versão original. Eu estou constantemente experimentando novas criptomoedas, e o Bitcoin Cash ainda me proporciona uma das melhores experiências de usuário depois de todos esses anos.

Como o Bitcoin encontra-se na interseção que abrange finanças internacionais, poder político e tecnologia disruptiva, a sua história deve ser uma das mais dramáticas de todas as indústrias, com material suficiente para várias produções de Hollywood. Este livro apresenta apenas uma parcela dessa história — a apoderação do desenvolvimento do Bitcoin e a subsequente cisão em Bitcoin Cash, da perspectiva de um empresário que, indiscutivelmente, usou a tecnologia no comércio mais que qualquer outra pessoa no mundo.

2

Noções Básicas sobre Bitcoin

O mundo está inundado de informações ruins sobre o Bitcoin, em grande parte devido ao poder das redes sociais. A investigação honesta é desencorajada na internet; e, caso uma mente curiosa faça as perguntas erradas ou expresse opiniões inadequadas, ela pode esperar uma onda de comentaristas furiosos e raivosos atacando a sua inteligência, a sua reputação ou até mesmo os seus negócios. Os maximalistas do Bitcoin — aqueles que alegam que o BTC consista na única criptomoeda legítima — são notórios por empregarem essa tática. Eles irão vociferar uma lista de razões pelas quais qualquer projeto alternativo (como o BCH) seja uma farsa; insistir na alegação de que o debate já foi resolvido; e questionar a sanidade de qualquer indivíduo que discorde. A maioria das pessoas não tem tempo para investigar essas alegações, nem mesmo deseja ser alvo de *trolls* da internet, então acaba aceitando a narrativa padrão.

Para vermos além da narrativa e realmente entendermos a diferença entre o Bitcoin Core e o Bitcoin Cash, nós, primeiro, devemos compreender como o Bitcoin foi originalmente configurado. Nisso, a história pode nos ser de auxílio, pois o criador do Bitcoin, Satoshi Nakamoto, realizou muitas comunicações públicas sobre a sua invenção que oferecem explicações acerca da configuração dela. Outras grandes mentes, outros grandes engenheiros que o sucederam, como Gavin Andresen e Mike Hearn, também explicaram as ideias centrais de maneira clara. Os seus textos escritos, citados no decorrer deste livro, são essenciais para quem tenta compreender o Bitcoin num nível além do superficial. Antes de adentrarmos mais a fundo, é útil que nós nos familiarizemos com três conceitos-chave: *blockchain* (cadeia de blocos); *mineradores* (em inglês, *miners*); e *full nodes* (nós completos).

A *Blockchain*

O Bitcoin gira em torno da tecnologia "blockchain". A *blockchain* é simplesmente um registro contábil (livro-razão; *ledger*) público que acompanha — mantém o controle de — todos os saldos em Bitcoin, sendo atualizada com novas transações a cada dez minutos, aproximadamente. Essas novas transações são empacotadas em "blocos" que, então, são "encadeados" ou "acorrentados" juntos, um após o outro, formando a "blockchain". A *blockchain* se mostra singular pelo fato de que não é mantida por uma autoridade centralizada. Não há uma agência específica que processe todas as transações ou determine as entradas do registro contábil. Ao invés disso, ela é mantida e atualizada por uma rede descentralizada de computadores mundo afora, não lhe dando nenhum ponto central de controle ou falha.

Os blocos, em si, são fundamentais para a compreensão das diferentes filosofias no Bitcoin, as quais podem ser divididas em aproximadamente dois campos: os "defensores de blocos grandes" (*big blockers*); e os "defensores de blocos pequenos" (*small blockers*). Os defensores de blocos grandes, conforme o nome indica, querem blocos grandes. Quanto maiores forem os blocos, maior é o volume de transações da rede, e mais recursos são necessários para processar cada bloco. Os defensores de blocos pequenos desejam manter os blocos suficientemente pequenos para que qualquer pessoa possa processá-los. Mais adiante, abordaremos essa diferença com mais detalhes.

Mineradores

Não é qualquer um que pode adicionar blocos à *blockchain*. Esse trabalho se apresenta exclusivo aos *mineradores*. Os mineradores atualizam o registro contábil ao agruparem transações num bloco e, em seguida, adicionarem uma prova especial. Essa prova consiste numa solução para um quebra-cabeça matemático tão difícil que se faz necessário um substancial poder computacional para a sua descoberta. No mundo inteiro, existem armazéns repletos de máquinas especializadas dedicadas à solução desses quebra-cabeças. Cada uma dessas máquinas requer eletricidade, o que significa que custa dinheiro ser um minerador de Bitcoin!

Os mineradores são recompensados financeiramente pelos seus serviços com dois mecanismos: *taxas de transação* e uma *recompensa por bloco*. As taxas de transação (*transaction fees*) são simplesmente aquilo que os usuários pagam para que as suas transações sejam adicionadas a um bloco. A recompensa por bloco — *block reward* — é a maneira como novos Bitcoins são cunhados. A cada vez em que um minerador adiciona um bloco à *chain* (cadeia), ele recebe um pequeno número de novos Bitcoins. Essa recompensa é cortada pela metade aproximadamente a cada quatro anos. No início, os mineradores recebiam 50 novos bitcoins por bloco; mas, no momento em que este texto foi escrito, a recompensa do bloco caiu para 6,25 moedas. No final, a recompensa será insignificante, o que fará com que as taxas de transação acabem se tornando a única fonte de receita para os mineradores.

Os defensores de blocos grandes veem os mineradores como provedores de um serviço essencial na indústria do Bitcoin, com as suas operações de proteger a rede de ataques, manter o registro contábil e processar todas as transações. Os mineradores frequentemente investem milhões ou até mesmo dezenas de milhões de dólares para se atualizarem com equipamentos mais poderosos. Em 2018, a empresa Bitmain anunciou planos para construir, no Texas, a maior instalação de mineração do mundo, estimando o seu investimento total em mais de US$ 500 milhões.[1] A mineração de Bitcoin envolve altos custos de investimento e manutenção. Por causa disso, a maioria dos defensores de blocos grandes considera que os mineradores devem ter a principal influência no desenvolvimento do Bitcoin. Dependendo do sucesso da moeda que estão minerando, o seu investimento de capital pode ser totalmente perdido ou gerar um retorno substancial. Eles, então, possuem um forte incentivo para garantir que o Bitcoin permaneça útil e valioso.

Os defensores de blocos pequenos tendem a nutrir uma visão mais cética ou até mesmo hostil em relação aos mineradores. Como os mineradores são os únicos que podem adicionar blocos à rede, eles possuem poder substancial e podem se transformar numa ameaça sistêmica caso a mineração fique muito centralizada. Se apenas alguns poucos grandes *players* (participantes) dominarem o mercado, isso pode tornar o próprio Bitcoin muito centralizado. Grandes instalações de mineração também introduzem um risco político ao sistema. Se os governos decidirem atacar, regulamentar ou controlar os maiores mineradores, eles poderão interromper ou controlar o Bitcoin. A função dos mineradores constitui uma discordância central que provocou a cisão do Bitcoin Cash.

Full Nodes

Felizmente, se você quiser usar o Bitcoin, você não precisa ser um minerador ou executar um *software* pesado. Usuários comuns podem acessar a rede de maneiras mais fáceis. Satoshi Nakamoto descreveu um método de Verificação Simplificada de Pagamentos (*Simplified Payment Verification* — SPV) que permite aos usuários enviar, receber e validar as suas próprias transações com pouco esforço. Durante grande parte da história do Bitcoin, a maioria das carteiras utilizava o método SPV ou outros métodos semelhantes para acessar a *blockchain*. Essa tendência está se revertendo no BTC devido à proliferação de carteiras custodiadas/ custodiais (*custodial wallets*), mas continua sendo a norma no BCH.

Há outra opção para acessar a rede Bitcoin que envolve mais esforço.

Alguns usuários executam um *software* de "full node" ("nó completo") que realiza o *download* da *blockchain* inteira e valida todas as transações que já ocorreram. Toda a *blockchain* do BTC contém cerca de 800 milhões de transações e, atualmente, possui cerca de 450 *gigabytes* de tamanho. Para usuários que executam pela primeira vez o *software* de *full node*, a sincronização com o restante da rede pode levar várias horas. Além disso, se um *full node* chegar a se desconectar da rede, eles terão de baixar e validar todos os blocos mais recentes para que utilizem novamente o Bitcoin. É por esse motivo que a SPV foi uma invenção tão importante. Ela praticamente não envolve nenhum tempo ou esforço para ser usada e, ainda assim, oferece excelente segurança. A SPV possibilita que você valide as suas próprias transações, ao passo em que os *full nodes* permitem que você valide todas as transações na *blockchain*.

Indiscutivelmente, a maior diferença entre a filosofia dos blocos grandes e a filosofia dos blocos pequenos é sobre a função dos *full nodes*. Os defensores de blocos grandes consideram que a grande maioria da atividade na rede deve ser entre mineradores e carteiras de carga leve (*lightweight wallets*) que utilizam a SPV ou uma tecnologia semelhante. Eles pensam que *full nodes* somente são úteis em casos especiais em que você necessite validar as transações de muitas pessoas num curto período de tempo — por exemplo, se você estiver gerenciando uma corretora de criptomoedas (*exchange*) ou um processador de pagamentos. Visto que a rede não dá compensação financeira alguma a operadores de *full nodes* — e visto que a maioria das pessoas não tem nenhuma necessidade de validar as transações de estranhos —, os usuários regulares não possuem incentivos para executarem esse *software* de trabalho pesado. Satoshi, inequivocamente, era um defensor de blocos grandes; e, conforme ele assinalou, "a configuração suporta permitir que os usuários sejam, simplesmente, apenas usuários".[2]

Os defensores de blocos pequenos, em contraste, consideram que os *full nodes* sejam essenciais para a rede. Eles acham que os usuários devam executar os seus próprios *nodes*, e é por isso que haver blocos pequenos se mostra essencial, já que o custo de executar um *node* aumenta com o tamanho dos blocos. Na verdade, a principal razão pela qual os defensores de blocos pequenos alegaram que o Bitcoin não pode escalonar é porque os blocos grandes são mais custosos para os operadores de *nodes*. Em vez de concluírem que não se deve esperar que os usuários comuns executem *full nodes*, eles concluíram que o Bitcoin não pode escalonar. Do meu ponto de vista, essa constitui uma das maiores confusões sobre o Bitcoin, e ela será analisada em profundidade.

Os Cinco Pontos Fundamentais

Muito foi dito e discutido sobre a visão original de Satoshi Nakamoto para o Bitcoin. Os defensores da visão dele, como eu e outros *early adopters* (pioneiros), pensaram que Satoshi configurou um sistema brilhante que provou funcionar no mundo real. Por causa desse sucesso, não vimos nenhum motivo para modificá-lo nos seus aspectos fundamentais. Os críticos da visão original acharam que Satoshi estivesse errado em algumas questões cruciais e, de acordo com essa opinião, passaram a desejar modificar o protocolo. Os desenvolvedores do Bitcoin Core eram esses críticos, apesar da sua governança final sobre o projeto.

Os maximalistas do Bitcoin muitas vezes comparam a adesão à visão original a uma espécie de fé cega, na qual quaisquer desvios em relação às ideias fundantes não são tolerados. Mas essa se mostra uma crítica fraca. O desejo de manter a configuração de Satoshi encontra-se longe de ser dogmático. O Bitcoin é um sistema complexo, com muitas partes em movimento. Além do *software* e da rede de computadores, ele constitui todo um sistema econômico que exige uma análise econômica para ser compreendido. Quando se olha para os componentes de *software* em conjunto com os componentes econômicos, fica claro que o Bitcoin apresenta ajustes finos e que ele não deve ser manipulado de forma leviana.

Em vez de escalonarem o Bitcoin por meio da ampliação do tamanho dos blocos de modo a permitir mais volume de transações, os desenvolvedores do Core decidiram que o Bitcoin deveria escalonar por meio da utilização de múltiplas camadas. Conforme esses indivíduos, a primeira camada deveria ser composta por transações "on-chain" (dentro da cadeia de blocos), sobre a qual se constroem camadas adicionais. Tais camadas adicionais seriam "off-chain" (fora da cadeia de blocos), o que significa que as transações não seriam registradas na *blockchain*, evitando-se, dessa maneira, a necessidade de escalonar a camada de base (*base layer*). A tão badalada "Lightning Network" ("Rede Relâmpago") é uma dessas segundas camadas, mas ela exibe uma série de problemas fundamentais — os quais são discutidos em detalhes no Capítulo 9 deste livro. Um problema substancial está no fato de que ela requer transações *on-chain* para então ser utilizada. Você, para simplesmente se conectar à Lightning Network, precisa realizar pelo menos uma transação na camada de base, a qual pode custar uma centena de dólares caso o BTC estiver experimentando utilização elevada. Apesar de isso ser uma falha crítica, não há uma solução proposta.

O Bitcoin Core está apostando tudo na viabilidade dessas camadas adicionais. Eles inverteram o sistema original de modo a tornar lentas e caras as transações da camada de base, mas não produziram uma alternativa satisfatória que ofereça pagamentos simples e confiáveis. A versão atual da Lightning Network não é confiável nem segura (e é por isso que as carteiras Lightning mais populares são, agora, do tipo custodiado). Então, qualquer esperança de que o BTC seja a moeda do futuro com o poder de robustecer e reforçar a liberdade depende inteiramente de tecnologia que ainda não foi criada.

Numa conferência em julho de 2021, Elon Musk também observou que o volume de transações do BTC poderia ser um problema e defendeu a ideia de escalonar uma criptomoeda por meio da expansão do tamanho da sua camada de base:

> Há algum mérito em considerar algo que tenha volumes máximos de transações mais altos e custos de transação mais baixos e em ver a quão longe se pode levar uma rede de camada única (...). Acho que provavelmente se pode levar essa rede para mais longe que aquilo que as pessoas imaginam.[3]

Musk se mostra um proeminente defensor do BTC, mas as suas intuições de engenharia estão alinhadas com a filosofia do BCH. Escalonar a camada de base é a ideia certa, e essa ideia sempre fez parte da configuração original.

Satoshi não era perfeito, mas, conforme os próximos capítulos explicarão, as suas ideias são convincentes, bem pensadas e elaboradas, merecendo uma análise honesta. A sua configuração não requer a complexidade de camadas adicionais, embora ainda seja compatível com elas. Em vez de seguir cegamente qualquer indivíduo, qualquer grupo de desenvolvedores ou qualquer símbolo-*ticker*, tente julgar as ideias pelos próprios méritos delas. Ouça como Satoshi configurou o Bitcoin; ouça os desenvolvedores do Core; e decida por si mesmo.

As diferenças entre a configuração original e a nova configuração do Bitcoin Core podem ser capturadas em cinco ideias críticas:

1) Bitcoin foi configurado de modo a ser dinheiro digital utilizado para efetuar pagamentos pela internet.

2) O Bitcoin foi configurado para ter taxas de transação extremamente baixas.

3) O Bitcoin foi configurado para escalonar com ampliações no tamanho dos blocos.

4) Bitcoin não foi configurado para que o usuário comum executasse o seu próprio *node*.

5) A configuração econômica do Bitcoin é tão importante quanto a sua configuração de *software*.

Cada um desses pontos é central à visão original para o Bitcoin que foi compartilhada por Satoshi e outros *early adopters* (pioneiros). Mas, hoje, a narrativa predominante discorda de quase todos os pontos. Se você der ouvidos aos comentaristas de rede de televisão e de *podcasts* populares, você pode acabar acreditando que:

1) O Bitcoin foi configurado para ser uma reserva de valor, mesmo que não funcione como meio de troca.

2) É esperado que o Bitcoin tenha taxas altas de transação.

3) Bitcoin não escalona com ampliações no tamanho dos blocos.

4) A segurança do Bitcoin depende de usuários regulares executando os seus próprios *nodes*.

5) A configuração econômica do Bitcoin estava quebrada e necessitava de ser consertada por engenheiros de *software*.

Todos esses pontos estão incorretos. Ainda que você goste das modificações que o Bitcoin Core realizou, o registro histórico é claro em demonstrar que tais mudanças diferem radicalmente da configuração original. Os capítulos seguintes irão analisar em detalhes cada uma dessas alegações.

3

Dinheiro Digital para Pagamentos

Ainternet é a ferramenta mais poderosa de distribuição de informações que o mundo já viu. As pessoas podem se informar sobre praticamente qualquer coisa ao utilizarem o Google, o YouTube, a Wikipedia e, inclusive, as redes sociais. Esses canais, porém, podem facilmente ficar poluídos ou até mesmo ser cooptados. Por exemplo, se você mencionar "criptomoedas" no Twitter (X), certamente verá uma horda de usuários aleatórios dessa rede social fazendo propaganda da sua moeda preferida e depreciando todas as outras. Se você olhar de perto, verificará que muitas dessas contas possuem fotos de perfil falsas, não têm seguidores e parecem passar o dia inteiro tuitando sobre os seus projetos cripto favoritos. Individualmente, elas podem parecer irrelevantes e impotentes; porém, quando há centenas ou milhares de contas fazendo isso, a opinião pública pode sofrer influência. Assisti a isso em primeira mão. A indústria de criptomoedas tem sido permanentemente afetada por campanhas de mídia social e por desinformação *online*. Essas técnicas apresentam uma história particularmente feia quando se fala do Bitcoin.

Embora tais táticas sejam imorais, elas, indubitavelmente, mostram-se eficazes. Trata-se de uma confirmação da eficácia da narrativa do Bitcoin Core de que, agora, existam discordância e confusão acerca do próprio propósito do Bitcoin. Em vez de ser reconhecido como um sistema de pagamento para o comércio diário, o Bitcoin é discutido e abordado de maneira quase monolítica como uma "reserva de valor" cuja utilidade não depende da sua utilização como dinheiro. É possível ouvir essa afirmação repetida em todos os lugares, até mesmo por estudiosos e eruditos. A descrição na aba traseira do popular livro *The Bitcoin Standard ["O Padrão Bitcoin"]* diz:

> A verdadeira vantagem competitiva do Bitcoin pode apenas ser como uma reserva de valor e uma rede para a liquidação final de pagamentos volumosos — uma forma digital de ouro com uma integrada infraestrutura de liquidação.[1]

Eu costumava gostar da analogia de ouro digital até que ela virou do avesso. Havia o costume de dizer que o Bitcoin seria como ouro digital porque se trata de uma moeda que não pode ser inflada por um banco central e que, por ser digital, pode ser enviada para qualquer lugar do mundo instantaneamente quase sem nenhum custo. Mas não é mais isso que as pessoas querem dizer com "ouro digital". Elas, ao invés, invocam essa analogia para assinalar o ponto oposto — de que o Bitcoin seria como o ouro porque é caro para transacionar e porque não é utilizado de maneira comum como meio de troca. Em vez de ser relacionado aos aspectos monetários positivos do ouro, o Bitcoin é relacionado às fraquezas monetárias desse metal.

Alguns defensores do Bitcoin Core levaram esse argumento ainda mais longe. Em vez de simplesmente afirmarem que o Bitcoin se propõe melhor como reserva de valor que como sistema de pagamento, eles alegam que o Bitcoin foi *intencionalmente configurado* como uma reserva de valor, não como um meio de troca. De acordo com Dan Held, Diretor de Desenvolvimento de Negócios da corretora de criptomoedas (*exchange*) Kraken:

Aqueles que empurram a narrativa de que "o Bitcoin foi feito primeiro para pagamentos" insistem em extrair trechos do *white paper* e de postagens em fóruns para defenderem a sua perspectiva (...). O Bitcoin foi construído com o propósito de ser primeiro uma Reserva de Valor.[2]

Embora essa alegação descarada possa obter curtidas nas redes sociais e receber elogios de comentaristas de criptomoedas, ela não se posiciona bem perante os fatos. O registro histórico é claro: o Bitcoin foi configurado para pagamentos diários.

Nas Palavras de Satoshi

Que evidências nós temos de que o Bitcoin foi elaborado propositalmente para ser um sistema de pagamentos? Bem, tudo que o seu criador escreveu sobre o assunto. Além do *whitepaper* seminal que apresentou o Bitcoin ao mundo, temos centenas de postagens em fóruns *online* — e mais de cinquenta correspondências públicas por e-mail — da autoria de Satoshi. Tais textos mostram uma visão clara para a tecnologia. Comecemos com o *whitepaper*, lançado em 2008, que divulgou e definiu o Bitcoin pela primeira vez. Recomendo a leitura do *whitepaper* inteiro, o qual encontra-se disponível na internet. Ele é bem escrito, e muitos dos conceitos-chave podem ser compreendidos sem conhecimento técnico. Analisaremos as primeiras seções, começando pelo título:

Bitcoin: Um Sistema de Dinheiro Eletrônico Ponta-a-Ponta
["Bitcoin: A Peer-to-Peer Electronic Cash System"]

Satoshi poderia tê-lo chamado de "reserva eletrônica de valor" caso fosse isso que ele pretendesse; mas, em vez disso, ele o chamou de sistema de dinheiro eletrônico. Em seguida, a primeira frase do resumo diz:

Uma versão puramente *peer-to-peer* de dinheiro eletrônico possibilitaria que os pagamentos *online* fossem enviados diretamente de uma parte para outra sem passarem por uma instituição financeira.[3]

"Pagamentos *online*" são literalmente mencionados na primeira frase do texto que apresenta o Bitcoin ao mundo. Após o resumo, inicia-se a introdução:

> O comércio na Internet passou a depender quase exclusivamente de instituições financeiras que servem como terceiras partes confiáveis para processar pagamentos eletrônicos. Embora o sistema funcione suficientemente bem para a maioria das transações, ele ainda sofre das fraquezas inerentes do modelo baseado em confiança (...).

Nas duas primeiras frases da introdução, Satoshi menciona "comércio na internet", "pagamentos eletrônicos" e "transações". Ele prossegue:

> Transações completamente irreversíveis não são realmente possíveis, pois as instituições financeiras não podem evitar a mediação de disputas. O custo da mediação eleva os custos de transação, limitando o tamanho mínimo prático de transações e cortando a possibilidade de pequenas transações casuais, além de existir um custo mais amplo na perda da capacidade de realizar pagamentos irreversíveis por serviços irreversíveis. Com a possibilidade de reversão, espalha-se a necessidade de confiança (...). Tais custos e incertezas em relação a pagamentos podem ser evitados pessoalmente pela utilização de dinheiro físico, mas não existe nenhum mecanismo para efetuar pagamentos por um canal de comunicação sem uma parte confiável.

Em outras palavras, os métodos de pagamento *online* existentes têm altos custos de transação devido à confiança inerente exigida no sistema. PayPal, cartões de crédito e assim por diante, todos dependem de empresas com mecanismos custosos de resolução de disputas. Esses custos tornam as "pequenas transações casuais" efetivamente impossíveis pela internet. Em contraste, os pagamentos em dinheiro físico não exigem confiança em terceiras partes, mas não há como usar dinheiro físico na internet. Aí entra o Bitcoin:

O que se faz necessário é um sistema eletrônico de pagamentos baseado em comprovação criptográfica ao invés de baseado em confiança, permitindo a quaisquer duas partes dispostas a transacionar diretamente uma com a outra que o façam sem a necessidade de uma terceira parte confiável. Transações que são computacionalmente impraticáveis de reverter protegeriam os vendedores de fraudes, e mecanismos rotineiros de garantia poderiam ser facilmente implementados para a proteção dos compradores.

Em outras palavras, o Bitcoin é como dinheiro porque as partes transacionantes podem trocar diretamente umas com as outras sem passarem por um intermediário. Nos primeiros parágrafos, o *whitepaper* deixa nítido que o Bitcoin é sobre "comércio", "transações", "pagamentos", "comerciantes", "compradores" e "vendedores". Não há menção a uma "reserva de valor" em todo o *whitepaper*.

Inclusive nas postagens em fóruns e nos e-mails da autoria de Satoshi, o conceito de Bitcoin como reserva de valor só pode ser inferido um punhado de vezes. Sam Patterson, cofundador da empresa de criptomoedas OB1, escreveu um popular artigo no qual catalogou cada uma das menções ao Bitcoin como sistema de pagamento *versus* todas as menções a ele como reserva de valor. E concluiu:

> Depois de revisar todos os escritos de Satoshi, posso afirmar, de maneira confiante, que o Bitcoin não foi elaborado propositalmente para ser primeiro uma reserva de valor. Ele foi construído para pagamentos (...). Satoshi mencionou 'pagamentos' com uma frequência mais de quatro vezes maior que 'reserva de valor' (...). Essa evidência pode ser suficiente para você desconsiderar a alegação de que "o Bitcoin foi construído com o propósito de ser primeiro uma Reserva de Valor". Não consigo conceber alguém olhando honestamente para as palavras de Satoshi e realmente acreditando que ele não elaborou isso para pagamentos.[4]

Não é apenas o *whitepaper* que deixa claro que o Bitcoin é sobre pagamentos. Satoshi foi igualmente cristalino nos fóruns *online*:

O Bitcoin se mostra prático para transações menores que aquelas que são práticas com métodos de pagamento existentes. Suficientemente pequenas para incluir o que você pode denominar de máximo da faixa de micropagamentos.[5]

Micropagamentos

Quão pequenos são os "micropagamentos"? Não há uma definição universal, mas, neste contexto, trata-se de transações inferiores a um único dólar americano. Gavin Andresen, o desenvolvedor que Satoshi escolheu como o seu sucessor, compartilhou raciocínios semelhantes:

> Eu ainda pondero que a rede bitcoin seja a solução errada para pagamentos menores que um centavo de dólar americano. Mas não vejo razão para que não possa continuar funcionando bem para pagamentos de quantias pequenas (entre US$ 1 e US$ 0,01).[6]

O Bitcoin costumava ser considerado prático para transações na faixa entre alguns centavos e alguns dólares. Porém, como as taxas de transação aumentaram, muitas vezes é impossível enviar uma transação tão pequena, pois as taxas acabam sendo maiores que o saldo real que está sendo enviado. Se um endereço de Bitcoin não tiver fundos suficientes para pagar a taxa do minerador, esse endereço efetivamente não pode ser usado. Satoshi discorre sobre micropagamentos:

> Embora eu não considere que o Bitcoin seja, agora mesmo, prático para micropagamentos menores, ele irá se mostrar prático à medida que os custos de armazenamento e de banda larga (*bandwidth*; largura de banda) continuarem a cair. Se o Bitcoin se popularizar em grande escala, esse já poderá ser o caso. Outra maneira de os micropagamentos menores se tornarem mais práticos é se eu implementar o modo *client-only* (somente clientes) e o número de *nodes* (nós) da rede se consolidar num número menor de fazendas de servidores profissionais. Seja qual for o tamanho dos micropagamentos de que você necessitar, esse tamanho acabará finalmente

sendo prático. Considero que, em 5 ou 10 anos, as questões referentes a armazenamento e banda larga parecerão triviais.[7]

Essa citação é interessante por dois motivos. Primeiro, Satoshi imagina o Bitcoin finalmente sendo usado para "seja qual for o tamanho dos micropagamentos de que você necessitar"; e, segundo, ele prevê que a infraestrutura da rede será consolidada em "fazendas de servidores profissionais", o que é especialmente de relevância para o debate sobre blocos maiores.

> Uma vez que [o Bitcoin] é desenvolvido de forma independente, há tantas aplicações — você poderia pagar sem esforço alguns centavos para um *website* tão facilmente quanto soltar moedas numa máquina automática de venda.[8]

Satoshi desejava que o Bitcoin fosse utilizado para "pagar sem esforço alguns centavos para um *website*". Contraste isso com o que Peter Todd, desenvolvedor do Core, diz:

> Eu ficaria muito feliz em conseguir transferir dinheiro para qualquer lugar do mundo, completamente livre de controle central, por apenas US$ 20. Da mesma forma, aceitarei com felicidade métodos mais centralizados para transferir dinheiro quando estiver apenas comprando uma barra de chocolate.[9]

As visões de Satoshi e de Todd são incompatíveis entre si, pois discordam sobre o nível aceitável de taxas em mais de três ordens de magnitude. Taxas de US$ 20 suprimem todos os casos de uso do Bitcoin que não sejam transferências de valor elevado — uma espécie de extremismo do ouro digital. Temos uma citação de Satoshi que compara diretamente o Bitcoin ao ouro. Ele estava respondendo a perguntas sobre o aparente desperdício de consumir eletricidade para minerar Bitcoin:

> É a mesma situação referente ao ouro e à mineração de ouro. O custo marginal da mineração de ouro tende a ficar próximo do preço do ouro. A mineração de ouro é um desperdício, mas esse

desperdício é muito menor que a utilidade de ter ouro disponível como meio de troca.

Considero que será o mesmo caso com o Bitcoin. A utilidade das trocas possibilitadas pelo Bitcoin excederá em muito o custo da eletricidade utilizada. Portanto, não ter o Bitcoin seria o desperdício líquido.[10]

O ouro é usado como uma analogia para ilustrar que a sua utilidade *como meio de troca* supera os custos de minerá-lo. Irônico, em retrospectiva.

As compras em máquinas de lanches também são abordadas numa postagem em fórum, destacando a capacidade do Bitcoin para pagamentos instantâneos e de pequeno valor. Tendo em vista que os pagamentos instantâneos não são perfeitamente seguros, Satoshi imaginou os processadores de pagamentos assumindo o pequeno risco de fraude para então lidar com eles:

> Acredito que será possível para uma empresa de processamento de pagamentos fornecer, como serviço, a distribuição rápida de transações com verificação suficientemente robusta num intervalo em torno de 10 segundos ou menos.[11]

Ele estava certo; e o que acontece é que os processadores de pagamentos em Bitcoin necessitam de apenas alguns segundos para realizar uma verificação robusta o suficiente.

Tudo sobre Comércio

Os fóruns estão repletos de discussões semelhantes sobre o uso do Bitcoin no comércio. Satoshi e outros falaram sobre a criação de interfaces para vendedores na internet,[12] ferramentas para comerciantes físicos,[13] transações em pontos-de-venda,[14] casos de uso em que o consumidor não se sente confortável em utilizar um cartão de crédito,[15] manter pequenas quantidades de Bitcoin em dispositivos móveis para despesas incidentais[16] — e assim por diante. Não há dúvidas de que Satoshi configurou o Bitcoin para ser usado para pagamentos, inclusive para aqueles tão pequenos quanto alguns centavos. Na verdade, a versão 0.1.0 original do *software* continha código inacabado para um mercado *peer-to-peer* e até mesmo a estrutura básica para pôquer virtual.

A indústria mais ampla do Bitcoin também estava elaborando as suas operações na suposição de que ele era um sistema de pagamentos rápidos, baratos e confiáveis para a internet. Empresas de sucesso como a BitPay, a maior processadora de pagamentos em Bitcoin do mundo, tiveram todo o seu modelo de negócios desafiado por taxas excessivamente altas. Numa entrevista em 2017, o CEO (*Chief Executive Officer*) Stephen Pair disse:

> Na BitPay, a *blockchain* do Bitcoin parou de funcionar para nós (...), e temos algumas opções. Uma delas é começarmos a usar um *fork* (bifurcação) do Bitcoin. A segunda opção é começarmos a usar um *fork* do Bitcoin. E a terceira opção é começarmos a usar um *fork* do Bitcoin. Estamos realmente num ponto em que não temos escolha, e é isso que temos de fazer.[17]

Por esse motivo, a BitPay foi uma das primeiras empresas a integrar o Bitcoin Cash após a cisão ocorrida. Brian Armstrong, CEO da Coinbase, também compartilhou da mesma visão para o Bitcoin como dinheiro digital para o mundo; numa entrevista de 2017, ele explicou por que o fracasso do BTC em escalonar "partiu o seu coração":

> A razão pela qual fiquei bastante apaixonado pelo Bitcoin e pelo dinheiro digital é que eu quero que o mundo tenha um sistema financeiro aberto (...) no qual todos os pagamentos sejam rápidos, baratos, instantâneos e globais (...). E o Bitcoin acabou não escalonando para se tornar isso.[18]

Ele prossegue explicando que outros projetos como o Bitcoin Cash possuem uma propensão maior a atingir esse objetivo:

> Eu acredito que você poderia realmente operar [a rede Bitcoin], inclusive na escala da VISA, por talvez duas a três ordens de magnitude a menos que as taxas que a VISA está hoje cobrando. En-

tão poderia ser algo da ordem de um centavo — ou menos —, para enviar todos os pagamentos do mundo (...).

Mas acho que outras redes como Bitcoin Cash ou Ethereum estão todas trabalhando nisso, e, assim, essa visão será concretizada, mas foi um pouco frustrante não ver o Bitcoin original chegar aí.

A opinião de Armstrong era comum entre os empreendedores de Bitcoin e os *bitcoiners* em geral dos tempos iniciais. Lembro-me de que a comunidade *online* frequentemente comparava o Bitcoin com a empresa Western Union para destacar a superioridade dele como sistema de pagamentos. Um dos primeiros infográficos mais populares (imagem a seguir) colocou um anúncio da Western Union ao lado de um anúncio equivalente para o Bitcoin. O anúncio da Western Union dizia: "Envie votos calorosos hoje. Por apenas US$5, você pode enviar até US$ 50 para retirada dentro dos EUA. Movendo dinheiro para melhor." Enquanto o anúncio do Bitcoin dizia: "Envie votos calorosos 24 horas por dia, 7 dias por semana. Por apenas US$ 0,01, você pode enviar qualquer quantia para retirada em qualquer lugar. Movendo dinheiro *muito* melhor."

Figura 1: *Infográfico dos primórdios comparando a Western Union com o Bitcoin*

O *website* Bitcoin.org também fazia propaganda das vantagens de utilizar o Bitcoin para o comércio diário. Uma versão arquivada de

2010 afirmava que "as transações de Bitcoin são praticamente gratuitas, ao passo em que cartões de crédito e sistemas de pagamentos *online* normalmente custam 1–5% por transação, além de várias outras taxas sobre comerciantes de até centenas de dólares".[19] Ainda em 2015, o *website* anunciava "Taxas de processamento zero ou baixas" e "Transações instantâneas *peer-to-peer*".[20]

Fingir que o Bitcoin nunca foi criado para pagamentos cotidianos é uma tentativa descarada de reescrever a história. Qualquer pessoa íntegra que estivesse envolvida antes de 2014 atestará que o plano original era de um sistema de dinheiro digital de baixo custo. As pessoas que achavam que o Bitcoin deveria ser uma reserva de valor exclusiva e cara compunham uma extrema minoria.

4

Reserva de Valor vs. Meio de Troca

A verdadeira vantagem do Bitcoin está em ser uma reserva de
valor confiável de longo prazo (...), não na sua capacidade de
proporcionar transações ubíquas ou baratas.[1]
— Saifedean Ammous, *The Bitcoin Standard ["O Padrão Bitcoin"]*

É surpreendente que tantas pessoas tenham aceitado de modo
acrítico a ideia de que o Bitcoin armazenará valor mesmo que
não funcione como dinheiro digital. O exato oposto se apresenta
mais provável de ser verdadeiro: caso o Bitcoin puder se comprovar
como uma moeda superior por um longo período de tempo, o mercado poderá aceitá-lo como uma reserva de valor. Mas serão necessários
anos de utilidade e estabilidade demonstradas antes que isso aconteça.
Chamar qualquer criptomoeda existente de "reserva de valor confiável
de longo prazo" é prematuro, considerando as flutuações selvagens de
preço que são ocorrência regular. O fato de o BTC ter conseguido se
valorizar muito em termos de preço durante os últimos dez anos não
significa que ele seja uma reserva de valor.

Não Toque Nela

Saifedean Ammous possui uma das versões mais extremas do "maximalismo de ouro digital" que existem por aí. Ele vislumbra um futuro em que as pessoas comuns nem sequer tocam na *blockchain*, sendo as transações *on-chain* (dentro da cadeia de blocos) reservadas apenas para transferências de alto valor. Na obra *The Bitcoin Standard*, ele discorre:

> O Bitcoin pode ser visto como a nova moeda de reserva emergente para transações na internet, onde o equivalente *online* dos bancos emitirá *tokens* lastreados em Bitcoin para os usuários, mantendo em *cold storage* (armazenamento frio) o seu montante de Bitcoins (...).[2]

E, numa discussão na internet, ele escreve:

> Os pagamentos *on-chain* de Bitcoin não são para o comerciante; são para os bancos centrais. Você pode ter todas as redes de pagamento do mundo construídas em cima do Bitcoin, apenas com a liquidação sendo realizada dentro da cadeia de blocos. O BTC é como o ouro de bancos centrais sob um padrão ouro.[3]

Esse sentimento é ecoado por Tuur Demeester, popular comentarista de Bitcoin:

> Em plena maturidade, utilizar a *blockchain* do Bitcoin será tão raro e especializado quanto fretar um navio petroleiro.[4]

Essas ideias são agora discutidas e abordadas como se tivessem sido a visão dominante desde o início. Entretanto, quando comparadas com o projeto original, elas se revelam rudes e desnecessárias. Eu certamente nunca dei apoio a essa versão do Bitcoin, nem os inúmeros outros empreendedores com quem trabalhei nos dias iniciais. Na realidade, uma parcela central da beleza do Bitcoin encontra-se exatamente no fato de que a *blockchain* é acessível a todos, não sendo exclusiva de banqueiros. Como tantas outras personalidades públicas que falam com confiança sobre o Bitcoin, S. Ammous e T. Demeester simplesmente pressupõem que camadas adicionais irão solucionar os problemas de usabilidade do BTC sem quaisquer problemas. Porém, quando você realmente olha para as tecnologias de segunda camada, a viabilidade delas permanece incerta, especialmente se a camada de base (*base layer*) não escalonar. Esses problemas geralmente não são reconhecidos pelos entusiastas do BTC, os quais, ao invés disso, acreditam que os engenheiros consertarão tudo no futuro — apesar de o histórico deles, até agora, ter sido ruim.

Ademais, um futuro de "*tokens* lastreados em Bitcoin" se mostra uma garantia de que a inflação arbitrária continuará assolando todos aqueles de nós que não são banqueiros centrais. A história demonstra que as moedas inevitavelmente perdem o seu lastro no decorrer do tempo; e, se as pessoas forem forçadas a utilizar promessas de Bitcoin em vez de Bitcoin de verdade, é apenas uma questão de tempo até que as promessas sejam infladas muito além da oferta real de Bitcoin. As segundas camadas apenas facilitam a condução dessa inflação.

Mudança de Narrativa

Dentro da comunidade Bitcoin, a narrativa começou a mudar de dinheiro digital para reserva de valor durante um período de vários anos. Inclusive em 2016, a maioria dos *bitcoiners* ainda estava promovendo a tecnologia como dinheiro *online* — ou, conforme gostavam de chamar, "dinheiro mágico da internet"—, e é por isso que ocorreriam comemorações sempre quando uma nova empresa anunciasse que estava aceitando o Bitcoin para pagamentos. Assim que cada comerciante adicional aceitava, o Bitcoin obtinha mais credibilidade e utilidade. Todavia, após o aumento das taxas no final de 2017, em vez de admitir que havia um problema, os defensores mais influentes do BTC, inteligentemente, começaram a modificar a narrativa — pois, se o Bitcoin consiste apenas numa reserva de valor, então taxas altas, afinal, não importam. Nos últimos anos, as pessoas inclusive foram encorajadas a não gastarem as suas moedas no comércio, porque o BTC é para adquirir e deter indefinidamente. A minha visão cínica sobre a narrativa de "adquirir, deter e nunca usar" é que se trata de uma ótima maneira de incrementar o preço criando escassez artificial. Se um número suficiente de pessoas está convencido de que pode enriquecer ao adquirir e deter um ativo com uma oferta finita, aumentos extremos de preços são o resultado inevitável.

Na minha opinião, a única esperança que a criptomoeda possui de se tornar uma verdadeira reserva de valor está em ter *utilidade no mundo real*. Uma criptomoeda deve ser mais útil que sistemas legados (*legacy systems* — sistemas convencionais estabelecidos); e taxas altas de transação prejudicam imediatamente a utilidade de qualquer moeda. Se o BTC fosse a única criptomoeda disponível, talvez ainda pudesse funcionar como uma reserva de valor; no entanto, como o mercado tem opções superiores para escolher, parece improvável que a criptomoeda mais lenta, mais cara e menos escalável acabe sendo escolhida como uma reserva de valor confiável de longo prazo. Por exemplo, o Bitcoin Cash possui praticamente todas as propriedades do Bitcoin Core, exceto pelo fato de que você realmente pode utilizá-lo como dinheiro digital. No longo prazo, o mercado acabará por descobrir que está pagando taxas extremamente altas no BTC sem bons motivos, visto que o mesmo produto pode ser oferecido por uma fração do custo.

A Economia da Armazenagem de Valor

Para ver os problemas com a ideia de "apenas reserva de valor", precisamos mergulhar mais a fundo na ciência econômica. Tive a sorte de descobrir a Escola Austríaca de Economia no início da minha vida. Grandes pensadores como Ludwig von Mises e Murray Rothbard me ajudaram a entender o mundo através de uma lente econômica; e a razão pela qual eu sabia que o Bitcoin iria se tornar popular era porque eu já tinha lido as ideias deles sobre moeda. Eu pude perceber que o Bitcoin possuía as propriedades de um dinheiro de altíssima qualidade, o que significava que eu devia comprar algumas unidades de Bitcoin imediatamente.

O potencial do Bitcoin como reserva de valor compõe um quebra-cabeça econômico interessante. Aliás, o *valor em si* constitui um quebra-cabeça interessante que deixou os economistas perplexos por séculos. Por que algo tem valor em primeiro lugar? Um dos *insights* da Escola Austríaca de Economia — que, desde então, foi incorporado à economia convencional — é o *insight* de que o valor é *subjetivo*. O valor não é encontrado dentro de bens materiais; é encontrado dentro das mentes humanas. As coisas não possuem valor em si mesmas. Nós damos valor a elas porque acreditamos que podem ser usadas para satisfazer os nossos desejos.

Uma "reserva de valor" não pode literalmente "armazenar" valor, como se fosse uma caixa física na qual se coloca valor para retirada posterior. Em vez disso, se algo é uma reserva de valor, isso só significa que esse algo possui um histórico consistente de receber valor dos seres humanos. E, por causa da sua história de sucesso, as pessoas têm boas razões para acreditar que isso prosseguirá recebendo valor no futuro. Assim, esse algo mantém o seu poder de compra no decorrer do tempo. Muitas coisas são utilizadas para armazenar valor. O gado, por exemplo, tem sido uma reserva de valor desde há muito tempo. Os seres humanos têm boas razões para acreditar que o gado pode ser usado para satisfazer as suas necessidades. Você pode ordenhá-lo, ingerir a carne dele, usá-lo para o trabalho agrícola, além de muitas outras coisas. Por causa dessa utilidade, se você quiser vender o seu gado, provavelmente encontrará compradores. O setor imobiliário constitui outra reserva popular de valor com um longo histórico. Os seres humanos têm boas razões para acreditar que possuir terras irá beneficiá-los. Eles podem viver na terra; usá-la para produzir alimentos; construir edificações nela; arrendá-la; etc. Daqui a mil anos, é provável que o gado e os imóveis ainda sejam valorizados pelas pessoas. A reserva de valor mais popular é o *dinheiro*.

O dinheiro mostra-se um pouco mais complexo como fenômeno econômico quando comparado ao gado ou aos imóveis. Para compreendê-lo, temos de aprender mais um conceito: a diferença entre *troca direta* e *troca indireta*. Imagine uma situação em que um fazendeiro cria galinhas e mora ao lado de um alfaiate que produz camisas. Se o fazendeiro quer uma camisa e o alfaiate deseja um par de galinhas, eles podem se envolver no tipo mais simples de troca econômica, chamado de "troca direta" ou "escambo", que acontece quando o fazendeiro troca as suas galinhas diretamente pela camisa do alfaiate. O escambo tende a ser desajeitado e ineficiente, visto que exige que ambas as partes queiram especificamente o item que a outra pessoa esteja negociando. Se, em vez de uma camisa, o fazendeiro desejasse sapatos, a troca não ocorreria.

Ao contrário do escambo, a "troca indireta" acontece quando os bens comercializados/negociados não são os bens finais desejados. Assim, o fazendeiro pode trocar as suas galinhas por um pouco de gasolina, não porque ele quer a gasolina, mas porque ele pode trocá-la com o alfaiate pela camisa que ele deseja. Nessa situação, chamaríamos a gasolina de "meio de troca" — um passo intermediário entre o fazendeiro e os bens finais desejados por ele.

Os meios de troca são incríveis. Possibilitam que enormes redes de pessoas negociem e colaborem entre si sem terem de conhecer umas às outras, falar a mesma língua ou compartilhar das mesmas preferências. O meio de troca mais popular numa economia é o dinheiro, o qual essencialmente permite que quaisquer produtos sejam trocados por quaisquer outros. Um fazendeiro pode transformar as suas galinhas numa Lamborghini se, primeiro, vender um número suficiente delas por dinheiro.

O dinheiro torna muito mais fáceis as ações de planejar, poupar e investir. O fazendeiro pode vender as suas galinhas no verão por um dinheiro que planeja usar no inverno. Ou ele pode investir o seu dinheiro em projetos que geram retornos. Sem o dinheiro, o investimento é muito mais difícil de coordenar — um fazendeiro precisaria encontrar projetos que aceitassem galinhas diretamente como investimento. Usando dinheiro em vez disso, ele pode vender as suas galinhas por, digamos, euros e, em seguida, investir esses euros em outros projetos. Na realidade, o dinheiro constitui uma grande invenção que nos torna todos mais ricos.

O dinheiro — a moeda — também se apresenta como uma excelente reserva de valor. A Escola Austríaca de Economia fornece a melhor explicação para o porquê. Conforme discorre Ludwig von Mises:

> As funções da moeda como transmissora de valor através do tempo e do espaço também podem ser diretamente rastreadas até a sua função como meio de troca.[5]

Murray Rothbard também chega à mesma conclusão:

> Muitos livros didáticos dizem que a moeda possui várias funções: meio de troca; unidade de conta ou "medida de valores"; "reserva de valor"; entre outras. Mas deve ficar claro que todas essas funções simplesmente constituem consequências, corolários, da única grande função: a de meio de troca.[6]

Em outras palavras, é exatamente *porque* o dinheiro é o meio de troca usado de maneira comum que ele armazena valor. Então, caso se espere que o Bitcoin seja dinheiro, então afirmar que ele possa armazenar valor sem ser um meio de troca significa colocar a charrete na frente dos bois.

É útil pensar na ideia de "armazenar valor" como semelhante à ideia de fazer uma previsão. Você está tentando adivinhar quais bens serão valorizados no futuro. Se algo se mostra útil para as pessoas — como imóveis —, é mais provável que seja valorizado. Se algo já está sendo utilizado como meio de troca — como o dinheiro em papel —, trata-se de um ótimo sinal de que continuará a receber valor no futuro. Isso não é garantia alguma, já que vemos casos de dinheiro em papel sendo arruinado por bancos centrais inflando a sua oferta monetária, mas ainda se trata de um forte sinal.

Se as pessoas estão menos confiantes de que algo será usado como meio de troca no futuro, elas ficam menos propensas a utilizar esse algo como reserva de valor. Imagine que você esteja vivendo numa ilha na qual conchas marinhas são usadas de maneira comum como meio de troca. Um dia, você ouve no rádio que um estudo inovador demonstra que as conchas marinhas são perigosas de segurar e podem causar câncer. Você esperaria que muito menos pessoas aceitassem tais conchas como meio de troca, o que significa que elas, as conchas, acabarão se tornando uma pior reserva de valor. Ainda que o estudo estivesse errado e as conchas marinhas não causassem câncer, a mera crença pública de que elas *poderiam* causá-lo seria suficiente para transformar um dinheiro funcional em algo sem valor. As falhas de rede do Bitcoin Core de 2017 e de 2021 — e o subsequente comportamento contrário à adoção apresentado por empresas que o abandonaram como opção de pagamentos — deram motivos para duvidar que o BTC possa funcionar como um meio de troca, o que o torna menos provável de se transformar numa verdadeira reserva de valor no futuro.

Dinheiro e Valor

Embora todos os dinheiros armazenem valor, nem todas as reservas de valor são dinheiro. O gado e os imóveis são muitas vezes considerados reservas de valor sem serem dinheiro pelo fato de que possuem outros usos não monetários. Isso levanta esta importantíssima questão: o Bitcoin é como o dinheiro que armazena valor porque é utilizado como meio de troca — ou o Bitcoin é como o gado e os imóveis, que armazenam valor por razões não monetárias? Em 2010, Satoshi discutiu esse assunto nos fóruns, onde as pessoas estavam debatendo sobre como o Bitcoin poderia obter valor e por quê. Ele afirmou:

> Como um experimento mental, imagine que existisse um metal ordinário tão escasso quanto o ouro, mas com as seguintes propriedades:
> – tem um cinza enfadonho como cor
> – não é um bom condutor de eletricidade
> – não é particularmente forte, mas também não é dúctil ou facilmente maleável
> – não se mostra útil para qualquer finalidade prática ou ornamental
>
> e uma propriedade especial e mágica:
> – pode ser transportado através de um canal de comunicação

Se, de alguma forma, esse metal adquiriu algum valor por qualquer motivo, então qualquer pessoa que quisesse transferir riqueza a longa distância poderia comprar algumas unidades, transmiti-las e fazer com que o destinatário as vendesse. Talvez esse metal possa obter um valor inicial circularmente, conforme você sugeriu, pela ação de pessoas prevendo a sua utilidade potencial para trocas. (Eu, definitivamente, iria desejar algumas unidades.) Talvez colecionadores — ou qualquer razão aleatória — poderiam desencadear isso.

Considero que as qualificações tradicionais para o dinheiro foram escritas com a suposição de que, tendo em vista o fato de que há tantos objetos concorrentes no mundo que são escassos, um objeto com a inicialização automática de valor intrínseco certamente obterá vitória sobre aqueles objetos sem valor intrínseco. Mas, se não houvesse nada no mundo com valor intrínseco que pudesse ser usado como dinheiro, apenas algo escasso, mas sem valor intrínseco, penso que as pessoas ainda adotariam alguma coisa.[7]

Essa é uma ótima citação por alguns motivos. Em primeiro lugar, nesse contexto, Satoshi está usando a expressão "valor intrínseco" como denotando valor de uso não monetário. O ouro e a prata, por exemplo, são ótimos meios de troca, podendo também ser utilizados na indústria. O tabaco e o sal, outros históricos meios de troca, podem ser consumidos diretamente. O Bitcoin tem, de fato, algum valor não monetário, o qual será explicado em breve, na seção seguinte, mas o experimento mental de Satoshi mostra que, *mesmo que* o Bitcoin tivesse zero usos não monetários, o simples fato de ser escasso e conseguir ser enviado por um canal de comunicação — *i.e.*, os custos de transação são extremamente baixos — poderia ser suficiente para lhe dar valor por causa da "sua utilidade potencial para trocas". Em outras palavras, Satoshi raciocinou que o Bitcoin tinha a possibilidade de ser capaz de inicializar o seu próprio valor pela ação das pessoas em reconhecerem que ele poderia funcionar como um excelente meio de troca. Isso faz do Bitcoin uma invenção bastante singular. Trata-se de um sistema de pagamentos propositalmente construído que utiliza um dinheiro que foi configurado para ter melhores propriedades monetárias que qualquer dinheiro existente.

Outros Usos

À primeira vista, não parece que o Bitcoin possa fazer algo além de ser enviado para outra pessoa. Mas há, de fato, outros usos. A *blockchain* do Bitcoin constitui um registro contábil (livro-razão; *ledger*) público *online* que é mantido por uma rede descentralizada de computadores, e as transações de Bitcoin controlam as entradas nesse registro contábil. Essa funcionalidade pode ser utilizada para várias finalidades não monetárias. Por exemplo, a *blockchain* pode ser usada para armazenar dados valiosos, embora esse método seja significativamente mais custoso que outros métodos de armazenamento de dados. Existem novas empresas de mídia social que usam esse recurso para criar plataformas incensuráveis na *blockchain*. Outras aplicações podem ser coisas como: registros de ativos; novos sistemas para votação; ou verificação de identidades para aprimorar a segurança *online*. Em relação à utilidade do Bitcoin como um sistema geral de pagamento, tais capacidades parecem menos importantes, mas existem.

Pensar que o Bitcoin se qualifique como uma "reserva de valor" por causa das suas propriedades não monetárias é como pensar que as cédulas de dólar americano sejam uma reserva de valor porque podem ser usadas como papel higiênico ou como ignição de fogueiras. Embora essa utilidade realmente exista, ela se mostra pequena quando comparada ao valor de ser um meio de troca seguro, internacional e de funcionamento suave, sem atritos. Satoshi compreendeu que a transmissibilidade do Bitcoin compunha uma característica central que lhe dava valor. Todavia, esse recurso foi intencionalmente destruído pelos desenvolvedores do Bitcoin Core, deixando o BTC praticamente sem nenhuma proposta única de valor quando comparado com outras criptomoedas. Não só outras moedas possuem taxas mais baixas, mas também têm funcionalidade não monetária superior.

Dada a natureza subjetiva do valor, é *concebivelmente* possível que o mercado possa escolher o BTC como reserva de valor. Mas também se mostra concebível que o mercado possa escolher meias de ginástica velhas e mal-cheirosas como reserva de valor. Possível, mas improvável. Parece mais razoável pensar que a criptomoeda com a melhor chance de se tornar uma reserva de valor necessita maximizar todas as suas propriedades positivas e minimizar as suas propriedades negativas. Ter transações desajeitadas e caras não constitui uma característica desejável de qualquer reserva de valor ou de qualquer meio de troca. O famoso empresário da internet Kim Dotcom, fundador do *website* de hospedagem de arquivos MegaUpload, expressou sentimentos semelhantes numa conversa em janeiro de 2020, dizendo:

> Para ser uma criptomoeda de muito sucesso, você precisa fornecer transações rápidas e baratas, não há como contornar isso. É bacana ser uma reserva de valor; mas, se você realmente quer ter sucesso neste jogo, você precisa ser dinheiro eletrônico.

Kim também salientou que a grande maioria das pessoas ainda não tem experiência no uso de criptomoedas e que, para integrá-las, as taxas precisam ser baixas e a confiabilidade precisa ser alta.

> [A maioria das pessoas] não sabe de nada sobre as guerras atuais que estão ocorrendo ou sobre a toxicidade vigente dentro da comunidade cripto. Elas irão se aproximar da moeda que lhes ofereça as taxas mais baratas, as transações mais rápidas, a maior confiabilidade — e, na atualidade, infelizmente, isso não é o Bitcoin [Core].[8]

Imagine uma criptomoeda com todas as propriedades do BTC, com a exceção de que, além disso, ela possibilitasse transações instantâneas e quase gratuitas para o mundo inteiro e fosse um meio de troca — construído com esse propósito específico — para o século XXI. A sua utilidade seria ordens de grandeza maior em comparação com a utilidade de uma criptomoeda sem essa funcionalidade. Esse era o plano original para o Bitcoin, continuando a sê-lo para o Bitcoin Cash e outras criptomoedas.

5

O Limite de Tamanho dos Blocos

Se você me dissesse em 2011 que estaríamos aqui em 2017 e não teríamos ampliado este tamanho dos blocos, eu teria dito: "Não há como isto acontecer."[1]

— Stephen Pair, CEO da BitPay

Um único parâmetro técnico possibilitou que os desenvolvedores do Bitcoin Core transformassem o Bitcoin num projeto diferente: o "limite de tamanho dos blocos". O limite de tamanho dos blocos (*blocksize limit*) é, simplesmente, o tamanho máximo dos blocos permitido na rede. Lembre-se, as transações são agrupadas em blocos; portanto, quanto mais transações, maiores os blocos. Isso torna o limite de tamanho dos blocos efetivamente um limite máximo de volume de transferências para o Bitcoin. O Bitcoin Core utilizou um minúsculo limite de tamanho dos blocos com o propósito de restringir artificialmente a capacidade da rede a uma fração do seu potencial.

Não era esperado que o limite de tamanho dos blocos fosse um parâmetro importante; e não se esperava que o limite fosse atingido. Era esperado que esse limite ficasse muito acima do tamanho do bloco médio. Nunca se esperou que os blocos ficassem cheios, exceto em circunstâncias extremas.

Espaço Extra Necessário

Um bloco cheio significa que há mais transações tentando ser processadas que a quantidade possível de caber num único bloco — o que, de imediato, faz as taxas aumentarem e pendências se formarem. Atualmente, um bloco do BTC pode conter de 2.000 a 3.000 transações e é produzido a cada dez minutos. Se 18.000 pessoas tentarem realizar uma única transação dentro de um período de dez minutos, a rede deve levar pelo menos seis blocos para processar todas as transações. Se ninguém mais usar a rede durante esse tempo, isso envolve uma hora para processar cada transação que esteja na fila. Caso 150.000 pessoas tentem utilizar o Bitcoin ao mesmo tempo, seriam necessários pelo menos cinquenta blocos para processar tudo. Trata-se de mais de oito horas de espera.

O processamento atrasado não se mostra o único problema durante congestionamentos da rede. Quando os blocos ficam cheios, as taxas começam a subir. Uma taxa mais alta não garante que a sua transação será processada rapidamente; ela apenas possibilita que você fure a fila e passe na frente de outras transações. Visto que a rede não pode lidar com mais de 3.000 transações por bloco, uma fila se forma. Aumentar a sua taxa amplia a chance de que os mineradores incluam a sua transação no próximo bloco; porém, se um número suficiente de pessoas pagar mais que você, a sua transação será empurrada para muito atrás da fila. Isso faz com que as taxas aumentem exponencialmente, além de promover uma horrível experiência de usuário. Assim que os blocos ficam cheios, as taxas podem subir de um centavo para um dólar, depois para cinco, dez, vinte, cinquenta dólares ou até mais, caso um número suficiente de pessoas estiver utilizando a rede. Durante os picos de taxas em 2017 e 2021, algumas transações complexas custaram mais de US$ 1.000 cada, as quais acabei pagando múltiplas vezes. Uma pesquisa rápida na *blockchain* por transações com taxas de US$ 900 a US$ 1.100 apresenta quase 35.000 resultados.[2]

O Bitcoin, muitas vezes, recebe analogias ao e-mail pela sua capacidade de conectar instantaneamente as pessoas pela internet. Imagine se o e-mail não pudesse lidar com 150.000 pessoas que o estivessem usando e levasse oito horas para enviar e receber mensagens. Isso certamente seria considerado uma embaraçosa falha de configuração. Entretanto, no meio dessas falhas de rede, as transações podem ficar paradas por dias ou até mesmo por uma semana inteira nos períodos de pico. É por isso que o limite de tamanho dos blocos deveria ficar muito acima da demanda por transações, como uma limitação técnica distante que não afetaria a funcionalidade do sistema. O Bitcoin seria escalonado com a utilização, e o limite seria ou ampliado ou completamente removido.

Permitir que os blocos crescessem naturalmente teria mantido o Bitcoin como um sistema de dinheiro digital com transações de taxas baixas e com acesso universal à *blockchain*. Mas os desenvolvedores do Core queriam transformar o Bitcoin num sistema de liquidação para transferências de valores elevados; eles, então, recusaram-se a ampliar o limite de tamanho dos blocos. O único motivo pelo qual as taxas aumentaram para níveis astronômicos e a rede se tornou inconfiável foi porque os blocos eram muito pequenos para lidar com a demanda.

Inúmeros desenvolvedores, entusiastas e negócios sabiam que o limite de tamanho dos blocos precisava ser ampliado. Sabiam que os blocos cheios causariam uma terrível experiência de usuário e puderam ver que os blocos estavam se tornando mais cheios à medida que o Bitcoin crescia em popularidade. Todavia, apesar de intermináveis argumentos e apelos da indústria, os desenvolvedores do Core se recusaram a ampliar o limite. Eles ainda não aumentaram significativamente o volume máximo de transações em relação aos níveis de 2010. Uma única imagem no seu *smartphone* é maior que um bloco inteiro do BTC, às vezes de maneira significativa, dependendo da qualidade da imagem. Essa foi, em última análise, a razão pela qual a indústria de criptomoedas se fragmentou e o Bitcoin Cash foi criado.

O Motivo do Limite de Tamanho dos Blocos

Na época em que Satoshi Nakamoto deixou o Bitcoin, havia muitos desenvolvedores entusiasmados e talentosos trabalhando no projeto, mas dois se destacam como excepcionais: Gavin Andresen e Mike Hearn. G. Andresen foi escolhido por Satoshi como o seu sucessor e o principal desenvolvedor do projeto. Andresen, naturalmente, também era um defensor de blocos grandes (*big blocker*). Ao longo dos anos, ele escreveu influentes artigos no seu *blog*[3] sobre Bitcoin e escalonamento, assim como sobre cultura dos desenvolvedores, economia e outros tópicos.[4] Ele apresentava-se manso, dócil quando falava, talvez por uma imperfeição sua. M. Hearn, por outro lado, mostrava-se mais agressivo, apresentando tom mais veemente contra os defensores de blocos pequenos (*small blockers*) que ele acreditava estarem atrapalhando o projeto. A sua experiência anterior de trabalho foi especialmente relevante. Hearn deixou o Google para trabalhar no Bitcoin. Enquanto estava no Google, passou três anos como planejador de capacidade para o Google Maps — um dos *websites* mais populares do mundo. Ele, portanto, estava profundamente familiarizado com as questões envolvendo capacidade de rede. Assim como Satoshi e Andresen, Hearn era um defensor de blocos grandes que não considerava que o Bitcoin tivesse quaisquer problemas inerentes de escalonamento. Entre as suas postagens de *blog*, os seus e-mails, as suas conversas em fóruns e entrevistas públicas, Andresen e Hearn capturaram, melhor que ninguém, a visão original para o Bitcoin. Os seus comentários constituem leitura essencial e são citados no decorrer deste livro.

Quando o Bitcoin foi originalmente codificado, não existia limite explícito sobre o tamanho dos blocos que poderiam ser produzidos. Isso mudou em 2010, quando Satoshi acrescentou um limite de tamanho dos blocos para evitar um potencial ataque de negação-de-serviço (*denial-of-service* — *DoS*) enquanto o Bitcoin era incipiente, jovem. No seu *blog*, Gavin Andresen explicou os motivos do limite inicial:

(...) Os limites foram adicionados para evitar um ataque de negação-de-serviço de rede proveniente de um 'bloco venenoso'. Temos de nos preocupar com ataques de negação-de-serviço caso
eles sejam baratos para o perpetrador (...). O ataque que o limite
pretende evitar é muito mais caro hoje (...).

Em 15 de julho [de 2010], aproximadamente onze mil bitcoins
foram negociados a um preço médio de aproximadamente três
centavos cada. A recompensa por bloco era de 50 BTC naquele
momento, então os mineradores podiam vender o valor de um
bloco em moedas por cerca de US$ 1,50.

Isso dá uma ideia aproximada de quanto custaria a um invasor
produzir um 'bloco venenoso' para perturbar e interromper a
rede – um dólar ou dois. Muitas pessoas estão dispostas a gastar
um ou dois dólares "por diversão maliciosa" – elas curtem causar
problemas e se mostram dispostas a gastar ou bastante tempo ou
uma quantidade modesta de dinheiro para provocá-los.[5]

O limite inicial foi definido para um *megabyte*, permitindo um
limite teórico de sete transações por segundo. Na prática, o limite real
é em torno de três a quatro transações por segundo, correspondendo a
2.000–3.000 transações *on-chain* por bloco — muito acima da utilização
real da rede naqueles dias. O plano era, simplesmente, ou ampliar o
limite ou eliminá-lo completamente. Nos fóruns, Andresen observou:

O plano, desde o início, era suportar blocos grandes. O limite rígido de 1 MB sempre foi uma medida temporária de prevenção de
negação-de-serviço.[6]

Ray Dillinger, outro pioneiro dos tempos iniciais do Bitcoin, disse
a mesma coisa:

Eu sou o cara que revisou as coisas referentes à *blockchain* na primeira versão de Satoshi do código do bitcoin. Nela, Satoshi não
tinha um limite de 1 MB. O limite foi originalmente ideia de Hal
Finney. Tanto Satoshi quanto eu levantamos a objeção de que o

bitcoin não escalonaria em 1 MB. Hal estava preocupado com um possível ataque *DoS*; e, após discussão, Satoshi concordou (...). Mas nós três concordamos que o limite de 1MB tinha de ser temporário porque nunca escalonaria.[7]

O fato de Satoshi, Hal e Ray estarem em acordo unânime se revela algo singularmente interessante, pois Hal Finney é frequentemente visto como um defensor de blocos pequenos. Mas inclusive ele concordou que o limite de 1 MB tinha de ser temporário. Entretanto, até hoje, os desenvolvedores do Bitcoin Core têm se recusado a ampliar significativamente o limite de tamanho dos blocos além do nível inicial definido em 2010 — apesar dos enormes, massivos aprimoramentos em *software*, *hardware* e tecnologia de rede. Praticamente todas as maiores empresas do setor tentaram, em várias ocasiões, ampliar o limite, mas os desenvolvedores do Core se recusaram, mesmo depois de concordarem publicamente com uma ampliação. Em vez disso, eles modificaram a métrica do tamanho dos blocos para "carga dos blocos" (*block weight*) e declararam que o novo limite seria de 4 MB; mas isso é, sobretudo, um truque contábil e não corresponde a uma quadruplicação da capacidade de volume.

Configuração Invertida

O simples motivo pela qual os desenvolvedores do Core se recusaram a ampliar o limite é porque queriam modificar a configuração do Bitcoin. Quanto mais cedo os blocos ficassem cheios, mais cedo as taxas de transação aumentariam — algo que consideravam desejável. Jorge Timón, um desenvolvedor do Core, afirmou: "Concordo, atingir o limite não seria ruim, mas na verdade bom para um mercado jovem e imaturo como o das taxas de bitcoin."[8] Ao passo em que Greg Maxwell declarou sem rodeios: "Não há nada de errado com blocos cheios (...). Blocos cheios constituem o estado natural do sistema."[9]

Para ter noção de quão radicais essas ideias se mostram, faça a comparação com as ideias que você teria encontrado nos dias iniciais do Bitcoin, quando a rede Visa era frequentemente referida como uma comparação para o volume de transações. Lá em 2009, Satoshi foi questionado sobre a capacidade do Bitcoin de escalonar e disse:

> A existente rede de cartões de crédito Visa processa cerca de 15 milhões de compras pela Internet por dia no mundo inteiro. O Bitcoin já pode escalonar de maneira muito mais ampla que isso com o *hardware* existente por uma fração do custo. Ele nunca realmente atinge um teto de escala.[10]

Esse era o entendimento comum durante anos. Embora, hoje, chamaríamos isso de parte da "visão de Satoshi", tal entendimento constituía a visão de quase todos naquela época. Por exemplo, se você estivesse pesquisando sobre Bitcoin em 2013, provavelmente teria se deparado com a página da Wikipedia referente a ele. Isto é o que a seção acerca de "escalabilidade" tinha a dizer:

> A rede principal do Bitcoin pode escalonar para volumes de transações muito mais altos que aqueles atualmente vistos, supondo que os *nodes* da rede estejam sendo executados principalmente em servidores *high-end* em vez de em *desktops*. O Bitcoin foi configurado para suportar clientes de carga leve (*lightweight clients*) que processam apenas pequenas parcelas da cadeia de blocos (...).

> Uma configuração na qual a vasta maioria dos usuários sincroniza clientes de carga leve com *backbone nodes* mais poderosos (*backbone*: espinha dorsal; referência a redes maiores, inclusive de dimensão continental, que conectam servidores distantes) é capaz de escalonar para milhões de usuários e dezenas de milhares de transações por segundo (...).

> Hoje, a rede Bitcoin está restrita a um volume sustentado de 7 *tps* (*transactions per second*; transações por segundo) por alguns limites artificiais. Eles foram colocados para impedir que as pessoas inflassem o tamanho da cadeia de blocos antes que a rede e a comunidade estivessem prontas para isso. Uma vez eliminados

esses limites, o volume máximo de transações aumentará signifi-cativamente (...). Com volumes de transações muito altos, cada bloco pode ter mais de meio *gigabyte* de tamanho.[11]

Isso era de conhecimento geral. Todo mundo entendia que o sistema foi configurado para escalonar com blocos maiores; a questão nem mesmo era controversa. Andresen afirmou que a escalabilidade do Bitcoin constituiu parte do fascínio que o atraiu para o projeto:

> Quando ouvi falar sobre Bitcoin pela primeira vez, ele era peque-no o suficiente para que eu pudesse ler tudo — e eu li —, incluin-do todas aquelas postagens da lista de discussão. A promessa de um sistema que poderia escalar para rivalizar com a Visa faz parte da visão que me trouxe ao Bitcoin.[12]

Em 2013, a Visa movimentava, em média, cerca de 2.000 transações por segundo. Para obter 2.000 transações por segundo no Bitcoin, os blocos teriam de possuir aproximadamente 500MB, o que se revela uma quantidade totalmente gerenciável. Os celulares da atualidade podem facilmente gravar e carregar vídeos de alta definição (HD — *high defi-nition*) que possuem *gigabytes* de tamanho — ou seja, múltiplas vezes o tamanho de um bloco de Bitcoin que contenha mais de um milhão de transações. Escalonar para esse nível exige mais que a simples amplia-ção do tamanho máximo de blocos, mas não há razões fundamentais pelas quais isso não possa acontecer. Na verdade, o Bitcoin Cash já teve, com sucesso, vários blocos de 32 MB; e uma ramificação recente do Bitcoin Cash, o Bitcoin SV, minerou inclusive um bloco de 2 GB. Essas redes não se esfacelaram. Satoshi tinha uma resposta simples e final para perguntas sobre tamanho dos blocos:

> Seria bacana manter os arquivos [da *blockchain*] pequenos en-quanto pudermos. A solução final será não se importar com quão grande ela se torne.[13]

Taxas Altas e Transações Lentas

Por que os desenvolvedores do Bitcoin Core desejariam taxas altas? Para o entusiasta dos tempos iniciais do Bitcoin — ou até mesmo para a pessoa comum —, isso parece uma ideia obviamente ruim. Mas, na realidade, as taxas altas constituem o resultado inevitável da filosofia dos blocos pequenos. Para entender o porquê, temos de analisar o sistema mais de perto. Conforme explicado no Capítulo 2 deste livro, os mineradores são pagos de duas maneiras. Eles recebem taxas de transação e a recompensa por bloco. Visto que a recompensa por bloco diminui com o tempo, a única fonte de receita acabará sendo as taxas de transação. E, como os desenvolvedores do Bitcoin Core querem blocos pequenos, a única maneira de os mineradores ganharem dinheiro no sistema deles é com taxas de transação extremamente altas. O Bitcoin não pode funcionar sem que os mineradores sejam pagos; e, se os mineradores só podem processar 3.000 transações por bloco, as taxas necessitam ser de centenas ou milhares de dólares por transação para que se mantenha a segurança. O desenvolvedor principal Jorge Timón falou abertamente sobre esse problema:

> O Bitcoin precisa de um mercado de taxas competitivo no longo prazo para sustentar [a prova-de-trabalho; *proof-or-work*] uma vez que os subsídios acabem. Estou muito feliz por termos agora esse mercado (...).[14]

Pieter Wuille, outro desenvolvedor do Core, disse:

> A minha opinião pessoal é de que nós — enquanto comunidade — deveríamos de fato deixar que um mercado de taxas se desen-volva — e, de preferência, mais cedo que tarde.[15]

Eles eufemisticamente dão às pendências nas transações de taxas altas o nome de "mercado de taxas", no qual os usuários superam os lances uns dos outros pela diminuta quantidade de espaço dentro dos blocos. Esse modelo de segurança bizarro e desnecessário é o motivo pelo qual os desenvolvedores do Core comemoram e incentivam taxas altas e pendências nas transações. Greg Maxwell declarou:

> A pressão nas taxas constitui uma parte intencional da configuração do sistema e, no melhor do entendimento atual, mostra-se essencial para a sobrevivência de longo prazo do sistema. Então, uh, sim. Isso é bom.[16]

E, quando as taxas subiram para US$ 25 em dezembro de 2017, Maxwell, de forma infame, respondeu:

> Pessoalmente, estou tirando o champanhe pelo fato de o comportamento do mercado estar realmente apresentando níveis de atividade que podem financiar a segurança sem inflação e, também, mostrando que taxas referentes a pendências estão sendo pagas, taxas essas necessárias para estabilizar o progresso do consenso à medida que o subsídio diminui.[17]

Satoshi Nakamoto, é claro, não configurou o Bitcoin dessa maneira. Esperava-se que os mineradores recuperassem os seus custos por meio do processamento de um volume elevado de transações de taxas baixas com blocos grandes. Nos fóruns, Satoshi foi questionado sobre o modelo de receita de longo prazo para os mineradores. Ele explicou:

> Em algumas décadas, quando a recompensa ficar muito pequena, a taxa de transação se tornará a principal compensação para [os mineradores]. Tenho certeza de que, em 20 anos, ou haverá um volume de transações muito grande ou nenhum volume.[18]

Observe, ele não disse que, "em 20 anos, ou haverá um grande volume de transações ou um volume pequeno com taxas de transação extremamente altas". Isso soaria duvidoso para qualquer pessoa de bom senso. Ele previu volume elevado ou nenhum.

O Novo Bitcoin

Ao restringirem artificialmente o tamanho dos blocos, os desenvolvedores do Bitcoin Core encontraram um jeito de modificar por completo a dinâmica do sistema. Não apenas a experiência do usuário mudou de "transações quase instantâneas e gratuitas" para "transações caras e não confiáveis", mas também o *modelo econômico subjacente* foi radicalmente alterado. O BTC está apostando na ideia de que os futuros usuários estarão dispostos a pagar centenas ou milhares de dólares por transação *on-chain* (dentro da cadeia de blocos), apesar de terem alternativas superiores. Caso contrário, os mineradores terão de desligar a maioria dos seus equipamentos porque não gerarão lucros.

Diante disso, não é exagero dizer que o BTC foi sequestrado e que a configuração original foi substituída por uma configuração nova, especulativa. É por isso que Vitalik Buterin, cofundador da Ethereum, disse publicamente:

> Considero o BCH um candidato legítimo ao nome bitcoin. Considero o *fracasso* do bitcoin em ampliar o tamanho dos blocos para manter razoáveis as taxas como uma grande mudança (não consensual) no "plano original", moralmente equivalente a um *hard fork*.[19]

O fracasso do Bitcoin Core em ampliar o limite de tamanho dos blocos não foi meramente no campo da teoria acadêmica. Isso provocou consequências no mundo real para as empresas que se baseiam no Bitcoin ou simplesmente o aceitam para pagamentos. Após o aumento das taxas de 2017, a indústria do Bitcoin vivenciou pela primeira vez uma postura anti-adoção. Quando a popular plataforma de jogos eletrônicos Steam anunciou que não mais estava aceitando Bitcoin, eles compartilharam publicamente os seus motivos:[20]

> A partir de hoje, a Steam não suportará mais o Bitcoin como método de pagamento na nossa plataforma devido às taxas altas e à volatilidade no valor do Bitcoin (...). As taxas de transação que

são cobradas do consumidor pela rede Bitcoin dispararam neste ano, chegando a cerca de US$ 20 por transação na semana passada (em comparação com cerca de US$ 0,20 quando inicialmente habilitamos o Bitcoin) (...).

Ao realizar o *check-out* na Steam, um consumidor transferirá uma quantia x de Bitcoin referente ao custo do jogo, mais uma quantia y de Bitcoin para cobrir a taxa de transação cobrada pela rede Bitcoin. O valor do Bitcoin só é garantido por um determinado período; portanto, se a transação não for concluída dentro dessa janela de tempo, a quantia necessária de Bitcoin para cobrir a transação pode mudar. A quantia que a rede pode modificar tem aumentado recentemente a um ponto em que pode mostrar-se significativamente diferente.

A resolução normal para isso é ou reembolsar o pagamento original ao usuário ou solicitar ao usuário que transfira fundos adicionais para cobrir o saldo restante. Em ambos os casos, o usuário é, de novo, atingido com a taxa de transação da rede Bitcoin. Neste ano, temos visto [um] número crescente de consumidores ficar nessa situação. Com a taxa de transação sendo agora tão elevada, não se mostra viável reembolsar ou solicitar ao consumidor que transfira o saldo perdido (algo que, por si só, corre novamente o risco de pagamento abaixo do esperado, dependendo de quanto o valor do Bitcoin muda enquanto a rede Bitcoin processa a transferência adicional).

Neste ponto, tornou-se insustentável suportar o Bitcoin como opção de pagamento. Podemos, numa data posterior, reavaliar se o Bitcoin faz sentido para nós e para a comunidade Steam (...).

-- A Equipe Steam

É impossível culpar a plataforma Steam pela sua decisão. Tentar usar o Bitcoin quando os blocos estão cheios pode ser uma experiência terrível. Os consumidores que procuram reembolsos têm a garantia de perder dinheiro. Se eles estão recebendo reembolso referente a um jogo de US$ 30 e as taxas de transação custam US$ 10 cada, os usuários podem acabar perdendo US$ 20, não possuindo recurso algum para contrabalançarem essa perda. Na minha opinião, se você quisesse quebrar, fraturar, esfacelar o Bitcoin, a ação de permitir que os blocos ficassem cheios seria o melhor caminho. Se as taxas altas e os atrasos no processamento tivessem a sua causa numa falha técnica, isso provavelmente teria sido melhor para o Bitcoin, pois se trata de uma tecnologia nova e o problema poderia ter sido considerado um acaso. No entanto, ao invés disso, o público foi informado de que taxas altas são perfeitamente aceitáveis e salutares; de que não se espera que as pessoas utilizem o Bitcoin para compras diárias; e de que *blockchains* realmente não podem escalonar.

Os apoiadores do BTC possuem algumas respostas padrão a essas críticas. Se eles não estão cientes de que as taxas altas fazem parte da reconfiguração intencional do Bitcoin, muitas vezes gostam de dizer: "As taxas não constituem realmente um problema. Olhe, neste exato momento, as taxas estão baixas!" Mas esse se mostra um argumento fraco. A qualquer momento, as taxas podem ser baixas no BTC, mas apenas porque a rede tem pouco tráfego. Se mais pessoas a usarem, o congestionamento aumentará rapidamente, e as taxas voltarão a subir. É como o tráfego de automóveis. Só porque as estradas estão vazias às 3 horas da manhã não significa que Los Angeles tenha solucionado os seus problemas de trânsito. Se os blocos do BTC não estiverem cheios, as taxas serão baixas; porém, se os blocos estiverem cheios e a atividade aumentar, as taxas inevitavelmente subirão para níveis extremos.

E as Segundas Camadas?

A outra tentativa de resgatar a filosofia dos blocos pequenos envolve um apelo às camadas secundárias, visto que, se a maioria das transações for *off-chain* (fora da cadeia de blocos), então talvez as taxas possam ser baixas nas camadas secundárias. Embora faça sentido construir camadas múltiplas no Bitcoin, para que isso funcione corretamente, a camada de base (*base layer*) deve ser escalável. Se a camada de base só pode processar sete transações por segundo, ela não se mostra nem perto de ser robusta o suficiente para a construção de camadas adicionais no seu topo. As segundas camadas ainda necessitam de interação com a camada de base, então as taxas altas prosseguem sendo um problema fundamental. Por exemplo, a Lightning Network ("Rede Relâmpago") ainda requer transações *on-chain* ocasionais para uso, e tais taxas precisam ser pagas por alguém. No momento, muitas carteiras populares estão subsidiando esses custos para os seus usuários; todavia, se taxas de US$ 50 para cima forem a norma, esse modelo simplesmente não se revela sustentável.

Elon Musk é uma pessoa que parece compreender o valor do escalonamento da camada de base para as criptomoedas. Numa sequência no Twitter (X) sobre configuração de rede, ele compartilhou os seus pensamentos como engenheiro:

> BTC & ETH estão buscando um sistema de transação multicamada, mas o volume de transações da camada de base é lento e o custo de transação, alto (...). Há mérito em maximizar o volume de transações da camada de base e em minimizar o custo de transação (...). O tamanho do bloco e a frequência deveriam aumentar de forma constante para corresponderem à banda larga (*bandwidth*; largura de banda) amplamente disponível.[21]

Se Musk estivesse por perto na época, parece que ele teria concordado com Satoshi, Andresen, Hearn e a maioria dos empreendedores de Bitcoin dos tempos iniciais como eu. Simplesmente não há substituto para transações baratas e *on-chain*.

O parâmetro técnico que acabou dividindo o Bitcoin em dois foi o limite de tamanho dos blocos. Antes de os blocos ficarem cheios, o BTC desfrutava de uma participação de mercado na indústria de criptomoedas de cerca de 95%. Quando os blocos começaram a encher, a participação de mercado caiu rapidamente. No pico da falha de rede em janeiro de 2018, essa participação caiu para 32%, e muitos usuários, muitas empresas e muitos desenvolvedores abandonaram o BTC imediatamente. A partir de março de 2023, a participação de mercado do BTC encontra-se por volta de 40% e provavelmente cairá de novo com mais falhas de rede. Se os desenvolvedores do Bitcoin Core tivessem simplesmente ampliado o limite de tamanho dos blocos para um nível razoável, estou confiante de que: muitos projetos concorrentes de criptomoedas simplesmente não existiriam; a indústria teria permanecido unificada em torno de uma moeda; e o BTC teria continuado a ser o principal sistema de dinheiro digital para a internet. Ao invés disso, os desenvolvedores do Bitcoin Core passaram para um sistema de liquidação com taxas altas e transações não confiáveis, deixando um vazio para o dinheiro digital que ainda não foi preenchido.

6

Nodes Notórios

O Bitcoin foi configurado para escalonar com blocos maiores. Por que alguém, então, acharia que blocos grandes sejam um problema? Embora se faça impossível saber as motivações internas dos desenvolvedores do Bitcoin Core, este capítulo abordará os seus motivos declarados para manter pequenos os blocos. Todas as objeções a blocos grandes gravitam em torno de uma ideia central: à medida que o tamanho dos blocos aumenta, o custo para executar um *full node* (nó completo) também aumenta. Quanto mais custoso for executar um *node* (nó), menos pessoas os executarão, e mais centralizada a rede se tornará. Portanto, ao manter pequenos os blocos, mais pessoas podem executar *nodes*, o que mantém descentralizada a rede. Wladimir van der Laan, desenvolvedor do Core, afirmou claramente em 2015:

> Eu entendo as vantagens do escalonamento, não duvido de que uma ampliação do tamanho dos blocos vá *funcionar*. Embora possam surgir problemas imprevistos, estou confiante de que eles serão resolvidos. Isso, porém, pode muito bem tornar o Bitcoin menos útil para aquilo que o diferencia de outros sistemas em primeiro lugar: a possibilidade de as pessoas administrarem o seu próprio "banco" sem investimento especial em conectividade e em *hardware* de computação.[1]

Existem vários problemas com essa ideia. Mais fundamentalmente, a ideia de que os usuários precisem executar os seus próprios *full nodes* para "administrarem o seu próprio 'banco'" está incorreta. O Bitcoin foi configurado de modo que as pessoas comuns *não* precisem executar os seus próprios *full nodes*. Elas podem utilizar *softwares* mais leves. Lembre-se, um *full node* baixa uma cópia da *blockchain* (cadeia de blocos) inteira e valida cada transação na rede. Isso é desnecessário para quase todo mundo. Satoshi configurou o Bitcoin com a Verificação Simplificada de Pagamentos (*Simplified Payment Verification* — SPV) em mente, a qual permite aos usuários a verificação das suas próprias transações com uma quantidade diminuta de dados. Utilizando a SPV, você não pode verificar as transações de um estranho, nem pode verificar todas as transações já efetuadas; mas a maioria das pessoas não tem motivos para fazer isso. Satoshi não foi tolo o suficiente para projetar um sistema monetário em que cada usuário tivesse de baixar e verificar as transações do mundo inteiro. Não há como um sistema desses escalonar.

Em segundo lugar, o fato de que os custos de validação aumentam com o tamanho dos blocos não constitui um problema. Satoshi não poderia ter sido mais claro quando escreveu:

> O sistema atual em que cada usuário é um *node* de rede não é a configuração pretendida para grande escala. Isso seria como se cada usuário da Usenet [estivesse executando] o seu próprio servidor NNTP. A configuração suporta deixar que os usuários sejam apenas usuários. Quanto maior for o fardo de executar um *node*, menos *nodes* haverá. Esses poucos *nodes* serão grandes fazendas de servidores. O resto serão *nodes* do tipo cliente que somente realizam transações e não as geram.[2]

E, também, quando afirmou:

> Apenas as pessoas que tentam criar moedas novas necessitariam executar *nodes* de rede. No início, a maioria dos usuários executaria *nodes* de rede; todavia, à medida que a rede cresce além de um determinado ponto, ela seria deixada cada vez mais para especialistas com fazendas de servidores de *hardware* especializado.[3]

Satoshi foi tão claro sobre isso que é impossível interpretar erroneamente. A ideia dele fazia perfeito sentido. Em todas as indústrias, as empresas tendem a se especializar naquilo que fazem de melhor. Manter a rede do Bitcoin não é diferente. Satoshi vislumbrou "grandes fazendas de servidores" no centro da rede, com usuários comuns se conectando a elas. Não há problemas em não gostar dessa ideia, mas é assim que o Bitcoin foi configurado. Trata-se de algo análogo ao e-mail. Tecnicamente, é possível que qualquer pessoa configure o seu próprio servidor de e-mail e conecte-se à rede global de e-mail. Mas por que você faria isso? É difícil de configurar e manter, e a vasta maioria das pessoas não tem motivos para agir assim. Então, na maioria dos casos, deixamos para os especialistas.

A Opinião da Maioria

Gavin, Mike e Satoshi não eram as únicas pessoas que pensavam dessa maneira. Os fóruns dos tempos iniciais estão repletos de outros desenvolvedores e usuários que também compreendiam que o sistema não requer que a maioria das pessoas execute o seu próprio *node*. Alan Reiner, que criou a popular carteira Armory, disse em 2015:

> Os objetivos "uma rede global de transações" e "todos devem ter a capacidade de executar um *full node* com o seu *laptop* Dell de US$ 200" não são compatíveis. Precisamos aceitar que um sistema global de transações não pode ser auditado totalmente/constantemente por todos e pelas mães de todos.[4]

Inclusive defensores do Bitcoin Core admitiram que a sua perspectiva em relação aos *nodes* mostra-se bem diferente da perspectiva original. "Theymos" é o pseudônimo do dono das plataformas de discussão mais populares sobre o Bitcoin — esse indivíduo, mais tarde, desempenhou um papel central na censura dos defensores de blocos grandes (*big blockers*) —, mas até mesmo ele admitiu:

> Satoshi, definitivamente, pretendia ampliar o rígido tamanho má-

ximo dos blocos (...). Acredito que Satoshi esperava que a maioria das pessoas utilizasse algum tipo de *node* de carga leve (*lightweight*), com apenas empresas e entusiastas verdadeiros sendo *full nodes*. A visão de Mike Hearn se revela semelhante à visão de Satoshi.[5]

Ademais, não está nem mesmo claro se o número total de pessoas executando *nodes* seria menor caso os custos aumentassem. O número total de *hobbyists*, de entusiastas amadores executando *nodes* seria menor; no entanto, se o Bitcoin fosse a nova rede financeira do mundo, milhares de empresas teriam um incentivo financeiro para executar os seus próprios *nodes*. Conforme diz Satoshi no *whitepaper* (monografia seminal):

> As empresas que recebem pagamentos frequentes provavelmente ainda irão querer executar os seus próprios *nodes* para obterem mais segurança independente e verificação com maior velocidade.[6]

A Religião do *Full Node*

Vamos nos aprofundar nas razões pelas quais os defensores de blocos pequenos (*small blockers*) acham que *full nodes* sejam tão importantes. A página na Wikipedia sobre Bitcoin possui um verbete acerca de *full nodes* que explica bem a filosofia deles. Este longo trecho é um ótimo resumo:

> Os *full nodes* compõem a espinha dorsal da rede. Se todos utilizassem *nodes* de carga leve (*lightweight nodes*), o Bitcoin não poderia existir (...). Os *nodes* de carga leve fazem o que a maioria do poder de mineração determine. Portanto, se, por exemplo, a maioria dos mineradores se unisse para incrementar a sua recompensa por bloco, os *nodes* de carga leve iriam cegamente acompanhar essa maioria. Se isso sequer acontecesse, a rede se dividiria de tal forma que os *nodes* de carga leve e os *full nodes* acabariam em redes separadas, usando moedas diferentes (...).
>
> Se todas as empresas e muitos usuários estão utilizando *full nodes*, então essa cisão de rede não se revela um problema crítico porque os usuários de clientes de carga leve (*lightweight clients*) percebe-

rão rapidamente que não podem enviar ou receber bitcoins de/ para a maior parcela das pessoas com quem usualmente realizam negócios e, portanto, deixarão de utilizar o Bitcoin até que os mineradores malignos sejam superados (...).

No entanto, se quase todos na rede estiverem usando *nodes* de carga leve nessa situação, então todos continuariam sendo capazes de transacionar entre si; e, assim, o Bitcoin poderia muito bem acabar "sequestrado" por mineradores malignos. Na prática, é improvável que os mineradores tentem algo parecido com o cenário acima, desde que os *full nodes* sejam predominantes, pois eles perderiam muito dinheiro.

Mas os incentivos mudam completamente se todos usarem *nodes* de carga leve. Nesse caso, os mineradores, definitivamente, possuem de fato um incentivo para modificar as regras do Bitcoin em seu favor. Só é razoavelmente seguro utilizar um *node* de carga leve porque a maioria da economia Bitcoin utiliza *full nodes*. Portanto, é fundamental para a sobrevivência do Bitcoin que a grande maioria da economia Bitcoin seja apoiada por *full nodes*, não por *nodes* de carga leve.[7]

Essas ideias se tornaram a ortodoxia. Qualquer pessoa que tente hoje obter conhecimentos sobre Bitcoin pode nem mesmo saber que esse artigo é fortemente tendencioso a uma perspectiva de blocos pequenos com a qual o próprio criador do Bitcoin teria discordado. Há dois argumentos centrais que estão aqui sendo feitos:

1) Os mineradores têm um incentivo para "sequestrar" o Bitcoin por meio da mudança das regras em seu favor; por exemplo, por meio do aumento da recompensa por bloco.

2) Os mineradores são impedidos de modificar arbitrariamente as regras porque os *full nodes* não "seguem cegamente" o poder de mineração majoritário.

Ambas as alegações são falsas. Primeiro, os mineradores não possuem um incentivo para mudar arbitrariamente as regras do Bitcoin. À primeira vista, pode parecer que os mineradores poderiam lucrar com a criação de moedas novas do nada. Isso, entretanto, ignora a razão pela qual os Bitcoins têm valor em primeiro lugar. O valor não é intrínseco; ele provém de uma complexa teia de crenças que as pessoas possuem sobre toda a rede Bitcoin. Se os mineradores decidissem produzir um bilhão de novos Bitcoins para si mesmos, eles destruiriam a confiança subjacente no sistema, o que destruiria o valor de cada Bitcoin. Eles podem ter um bilhão a mais de Bitcoins, mas cada unidade desse bilhão seria sem valor. Mike Hearn compreendeu essa dinâmica:

> Mineradores racionais não devem desejar solapar, minar a validade da sua própria riqueza. Fazer coisas que reduzam significativamente a utilidade do sistema é autodestrutivo inclusive no médio prazo, pois levaria as pessoas a, em desgosto, simplesmente desistir do sistema e vender as suas moedas, fazendo com que o preço seja arrastado para baixo. Considero que é justo dizer que ser incapaz de comprar pessoalmente coisas básicas como comida ou bebidas reduziria a utilidade do Bitcoin para muitas pessoas.[8]

M. Hearn entendeu que os mineradores não constituem uma ameaça ao sistema. Quando muito, os mineradores são os agentes *menos* incentivados a quebrar, fraturar, esfacelar o Bitcoin, visto que a sua única receita advém das taxas de transação e da recompensa por bloco, ambas denominadas em Bitcoins que devem ser vendidos no mercado.

A segunda grande alegação do artigo da Wikipedia é a de que *full nodes* possam, de alguma forma, impedir que as regras da rede se modifiquem. Não podem fazê-lo. Lembre-se, *full nodes* não podem adicionar blocos à *chain* (cadeia). Eles só podem verificar se os blocos e as transações são válidos. Imagine que é descoberto no protocolo um novo *bug* que provoca, de maneira importante, rupturas no Bitcoin e que o *software* tem de ser atualizado num curto período de tempo. Os mineradores irão realizar imediatamente a atualização, pois os seus lucros dependem da continuidade do funcionamento da rede. Mas o que aconteceria se todos os outros que executam *full nodes* não fizessem a atualização? Os mineradores seriam impedidos completamente de realizarem a atualização? De modo algum. Os mineradores continuariam tranquilamente adicionando blocos à *chain*, e os *full nodes* simplesmente se separariam da rede principal e se afiliariam à sua própria nova rede. Se a sua nova rede não tiver mineradores, eles não poderão nem mesmo adicionar blocos novos à sua *chain*, e nenhuma transação poderá ser processada. Quando muito, esse é um motivo *para usar* carteiras de carga leve (*lightweight wallets*), já que você não corre o risco de ser "forkeado" (bifurcado) da rede principal.

Os *full nodes* não possuem nenhum poder direto para restringir os mineradores de modificar as regras. Mas é correto dizer que eles têm poder indireto para *notificar* as pessoas de que as regras mudaram. Conforme o artigo da Wikipedia, o que impede os "mineradores malvadões" de modificar as regras é que eles sabem que os *full nodes* os pegariam — e, uma vez que o mundo soubesse sobre os seus feitos maldosos, o valor do sistema inteiro seria destruído. Desse modo, o olhar atento dos *full nodes* mantém os mineradores sob controle. Há um sentido superficial em que isso é verdade. Os mineradores são realmente incentivados a não modificar arbitrariamente as regras do Bitcoin porque isso destruiria o valor da sua moeda. No entanto, o Bitcoin não requer uma grande rede de *full nodes* para notificar as pessoas de que as regras foram alteradas. Ele apenas requer um único minerador honesto — ou, inclusive, um único *node* honesto. Qualquer pessoa pode demonstrar ao mundo que um determinado bloco (ou uma transação específica) é inválido de acordo com as regras antigas. Ainda que 100% dos mineradores estivessem em conluio, um único *full node* ainda poderia provar que as regras mudaram. Isso significa que qualquer minerador, qualquer empresa, qualquer corretora de criptomoedas (*exchange*), qualquer pesquisador ou qualquer processador de pagamentos pode demonstrar que as regras mudaram. Portanto, é essencialmente garantido que todos iriam descobrir.

Todavia, seria uma simplificação excessiva dizer que os *full nodes* literalmente não têm poder algum, pois nem todos os *nodes* são criados iguais. Alguns operadores de *full nodes* são agentes econômicos relevantes.

Se o *hobbyist*, o entusiasta amador que executa um *node* no porão da sua casa for "forkeado" da rede, isso não importa. Porém, se uma grande empresa ou uma corretora de criptomoedas for "forkeada", isso de fato importa, e o valor da moeda pode sofrer danos. Os mineradores, assim, possuem um forte incentivo para assegurar que os agentes econômicos relevantes apoiem quaisquer mudanças propostas que desejem fazer.

Mineradores Honestos e Desonestos

Também seria uma simplificação excessiva dizer que os mineradores nunca poderiam representar um risco para a integridade do Bitcoin. Há um cenário claro em que as ações dos mineradores poderiam ser prejudiciais. Conforme explicado no *whitepaper*, o Bitcoin requer que a maioria do poder de mineração — também chamado de "hashrate" — seja honesta, no sentido de não estar deliberadamente tentando destruir o sistema. Mineradores honestos buscam lucros por meio da maximização da utilidade da moeda e do crescimento do tamanho da rede. Mineradores desonestos ou maliciosos, por outro lado, representam um tipo diferente de ameaça. O Bitcoin foi configurado especificamente para operar inclusive na companhia de mineradores desonestos — mas apenas se eles constituírem a minoria. Se a maioria do *hashrate* se tornasse desonesta, então o Bitcoin realmente teria problemas. Por exemplo, se um governo hostil tomasse o controle da maioria do *hashrate*, o Bitcoin poderia sofrer disrupção. Porém, mesmo num cenário desses, os *full nodes* não oferecem proteção. Como eles não podem adicionar blocos à *chain* nem controlar o comportamento dos mineradores, eles simplesmente seriam "forkeados" da rede principal. Não importa o quanto um *full node* se esforce, ele simplesmente não possui o poder de salvar uma rede com uma maioria de mineradores desonestos.

O fato de que o Bitcoin requer que a maioria do *hashrate* seja honesta não constitui uma falha singular de configuração. Todas as *blockchains* de prova-de-trabalho — *proof-of-work* — apresentam a mesma vulnerabilidade. A verdadeira defesa contra os mineradores desonestos é *econômica*. Trata-se do custo da mineração. Quanto mais custosa se torna a ação de minerar, maiores são os custos para quaisquer agentes mal-intencionados que tentem obter uma maioria do *hashrate*. Portanto, quanto mais bem-sucedido o Bitcoin se torna, maior se revela o seu nível geral de segurança. Os governos são geralmente os únicos que representam uma ameaça real de obtenção de uma maioria de *hashrate* malicioso, pois não precisam operar pelas restrições de lucro e prejuízo. Se um agente estatal bem financiado tentasse esfacelar o Bitcoin dessa maneira, a rede enfrentaria um desafio real, independentemente de quantos *full nodes* existam.

Os fatos históricos são claros. O Bitcoin não foi configurado para usuários comuns executarem os seus próprios *nodes*. Satoshi foi explícito sobre isso em múltiplas ocasiões, dizendo:

> A configuração descreve um cliente de carga leve (*lightweight client*) que não necessita da cadeia de blocos completa (...). Chama-se de Verificação Simplificada de Pagamentos. O cliente de carga leve pode enviar e receber transações; ele apenas não pode gerar blocos. Não precisa confiar num *node* para verificar pagamentos; ainda pode verificá-los sozinho, por si só.[9]

O escalonamento maciço sempre foi possível com blocos grandes, e esperava-se que a infraestrutura fosse mantida por "fazendas de servidores" especializadas. Apesar disso, os desenvolvedores do Bitcoin Core decidiram que não gostaram da configuração de Satoshi e consideraram que poderiam aprimorá-la fazendo com que usuários comuns baixassem a *blockchain* inteira e verificassem todas as transações que nela ocorrem, ainda que não tenham interesse financeiro em fazê-lo. Essa se mostra atualmente a ideia dominante na rede BTC, sendo a razão pela qual o volume de transações é restrito e as taxas são altas.

7

O Custo Real dos Blocos Grandes

"Quero ser capaz de executar/rodar um *full node* a partir do meu computador doméstico." Alguém realmente se importa com isso? Satoshi, não; a sua visão consistia em usuários domésticos executando *nodes* SPV e em *full nodes* sendo hospedados em *datacenters* (centros de dados).[1]

— Gavin Andresen, 2015

A preocupação excessiva com o custo dos blocos grandes parece irracional quando você analisa os números. Não se precisa de nada além de meros cálculos aproximados/estimados para perceber que o Bitcoin pode escalonar muito acima de blocos de 1 MB sem aumentar substancialmente os custos. Na realidade, dada a trajetória descendente acentuada dos custos relevantes envolvidos, até mesmo em escala massiva eles não seriam proibitivos para usuários domésticos, embora Satoshi não esperasse que os usuários comuns executassem os seus próprios *nodes* (nós).

Para o propósito de possuir capacidade básica de *full node* (nó completo), os dois principais custos envolvidos são o armazenamento de dados (*data storage*) e a banda larga (*bandwidth*; largura de banda), ambos os quais têm despencado por décadas juntamente com os custos da tecnologia em geral. Tenho observado essas tendências ali da linha de frente; a minha empresa MemoryDealers foi formada para vender *hardware* de computador.

Na obra *The Bitcoin Standard* [*"O Padrão Bitcoin"*], S. Ammous tenta, por meio da análise dos números, explicar por que o escalonamento *on-chain* (dentro da cadeia de blocos) não é viável:

> Para que o Bitcoin processe as 100 bilhões de transações que a Visa processa, cada bloco precisaria ter cerca de 800 *megabytes*, significando que, a cada dez minutos, cada *node* de Bitcoin necessitaria do adicionamento de 800 *megabytes* de dados. Dentro de um ano, cada *node* de Bitcoin adicionaria aproximadamente 42 *terabytes* de dados (...) à *blockchain* dele.[2]

Isso está correto. Se o Bitcoin processa aproximadamente quatro transações por segundo por bloco de 1MB, então blocos de 800 MB equivalem a algo em torno de 3.200 transações por segundo — ou cem bilhões de transações por ano. Qualquer pessoa familiarizada com computadores saberá que 800 MB a cada 10 minutos é um número surpreendentemente baixo, considerando o fato de que permite o volume de transferências no nível da Visa. Ammous, porém, chega à conclusão oposta:

> Tal número encontra-se completamente fora do âmbito do possível poder de processamento dos computadores comercialmente disponíveis neste momento ou no futuro previsível.[3]

Não sei de onde Ammous tirou as suas informações, mas ele, aparentemente, não está familiarizado com os custos da tecnologia. Inclusive em níveis massivos de volume, nem os custos de armazenamento nem os custos de banda larga seriam significativos para a execução de um *full node* básico.

Custos de Armazenamento

Começaremos com os cálculos mais básicos e, após, mostraremos como reduzir ainda mais os custos. Em setembro de 2023, uma rápida pesquisa por discos rígidos (*hard drives*) de 8 TB no domínio *Newegg.com* mostra, como o seu primeiro resultado, uma unidade de disco rígido Seagate Barracuda sendo vendida por US$ 119.99[4] — isso significa US$ 15,00 por TB. Se o Bitcoin utilizar 42 TB por ano, isso envolverá US$ 630 — ou US$ 52,50 por mês. Se, para a conexão dos discos rígidos, quisermos incluir o custo de um dispositivo NAS ("Network Attached Storage") de 6 baias direcionado a consumidores finais, isso atualmente custará cerca de US$ 670.[5] Somados, são minúsculos US$ 1.300 por ano — pouco mais de cem dólares por mês — para armazenar 100.000.000.000 de transações.

Ainda que esses custos já sejam baixos, os custos reais de armazenamento são até mesmo menores por causa da maneira sagaz com a qual o Bitcoin foi configurado. Colocando em termos simples: *full nodes* não precisam armazenar o histórico inteiro de transações. Na verdade, tudo de que eles tecnicamente necessitam é da lista em execução de endereços com saldos diferentes de zero — chamada de conjunto "Unspent Transaction Output" (ou conjunto UTXO). Você pode pensar no conjunto UTXO como a lista de saldos de caixa ativos sem os seus históricos correspondentes. Isso faz com que o tamanho do conjunto UTXO seja uma fração reduzida do registro histórico de todas as transações. O registro pode ser "podado", descartando-se informações antigas e irrelevantes. Os mineradores de Bitcoin geralmente já trabalham com uma *blockchain* podada. Entretanto, se um *full node*, por algum motivo, de fato quiser o registro histórico, ele pode facilmente mantê-lo por quantos meses ou anos desejar. Em vez de armazenar todos os registros que remontam a 2009, ele poderia armazenar apenas o valor do ano passado. Assim, em vez de 42 TB por ano, ele pode armazenar apenas 42 TB no total, efetivamente transformando os custos anuais de armazenamento numa despesa única.

Um *full node* que rode nos níveis da Visa e mantenha todo o histórico da *blockchain* ainda incorreria somente em pequenos custos de armazenamento com *hardware* direcionado a consumidores finais. Esses cálculos nem sequer consideram os inevitáveis custos reduzidos da tecnologia no futuro. Nos últimos 70 anos, o armazenamento dos computadores apresenta um histórico consistente de reduções maciças de preços.

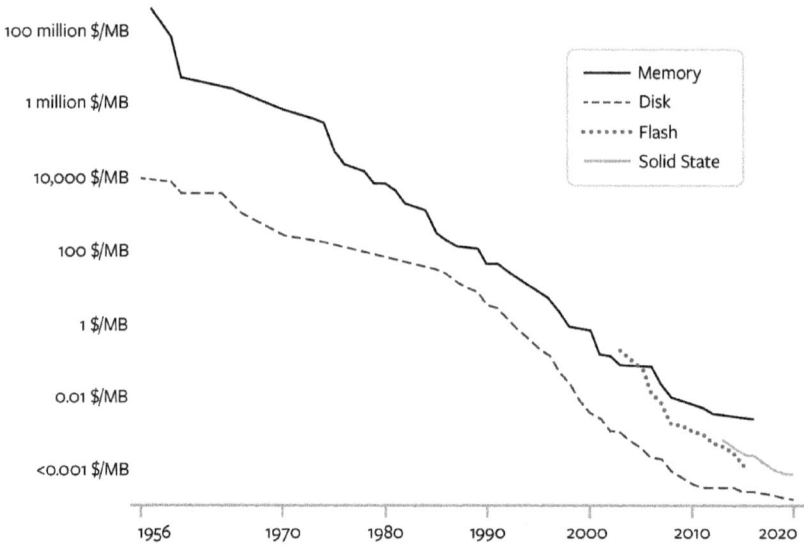

Figura 2: *Memória e armazenamento dos computadores com mensuração em dólares americanos por megabyte*[6]

Quando Satoshi lançou o Bitcoin no início de 2009, o armazenamento dos computadores custava cerca de US$ 0,10 por *gigabyte*. Desde então, os preços caíram mais de 85% e, atualmente, encontram-se abaixo de US$ 0,015 por *gigabyte*.[7] Ao contrário da alegação de S. Ammous de que blocos de 800 MB produziriam o suficiente de dados para estarem "fora do âmbito do possível poder de processamento dos computadores comercialmente disponíveis", os custos reais de armazenamento se mostrariam acessíveis para os consumidores e diminutos para a maioria das empresas.§

---

§ Algumas empresas especializadas que necessitam de desempenho ultrarrápido, como corretoras de criptomoedas [*exchanges*] ou processadores de pagamentos, podem ver custos mais altos por causa dos requisitos de RAM — embora tais custos também possam ser mitigados. Conferir: Gavin Andresen, "UTXO uh-oh...", (http://gavinandresen.ninja/utxo-uhoh)

Custos de Banda Larga

Os custos de armazenamento não são uma preocupação realista. Então, se há algum mérito na filosofia dos blocos pequenos, ele deve ser a questão de que os custos de banda larga seriam proibitivamente altos com blocos grandes. A obra *The Bitcoin Standard* diz:

> [Um] *node* que pode adicionar 42 *terabytes* de dados a cada ano exigiria um computador muito caro, e a largura de banda de rede necessária para processar todas essas transações todos os dias se revelaria um custo enorme cuja manutenção seria claramente complicada e onerosa para uma rede distribuída.[8]

Ammous, mais uma vez, faz pronunciamentos confiantes sobre os custos da tecnologia, mas, aparentemente, sem realizar pesquisa básica sobre o assunto. O próprio Satoshi abordou essa preocupação em 2008, antes mesmo de lançar qualquer código. Ele disse:

> A largura de banda pode não ser tão proibitiva quanto você pensa. Uma transação típica seria de aproximadamente 400 *bytes* (...). Cada transação tem de ser transmitida duas vezes, digamos 1KB por transação. A Visa processou 37 bilhões de transações no ano fiscal de 2008 — ou uma média de 100 milhões de transações por dia. Essas muitas transações utilizariam 100 GB de banda larga — ou o tamanho de 12 filmes em DVD ou de 2 filmes em qualidade HD (*high definition*); ou cerca de US$ 18 em banda larga a preços atuais.
>
> Se a rede chegasse a esse tamanho, isso levaria vários anos; e, até lá, enviar 2 filmes em HD pela Internet provavelmente não pareceria um grande problema.[9]

Vale a pena assinalar algumas coisas dessa citação. Primeiro, Satoshi deu uma estimativa de US$ 18 por dia — mais de US$ 6.500 por ano — para demonstrar o quão *baixos* os custos de banda larga poderiam ser em escala, revelando, novamente, que ele não esperava que os usuários regulares executassem os seus próprios *nodes*. US$ 18 por dia não constitui um valor excessivo, mas é suficiente para dissuadir usuários casuais que não têm como recuperar esses custos. Os mineradores, porém, não teriam problemas. Se cada uma das 100 milhões de transações hipotéticas tivesse uma taxa de US$ 0,01, isso resultaria em US$ 1 milhão por dia dividido entre os mineradores — ou em cerca de US$ 41.500 por hora —, uma quantia mais que o bastante para recuperar os seus custos de banda larga.

Em segundo lugar, quando Satoshi escreveu esse e-mail em 2008, o custo médio de banda larga nos EUA era de US$ 9 para cada *megabit* por segundo de dados. Dez anos depois, esse custo médio caiu colossais 92%, para US$ 0,76.[10] O custo de banda larga varia no mundo inteiro, mas a tendência é de queda em todos os lugares; e tudo indica que isso continuará assim. A empresa AT&T está cobrando dos consumidores americanos apenas US$ 80 por mês por serviços de um *gigabit* e US$ 110 por mês por serviços de dois *gigabits*.[11] As pessoas que já usam internet de fibra óptica podem nem sequer chegar a vivenciar aumentos nos seus custos de banda larga.

Para entender o quão pequenos são atualmente esses números, considere os dados usados pela Netflix. O *streaming* de um vídeo de alta definição (HD) da Netflix utiliza cerca de 3 GB de dados por hora; e o *streaming* de um vídeo de ultra definição (4K) utiliza cerca de 7 GB por hora.[12] Se pegarmos as estimativas de Satoshi para 100 GB por dia, isso envolve aproximadamente 4 GB por hora — em torno de 43% *menos que* a largura de banda por hora usada na transmissão de vídeos 4K da Netflix. Embora seja verdade que nem todos no mundo são atualmente capazes de transmitir vídeos 4K para os seus lares, a questão é que os custos estão diminuindo exponencialmente em todo lugar; e, nos países desenvolvidos, eles têm atingido um nível em que operadores de *full node* podem nem sequer chegar a sofrer aumentos nos seus custos de banda larga. Indubitavelmente, alguns *nodes* não seriam capazes de lidar com custos aumentados, mas a capacidade da rede Bitcoin não deve ser limitada por aqueles que possuam a conexão de internet mais fraca. Se o Bitcoin requer apenas uma conexão de internet no nível de 1 *gigabit* de modo que se execute um *full node* que possa processar o volume de transações do nível da Visa, então a barreira à entrada não é muito alta.

A tecnologia de largura de banda tem rapidamente se aprimorado por décadas, não mostrando sinais de desaceleração. Quando Satoshi previu que enviar filmes em alta definição (HD) pela internet acabaria sendo normal, ele o disse quatro anos antes do lançamento do Google Fiber em 2012, que foi o primeiro serviço *mainstream* a trazer conexões de internet no nível *gigabit* para usuários domésticos. O Google Fiber prometia ser quase cem vezes mais rápido que a conexão doméstica média na época.[13] A tecnologia de banda larga do futuro parece igualmente promissora. Em 2021, pesquisadores no Japão estabeleceram um novo recorde mundial de velocidade de internet, alcançando uma taxa inacreditável de 319 *terabits* por segundo[14] — cerca de 3,2 milhões de vezes a velocidade média atual de internet dos EUA, de 99,3 *megabits* por segundo.[15] Levará muitos anos até que essa tecnologia chegue ao mercado, mas isso serve como mais uma demonstração de que o crescimento exponencial prosseguirá normal, com muitos avanços ainda pela frente. A largura de banda simplesmente não constitui uma preocupação séria para o Bitcoin em escala; e, quando a adoção global for alcançada, os custos serão mais triviais que aquilo que já são. Isso fez com que Gavin Andresen concluísse que o Bitcoin não tinha nenhum obstáculo sério ao escalonamento. Em 2014, escreveu:

> De acordo com os meus cálculos aproximados, a minha conexão doméstica de internet acima da média e o meu computador doméstico também acima da média poderiam facilmente suportar hoje 5.000 transações por segundo.
>
> Isso corresponde a 400 milhões de transações por dia. Muito bom; cada pessoa nos EUA poderia efetuar uma transação de Bitcoin por dia, e eu ainda seria capaz de acompanhar.
>
> Depois de 12 anos de crescimento da banda larga, isso passou a 56 bilhões de transações por dia na minha conexão doméstica de rede — o suficiente para que cada pessoa no mundo efetue cinco ou seis transações de bitcoin todos os dias. É difícil imaginar que

isso não seja suficiente (...). Portanto, mesmo que todos no mundo tenham, em vinte anos, migrado totalmente do dinheiro para o Bitcoin, a transmissão de todas as transações para cada nó de validação completa — *fully-validating node* — não será um problema.[16]

A rede BTC está, a cada dez minutos, produzindo blocos que têm aproximadamente 1 MB¶ de tamanho, o que é comicamente pequeno — inclusive menor que a imagem média do seu celular. Estamos constantemente realizando o *streaming* de vídeos que podem ser ordens de magnitude maiores que 1 MB e transmitidos através de redes de celulares, e o custo dos dados prossegue caindo. O Bitcoin foi intencionalmente configurado de modo que os usuários regulares não precisem executar os seus próprios *nodes*; porém, até mesmo em escala massiva, os custos não seriam proibitivos.

¶ Tecnicamente, esses números têm aumentado ligeiramente após a mudança de métrica de "tamanho dos blocos" (*blocksize*) para "carga dos blocos" (*block weight*); mas o número total de transações por bloco se mostra comparável. Explicado com mais detalhes no Capítulo 19 deste livro.

8

Os Incentivos Certos

Considero que a maioria das pessoas observa todas as assinaturas
digitais e toda a tecnologia de rede *peer-to-peer* (ponta-a-ponta),
mas deixa de observar que muito do brilhantismo do Bitcoin
encontra-se na maneira como os incentivos são configurados.[1]
— Gavin Andresen, 2011

O Bitcoin não é meramente um projeto de *software* ou uma rede de computadores. Trata-se de um sistema enorme e complexo do qual participam milhões de pessoas ao redor do mundo. Para entendê-lo, temos de analisar mais que apenas o seu *software*. Algumas características fundamentais do Bitcoin não estão codificadas: encontram-se embutidas na sua estrutura de incentivos. Usuários, mineradores e empresas, todos são incentivados a usar o Bitcoin de uma forma que, ao mesmo tempo, beneficie a si mesmos e à rede inteira. Essa coordenação econômica pode ser mais difícil de perceber, mas é simplesmente tão importante quanto qualquer outro detalhe técnico.

Por Que Executar Um *Full Node*?

Defensores de blocos grandes (*big blockers*) e defensores de blocos pequenos (*small blockers*) discordam sobre a função dos *full nodes* (nós completos) na rede, e isso reflete uma diferença no raciocínio sobre incentivos.

Na filosofia dos blocos pequenos, os *full nodes* devem desempenhar uma função essencial, apesar da falta de incentivos claros. Os usuários regulares são encorajados a executar/rodar os seus próprios *nodes* (nós), baixando e validando a *blockchain* (cadeia de blocos) inteira somente para utilizarem o Bitcoin, ainda que isso seja um fardo. Ao executar um *node* pela primeira vez, isso pode levar horas ou até mesmo dias para entrar em sincronização com o restante da rede; e isso, também, ocupa centenas de *gigabytes* de espaço em disco. Por esse motivo, os *full nodes* geralmente não são executados em *smartphones*, tornando o BTC muito menos conveniente de utilizar. Os usuários não são recompensados pela execução desse *software*; eles meramente obtêm a capacidade de validar blocos de transações de outras pessoas.

Embora isso possa, do ponto de vista de um grupo de engenheiros de *software*, parecer uma ótima ideia, não é uma expectativa realista para o resto do mundo seguir. A maioria das pessoas nunca irá executar um *full node* porque elas não têm motivos para isso. Trata-se de um fardo muito grande com uma recompensa muito pequena. Se o Bitcoin fosse configurado de modo que pessoas comuns fossem forçadas a executar os seus próprios *nodes* para a segurança da rede, isso se mostraria uma falha crítica de configuração.

Compare essa situação com a configuração SPV (*Simplified Payment Verification* — Verificação Simplificada de Pagamentos) de Satoshi, a qual possibilita que as carteiras sejam baixadas e sincronizadas instantaneamente. Você pode utilizar uma carteira BCH no seu *smartphone* tão facilmente quanto em qualquer outro aparelho. Os defensores do BTC gostam de alegar que a SPV possua alguns problemas teóricos de segurança, mas não houve casos documentados de usuários perdendo dinheiro por causa disso. Ela apresenta um histórico longo e bem-sucedido, e os aplicativos de carteiras BTC mais populares ou estão realmente utilizando a SPV (ou tecnologia semelhante) ou são carteiras custodiadas/custodiais (*custodial wallets*). Satoshi compreendeu que a manutenção da infraestrutura de trabalho pesado precisava ser realizada por pessoas que são pagas pelo seu trabalho — os mineradores, não os usuários comuns.

Outro exemplo de péssima compreensão econômica foi o Bitcoin Core tentando proteger os menores *nodes* de serem expulsos da rede. Os desenvolvedores tiveram múltiplas oportunidades de ampliar o limite de tamanho dos blocos (*blocksize limit*), mas não queriam arriscar expulsar nenhum *node* da rede, não importando quão pequeno fosse. Na verdade, existe todo um movimento de apoiadores do BTC colocando *full nodes* em Raspberry Pis — computadores tão pequenos que custam cerca de US$ 30. Portanto, não é surpresa que o BTC não possa escalonar: cada transação na rede ainda pode ser processada com equipamentos extraordinariamente baratos! Da perspectiva do escalonamento, os desenvolvedores do Core fizeram a pior coisa possível. Eles limitaram a capacidade da rede à capacidade dos menores *players* (participantes) — e não compreenderam que é perfeitamente saudável ter os menores *nodes* arrancados da rede à medida que ela cresce. Conforme disse Satoshi, os *nodes* se profissionalizarão em "grandes fazendas de servidores". É assim que seria o crescimento econômico natural.

A Húbris dos Planejadores Centrais

Frederich Hayek é um dos economistas mais conhecidos da Escola Austríaca. Em 1974, obteve o Prêmio Nobel de Economia pelo seu trabalho acadêmico. Um dos seus livros mais famosos chama-se *The Fatal Conceit ["A Prepotência Fatal"]*, o qual constitui uma análise brilhante dos problemas com economias centralmente planejadas. Ele é o autor desta famosa citação:

> A tarefa curiosa da economia está em demonstrar aos seres humanos o quão pouco realmente sabem sobre o que imaginam poderem projetar.[2]

Quanto mais você aprende sobre como os mercados livres funcionam, mais prepotente — mais arrogante, mais presunçosa — parece a ideia de que um sistema melhor poderia ser projetado pelo planejamento central. Os mercados são inacreditavelmente eficientes na coordenação de recursos escassos; e, no entanto, eles fazem isso sem que qualquer autoridade central estabeleça preços e cotas de produção para as coisas. A famosa citação de Hayek prossegue:

> Para a mente ingênua que pode conceber a ordem apenas como o produto de arranjos deliberados, pode parecer absurdo que, em condições complexas, a ordem, assim como a adaptação ao desconhecido, possa ser alcançada de forma mais eficaz por meio da descentralização das decisões; pode parecer absurdo que uma divisão da autoridade irá, de fato, incrementar a possibilidade de ordem geral. Entretanto, essa descentralização realmente faz com que mais informação seja levada em consideração.[3]

Em outras palavras, os mercados livres possibilitam um rápido fluxo de informações entre compradores, vendedores, produtores, consumidores, cultivadores, fabricantes e todos os outros participantes da economia. Todos estão tentando descobrir que tipos de produtos ofertar, em que quantidades, de que materiais, a quais custos, em que locais, através de quais processos de fabricação — e assim por diante. Há, literalmente, informação demais para que um conselho de planejamento central descubra tudo. É por isso que parece bobo que qualquer pessoa diga: "O preço 'correto' dos sapatos é de US$ 45 o par." Esse preço depende de muitos variados fatores — de que são feitos os sapatos, qual é a qualidade deles, onde estão sendo vendidos? Em vez de haver algum comitê decidindo o preço dos sapatos para todos, é melhor deixar que os próprios empreendedores individuais definam os preços dentro do mercado, o que resulta em *mais* informações sendo processadas e em melhor coordenação geral.

Essas lições são diretamente relevantes para o Bitcoin. Assim como uma economia livre funciona melhor que uma economia centralmente planejada, um Bitcoin livre funciona melhor que um Bitcoin centralmente planejado. O Bitcoin Core tem sido, para o Bitcoin, o conselho de planejamento central em relação a muitas questões, imaginando que saibam o tamanho "correto" dos blocos, o nível "correto" das taxas de transação ou o número "correto" de *nodes* na rede. É por isso que Gavin Andresen disse:

O planejamento central representa o motivo pelo qual eu gostaria de eliminar totalmente o limite rígido superior de tamanho dos blocos e deixar a rede decidir "o quão grande é muito grande".[4]

Em termos econômicos, o limite de tamanho dos blocos no BTC consiste numa escassez de fornecimento centralmente planejada. A demanda por blocos maiores existe, mas os mineradores estão impedidos de produzi-los por causa de uma limitação arbitrária escrita no *software*. Os usuários do BTC são, então, forçados a competir num artificial "mercado de taxas" para processar as suas transações. O mesmo ocorre no mercado imobiliário, quando os planejadores centrais impedem que novas edificações sejam construídas. Isso provoca uma escassez de oferta, e os preços disparam. Os princípios econômicos básicos de oferta e demanda se aplicam tanto ao mercado imobiliário quanto ao mercado de criptomoedas. Se deixados sozinhos, os mineradores produzirão o melhor tamanho de blocos para atender à demanda.

A tendência ao planejamento central dos desenvolvedores do Core não se limitou à criação de desnecessários mercados de taxas. Eles inclusive usaram o limite de tamanho dos blocos para influenciar (e fazer experiências em) quaisquer projetos em que outros desenvolvedores estivessem trabalhando. Wladimir van der Laan, desenvolvedor do Core, explicou:

> Uma pressão crescente sobre as taxas, resultando num verdadeiro mercado de taxas em que as transações competem para entrar em blocos, instiga a urgência para elaborar soluções *off-chain* (fora da cadeia de blocos) descentralizadas. Tenho medo de que a ampliação do tamanho dos blocos adie ou evite a confrontação do assunto e permita as pessoas (e as grandes empresas de Bitcoin) relaxarem, até que seja novamente a hora de um aumento da cadeia de blocos; e então elas se reunirão de novo em torno de Gavin, nunca resultando numa solução inteligente e sustentável, mas em eternas discussões estranhas como essa.[5]

Os desenvolvedores não apenas acharam a si próprios sábios o bastante para estabelecer um máximo obrigatório no tamanho dos blocos, mas também consideraram que poderiam usar taxas altas para incentivar as pessoas a trabalharem nos projetos preferidos deles. Os desenvolvedores estavam bem com a rede se deformando com essa pressão porque isso criaria "urgência para elaborar soluções *off-chain* descentralizadas". Isso é o que eu chamo de uma prepotência — uma arrogância, uma presunção — fatal! O que realmente aconteceu, é claro, foi um êxodo de desenvolvedores do BTC que simplesmente se juntaram a outros projetos que eram mais promissores.

Confiando em Incentivos, não em Indivíduos

A parte final da configuração econômica do Bitcoin que se mostra geralmente mal compreendida é a função da *confiança*. Assim como o conceito de "ouro digital" tem sido levado muito ao pé da letra, o conceito de "ausência de confiança" ("trustlessness") também é interpretado de maneira bastante literal. Quando Satoshi disse que o Bitcoin não requeria "terceiras partes de confiança", ele não quis dizer que nenhuma confiança em quaisquer seres humanos fosse necessária. O Bitcoin é de natureza econômica, o que o torna de natureza social, o que significa que ele ainda requer alguma confiança nos seres humanos. Por exemplo, um entusiasta do BTC pode executar o seu próprio *node*, verificar todas as transações na *blockchain* e achar que esteja operando sem confiar em ninguém. Mas esse indivíduo está enganado. Ele, na realidade, está confiando em muitas pessoas que nunca conheceu. Confia que os desenvolvedores do sistema operacional que utiliza fizeram corretamente o trabalho deles. Confia que os fabricantes de CPU realizaram corretamente o trabalho deles. Confia que todas as empresas envolvidas na produção do computador que utiliza não bugaram o *hardware* dessa máquina. Confia que o provedor que utiliza está o conectando à internet de forma segura. Está essencialmente confiando em milhares de pessoas no mundo inteiro, embora não esteja confiando nelas individualmente. Em vez disso, está confiando no *sistema de incentivos econômicos* que coordena todos a produzirem *hardware* e *software* de elevada qualidade. Mesmo que as pessoas da cadeia produtiva odeiem umas às outras — ou possam, inclusive, odiá-lo pessoalmente —, esse indivíduo confia que o sistema recompensará suficientemente o bom comportamento e punirá o mau comportamento de modo que produtos confiáveis sejam ofertados.

O Bitcoin funciona da mesma forma. O sistema foi configurado para operar sem uma autoridade central, então ninguém precisa confiar em qualquer indivíduo ou empresa em específico. Mas as pessoas têm de confiar que os incentivos são suficientemente fortes para a formação de uma rede confiável. Essa confiança não pode decorrer de cada indivíduo analisando o código por si mesmo. Ela deve provir da percepção do Bitcoin como um todo — o que inclui muitos seres humanos e muitas empresas atuando em interesse próprio. Quando o Bitcoin Core mudou os incentivos do sistema, eles modificaram fundamentalmente toda a sua configuração.

O sistema de Satoshi não era perfeito e realmente negligenciou um problema-chave: a governança e o financiamento do desenvolvimento de *software* do Bitcoin. Os mineradores possuem incentivos fortes. Os usuários têm os incentivos corretos. Mas os incentivos dos desenvolvedores são obscuros e podem resultar em conflitos de interesse. No caso do Bitcoin Core, a estrutura do seu processo de tomada de decisões era falha e, por fim, acabou descarrilando o projeto inteiro.

Analisamos cada um dos Cinco Pontos Fundamentais para a compreensão da configuração original do Bitcoin:

1) Bitcoin foi configurado de modo a ser dinheiro digital utilizado para efetuar pagamentos pela internet.
2) O Bitcoin foi configurado para ter taxas de transação extremamente baixas.
3) O Bitcoin foi configurado para escalonar com ampliações no tamanho dos blocos.
4) Bitcoin não foi configurado para que o usuário comum executasse o seu próprio *node*.

5) A configuração econômica do Bitcoin é tão importante quanto a sua configuração de *software*.

Deve ficar claro que não se trata de uma questão de se o Bitcoin Core modificou a configuração original. A questão é se você gosta das mudanças deles. Na minha opinião, a nova configuração deles não é uma melhoria, não é um aprimoramento. Em quase todos os aspectos além do preço, ela parece pior que o Bitcoin de 2013.

9

A Lightning Network

Até mesmo os maximalistas mais vociferantes do Bitcoin admitirão que, no longo prazo, é necessário existir uma maneira de tornar o Bitcoin utilizável como dinheiro no comércio diário. Mas eles não desejam que a camada de base (*base layer*) forneça essa funcionalidade. Ao invés disso, querem que os pagamentos regulares sejam realizados em camadas secundárias, como a Lightning Network ("Rede Relâmpago"). Os defensores de blocos pequenos (*small blockers*) têm argumentado que o limite de tamanho dos blocos (*blocksize limit*) não precisa ser ampliado porque a Lightning Network soluciona os problemas de escalonamento do Bitcoin — eles elaboraram esse argumento anos antes de a Lightning sequer existir. Apesar do rebuliço, a realidade da Lightning Network se mostra sombria. Ela apresenta várias falhas críticas de configuração que a tornam insegura, pesada e improvável de sequer obter a adoção *mainstream*. Cada tentativa de resolver os problemas da Lightning criou camadas de complexidade que trazem consigo novos conjuntos de problemas — um sinal terrível do ponto de vista do desenvolvimento de *software*.

Aqui está uma visão geral básica da configuração da Lightning Network. A tecnologia se baseia em torno de "canais de pagamento", os quais consistem essencialmente num equilíbrio de execução entre duas partes. Digamos que Alice abra um canal de pagamento com Bob e financie esse canal com US$ 10. O saldo inicial seria de US$ 10 para Alice e de US$ 0 para Bob. Se ela enviar a ele uma transação de US$ 3, o novo saldo seria de US$ 7 para Alice e de US$ 3 para Bob. Bob poderia mandar para ela US$ 1 de volta, e o novo saldo seria de US$ 8 para Alice e de US$ 2 para Bob. Nenhuma dessas transações é registrada na *blockchain* (cadeia de blocos); os seus *nodes* (nós) acompanham a contagem separadamente, fora da *chain* (cadeia). A qualquer momento, qualquer uma das partes pode fechar o canal, o qual então distribui os saldos finais para ambas as pessoas com uma transação *on-chain* (dentro da cadeia de blocos).

Os canais de pagamento são uma tecnologia bacana que vem sendo trabalhada desde o início, inclusive pelo próprio Satoshi. Tais canais, todavia, não estavam sendo trabalhados como uma solução de escalonamento. Eles, ao invés, estavam sendo projetados para micropagamentos minúsculos e transações bidirecionais de alta velocidade, cuja utilização se dá em circunstâncias especiais, como pagamentos máquina-a-máquina (pagamentos realizados automaticamente sem intervenção humana explícita no momento da transação). Os canais de pagamento são ótimos para micropagamentos porque permitem que valores diminutos sejam enviados entre as partes sem que se incorra em taxas de transação *on-chain*.

A Lightning Network consiste numa tentativa de vincular canais de pagamento de modo a criar uma camada secundária que possa rotear/ encaminhar pagamentos diários de Bitcoin. Então, se Alice quiser enviar dinheiro para Charlie, mas não tiver um canal de pagamento diretamente com ele, pode rotear o seu pagamento através de Bob, o qual, de fato, possui um canal aberto com Charlie. Por esse serviço, Bob recebe uma pequena taxa de transação. Idealmente, os pagamentos na Lightning seriam instantâneos, possuiriam taxas extremamente baixas e poderiam escalonar o Bitcoin sem terem de ampliar o limite de tamanho dos blocos, pois a maioria das transações está ocorrendo *off-chain* (fora da cadeia de blocos). Infelizmente, a Lightning, na prática, não funciona bem porque apresenta várias falhas de configuração que fragmentam o sistema.

Transações *On-chain*

O problema mais fundamental com a Lightning Network é que ela requer transações *on-chain* para que seja utilizada. As ações de abrir e fechar um canal de pagamento exigem a efetuação de transações *on-chain*; e é recomendado que se abram múltiplos canais ao mesmo tempo. Esses canais não são permanentes; exigem manutenção contínua e devem ser atualizados anualmente. A exigência de transações *on-chain* cria dois problemas críticos:

(1) Os usuários devem pagar taxas de transação *on-chain* apenas para abrir ou fechar canais. Se a camada de base estiver sendo usada como um sistema de liquidação entre bancos, essas taxas podem custar centenas ou milhares de dólares somente para o propósito de efetivar conexão à Lightning Network.

(2) Uma vez que a integração à Lightning Network exige transações *on-chain*, é matematicamente impossível integrar grandes números de pessoas com blocos de 1 MB.

O problema (1) mostra-se evidente, manifesto, mas muitas vezes é ocultado dos usuários comuns. As carteiras Lightning mais populares são *custodiadas/custodiais* — o que significa que os fundos dos usuários são controlados por uma empresa —, ou a carteira irá geralmente *subsidiar* os custos de transação *on-chain*. Ambas as situações são indesejáveis. Carteiras Lightning custodiadas eliminam todos os benefícios da utilização do Bitcoin em primeiro lugar; e só é possível para as empresas subsidiar as taxas de transação *on-chain* enquanto tais taxas estiverem baixas. Se as taxas se apresentarem consistentemente acima de US$ 50 ou US$ 100, não há como as empresas prosseguirem subsidiando os custos de transação *on-chain*. A Lightning Network não evita o problema de lidar com taxas altas na camada principal.

O problema (2) também se mostra evidente e foi reconhecido desde o momento em que o *whitepaper* (monografia seminal) da Lightning foi escrito. Com o espaço dos blocos extremamente limitado, mesmo que cada transação BTC for usada exclusivamente para abrir um canal de pagamento, não há espaço suficiente para integrar mais de alguns milhares de indivíduos por bloco. Paul Sztorc, um notável apoiador e desenvolvedor do BTC, escreveu um artigo explicitando os números com mais detalhes. Ele concluiu que, ainda que 90% do espaço dos blocos seja dedicado à abertura de canais, apenas em torno de 66 milhões de pessoas podem ser integradas por ano — isso significa que levaria cerca de 120 anos para integrar o mundo à rede Lightning. E termina:

> Em outras palavras, a cada ano somente integraríamos 0,82% do mundo.
>
> Pior: se os canais durarem apenas um ano, então, em 1º de janeiro de 2025, precisaremos reintegrar as pessoas que aderiram em 1º de janeiro de 2024. Num mundo desses, apenas 0,82% da população da Terra, no máximo, pode ser usuária genuína de Bitcoin (num dado momento).
>
> Os efeitos de rede monetários são muito fortes — você precisa utilizar o dinheiro que outras pessoas estão usando. Portanto, um teto de 0,82% não é viável.[1]

A solução proposta por Sztorc é haver um grande bloco "sidechain" ("cadeia lateral ou paralela"; com explicações no Capítulo 13) que possa integrar mais usuários. A minha solução é apenas usar o Bitcoin de blocos grandes, que não necessita da Lightning Network para ser viável em escala global. A exigência de ter blocos maiores é o motivo pelo qual Joseph Poon escreveu no *whitepaper* da Lightning:

> Se todas as transações usando Bitcoin fossem efetuadas dentro de uma rede de canais de micropagamentos, para possibilitar que 7 bilhões de pessoas formem dois canais por ano com transações ilimitadas dentro do canal, seriam necessários blocos de 133 MB (supondo 500 *bytes* por transação e 52560 blocos por ano).[2]

Isso é o autor do *whitepaper* explicando que a Lightning Network em escala global ainda exigiria blocos de 133 MB! Ao contrário dos defensores de blocos pequenos da atualidade, ele então observa que os blocos de 133 MB ainda apresentam um tamanho viável:

> Os computadores *desktop* da geração atual serão capazes de executar um *full node* com blocos antigos podados em 2 TB de armazenamento.

A Lightning Network requer múltiplas transações *on-chain* para ser utilizada. Portanto, um limite de tamanho dos blocos de 1MB, de 2 MB ou até mesmo de 10 MB a tornaria impossível de ser uma solução verdadeira de escalonamento. Usuários regulares não estarão dispostos a gastar US$ 50 ou US$ 100 para abrir um canal de pagamento; porém, ainda que estivessem com disposição para isso, o limite de tamanho dos blocos do BTC mostra-se simplesmente muito pequeno para acomodar a utilização em massa.

Nodes Online

A Lightning Network exige que os usuários executem os seus próprios *nodes*. Esse fato, famosamente, fez Tone Vays, uma popular personalidade do Bitcoin, ficar perplexo. Ele, apesar de promover implacavelmente a Lightning como uma alternativa a ampliações do tamanho dos blocos, aparentemente não compreendia essa característica básica. Numa conversa no YouTube com Jimmy Song, ele começa com uma pergunta proveniente da audiência:

Vays: Aqui está uma boa pergunta para você, Jimmy. Alguém diz: "Que benefício obtenho ao configurar o meu próprio *node* da Lightning?"

Song: Uh, você pode ir e pagar as pessoas, como na Lightning...

Vays: Espere um minuto, preciso de esclarecimentos sobre isso. *Eu* preciso ter um *node* da Lightning para pagar as pessoas por meio da Lightning?

Song: Sim.

Vays: *Sério?*

Song: Sim, porque a única maneira de pagar alguém é tendo um canal, e você não pode ter um canal a menos que você tenha um *node*.

Vays: Mas você necessita do seu próprio *node* ou necessita do *node* de outra pessoa?

Song: Você precisa do seu próprio *node...*

Vays: Uau, então cada pessoa irá precisar do seu próprio *node* Lightning?

Song: Sim...[3]

A exigência de executar o seu próprio *node* mostra-se difícil o suficiente para usuários comuns porque os *nodes* exigem monitoramento e manutenção contínuos. Mas existe uma exigência adicional que incapacita a Lightning: cada *node* tem de permanecer *online*, ou eles correm o risco de perder fundos.

Da forma como a Lightning se encontra configurada, enquanto um canal de pagamento está aberto, ambas as partes possuem um histórico de todas as situações *anteriores* em que o canal esteve — um registro individual de quando Alice tinha US$ 10 e Bob tinha US$ 0; depois, de quando Alice tinha US$ 7 e Bob tinha US$ 3; e assim por diante. Quando um canal se fecha, o saldo "final" é transmitido por qualquer parte que esteja realizando o fechamento do canal. No entanto, em vez de transmitir os saldos mais recentes, eles podem transmitir situações anteriores do canal, o que permite a Alice que potencialmente furte de Bob. Imagine que a última transação deles resultou num saldo de US$ 1 para Alice e US$ 9 para Bob. Se Alice fechar o canal, em vez de transmitir o último saldo, ela pode transmitir uma situação anterior com um saldo antigo, como de quando ela tinha US$ 10 e Bob tinha US$ 0. Se Bob não a pegar, Alice acabará furtando um total de US$ 9.

A Lightning Network tenta solucionar esse problema ao tornar arriscado publicar situações antigas do canal. Se Bob pegar Alice dentro de um prazo de duas semanas, ele pode transmitir uma situação mais recente, demonstrando que Alice publicou uma situação antiga. Se isso acontecer, *todos os fundos do canal* irão para Bob. Isso deveria fornecer um incentivo para não trapacear, mas trata-se de algo fraco. Se Alice já possui um saldo baixo ou zero no canal, ela não tem muito a perder na sua tentativa de furtar. Além disso, para que se pegue alguém, é necessário que um *node* esteja conectado à internet. Se o *node* de Bob ficar *offline*, ele não pode dizer que Alice está furtando dele, e Bob pode perder fundos. É por isso que alguns defensores da Lightning sugeriram possuir um *backup* de bateria para *nodes*.

Os desenvolvedores da Lightning tentaram corrigir esse problema criando "Watchtowers" ("Torres de Vigia"), que são terceiras partes que exercem vigilância sobre o canal para assegurar que ninguém esteja trapaceando, ainda que um *node* fique *offline*. Esse novo sistema adiciona outra camada de complexidade, e ele requer que as torres de vigia sejam confiáveis e competentes; caso contrário, os usuários podem perder os seus fundos. O problema da confiança é simplesmente empurrado para trás em mais um passo: as torres de vigia precisam das suas próprias torres de vigia.

Além do risco de segurança, os *nodes* que estejam *offline* não podem sequer aceitar pagamentos nem rotear pagamentos para outras pessoas. A Lightning requer que ambas as partes estejam *online* ao mesmo tempo, e o remetente não pode enviar qualquer quantia arbitrária de Bitcoin para o destinatário. O destinatário deve gerar uma fatura específica para o remetente preencher — daí a exigência de estar *online*.

A exigência de estar *online* também envolve um risco de segurança, pois denota que as chaves Bitcoin dos usuários são mantidas numa suposta "hot wallet" ("carteira quente"), conectada à internet. A segurança padrão no Bitcoin sempre tem sido a ação de guardar a maior parte das suas moedas em "armazenamento frio" ("cold storage") *offline*, mantendo apenas quantias pequenas em carteiras conectadas à internet. Os *hackers* têm muito mais probabilidade de sucesso ao atacarem *hot wallets*, das quais toda a Lightning Network é composta. A única maneira de colocar moedas da Lightning Network em armazenamento frio *offline* é por meio da realização de uma transação *on-chain*.

Problemas de Liquidez e Roteamento

O roteamento de pagamentos através da Lightning Network constitui outro problema sério. Todo pagamento precisa encontrar um caminho definido do remetente para o destinatário. Se Alice quiser pagar a Donald, mas não possui um canal aberto diretamente com ele, ela tem de encontrar uma rota (*route*) até Donald através de outros canais. Alice pode ter de enviar o seu pagamento primeiro através de Bob, que depois o envia para Charlie, porque Charlie possui um canal aberto com Donald. Se Donald não estiver suficientemente bem conectado com a rede — se ele não tiver suficientes canais de pagamento abertos com outras partes bem conectadas —, o *software* não será capaz de encontrar um caminho para ele, e o pagamento falhará.

Mas apenas encontrar uma rota não é o bastante. Cada canal ao longo do caminho também necessita ter liquidez suficiente dentro dele para que o pagamento seja realizado. Se Alice desejar enviar um pagamento de US$ 100 para Donald que passa por Bob e Charlie, mas o canal entre Bob e Charlie tiver apenas US$ 50 de liquidez, o pagamento não pode ser realizado. Na prática, isso resulta em falhas frequentes de pagamento, especialmente para transações de grande valor.

Para entender melhor os canais de pagamento, a melhor analogia é a de pérolas se movendo ao longo de um fio. Um canal é como um fio conectando duas pessoas, e as pérolas são a liquidez dele. Digamos que Alice abra um canal com Bob e coloque 50 pérolas no fio. Para pagar pelo café, ela move cinco pérolas do seu lado para o lado de Bob. Então, para pagar por um chiclete, Bob move uma pérola de volta para Alice. Quando o canal de pagamento fechar, supondo que nenhuma pessoa esteja tentando furtar da outra, Alice e Bob receberão a distribuição correta de pérolas com base na sua localização final.

Se não houver pérolas suficientes para processar um pagamento, a rede enfrenta problemas de liquidez. Se o canal de Alice e Bob tiver apenas 50 pérolas, é impossível, para eles, rotear quaisquer pagamentos maiores que 50 pérolas — simplesmente não há pérolas suficientes para serem movimentadas. Agravando ainda mais os problemas, para efetuar um pagamento na Lightning Network, é necessário encontrar uma rota de Alice a Donald na qual cada etapa tenha liquidez suficiente, e esses saldos estão constantemente em fluxo. Toda vez em que um pagamento é roteado pelo canal de Bob, a sua liquidez disponível se modifica. Portanto, não apenas os canais de pagamento estão constantemente se abrindo e se fechando na rede, mas também os seus respectivos saldos também estão mudando. Imagine bilhões de pessoas utilizando esse sistema, cada uma com vários canais de pagamento abertos apresentando saldos em mudança constante. A simples tarefa de roteamento torna-se extremamente complexa, o que pode inclusive ser impossível de resolver sem a centralização generalizada da rede. Numa série de vídeos sobre a Lightning, Rick Falvinge, o empresário de Tecnologia de Informação (TI) que se tornou político sueco, concluiu:

> O roteamento de malha (*mesh routing*) constitui um problema não solucionado em ciência da computação, especialmente quando você tem adversários na rede (...). Estou considerando a Lightning Network um beco sem saída (...). Não irá obter adoção. Continuará sendo um brinquedo que será manuseado e, finalmente, deixado para trás.[4]

Andreas Brekken, fundador da popular corretora de criptomoedas (*exchange*) Sideshift, chegou a uma conclusão semelhante. Eu lhe perguntei sobre a sua experiência usando a Lightning para os seus negócios, e ele disse:

> O roteamento se mostra um problema sério na Lightning Network. Os pagamentos, com frequência, não conseguem ser roteados, e a maneira com que tenho tentado mitigar esse problema é estar conectado às maiores corretoras. Mas nem mesmo isso resolve completamente o problema. Eu tenho de usar um *software* que calcula a probabilidade de um pagamento ser bem-sucedido; e, se a porcentagem não for suficientemente alta, eu simplesmente não envio o pagamento.

Francamente, um grande número de usuários de Bitcoin está sendo enganado a pensar que essa coisa possa funcionar; mas, depois de incorporá-la ao meu negócio, eu simplesmente não considero que funcionará.

Do ponto de vista da usabilidade, o melhor resultado possível para a Lightning seria ter carteiras totalmente custodiadas conectadas às maiores corretoras. Mas, é claro, isso meio que anula o propósito do Bitcoin em primeiro lugar.

Brekken está correto. Se a Lightning Network estiver em vias de ter alguma chance de sucesso entre o público em geral, ela exigirá centralização maciça numa rede "hub and spoke", assim como a utilização generalizada de carteiras custodiadas.

Modelo "Hub and Spoke"

A centralização se apresenta como a única maneira confiável de diminuir a gravidade dos problemas com a Lightning Network. As carteiras custodiadas eliminam o fardo de executar o seu próprio *node* e de estar *online* o tempo todo. O roteamento é mais fácil caso todos se conectem aos mesmos *hubs* (eixos; pontos centrais) gigantes que possuem conectividade e liquidez suficientes para atender milhões de pessoas — caso todos abram um canal com o PayPal, são elevadas as chances de encontrar uma rota. Grandes empresas não irão meramente participar da economia Bitcoin; os usuários serão forçados a confiar nelas de modo a terem funcionalidades básicas de pagamento; e, assim como em relação às carteiras custodiadas, eles podem ser facilmente censurados e cortados do restante da rede.

A centralização da Lightning Network é inevitável e está prevista há anos. Na realidade, essa centralização já foi até mesmo objeto de pesquisas acadêmicas. A estrutura da rede se denomina de "modelo *hub and spoke*" — assemelhando-se aos raios de uma roda —, no qual *nodes* pequenos se conectam a *nodes* maiores, que são conectados a alguns poucos *supernodes* (supernós).

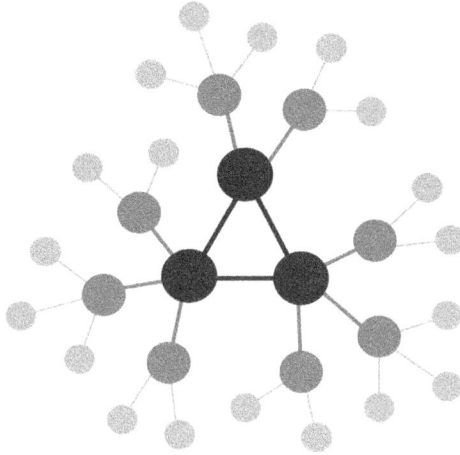

Figura 3: *Diagrama de uma rede hub and spoke*

De maneira crucial, essa *não* é uma rede *peer-to-peer* (ponta-a-ponta) distribuída, na qual os *nodes* se conectam diretamente uns aos outros. Com pagamentos *on-chain*, Alice tem uma conexão direta com Donald. Com a Lightning, Alice deve, primeiro, passar por Bob e Charlie. Os *nodes* maiores tornam-se essenciais para o bom funcionamento da rede inteira, e esses enormes *nodes* terão o poder de censurar. Eles serão hospedados por empresas fáceis de serem regulamentadas. E, quando forem colocados *offline* por quaisquer motivos — devido a falhas, regulamentações ou simples manutenção —, a conectividade da rede será seriamente danificada. Os usuários comuns podem ser completamente separados da rede caso caia a ligação deles com um *hub* central. Alice pode não encontrar nenhuma rota para Donald sem ser forçada a passar pelo equivalente a um PayPal.

Um grupo de pesquisadores acadêmicos escreveu sobre esses riscos num artigo de 2020 intitulado "Lightning Network: a second path towards centralisation of the Bitcoin economy" *["Lightining Network: um segundo caminho em direção à centralização da economia Bitcoin"].*[5] Eles argumentaram:

A BLN ["Bitcoin Lightning Network"] está se tornando uma rede cada vez mais centralizada, compatível mais e mais com uma estrutura centro-periferia. Uma inspeção mais aprofundada da resiliência da BLN mostra que a remoção de *hubs* provoca o colapso da rede em muitos componentes, uma evidência que sugere que essa rede pode ser alvo de supostos *split attacks* (ataques divisivos que "forkeiam"/bifurcam os caminhos de pagamento).

Esses pesquisadores apresentaram vários argumentos matemáticos e empíricos que demonstraram que a tendência à centralização é inerente à configuração da rede, concluindo:

> A tendência à centralização é observável mesmo quando se consideram quantidades ponderadas, visto que apenas aproximadamente 10% dos *nodes* detêm 80% dos bitcoins em jogo na BLN (em média, durante o período inteiro) (...). Esses resultados parecem confirmar a tendência da arquitetura da BLN a tornar-se "menos distribuída", um processo que possui como consequência indesejável tornar a BLN cada vez mais frágil perante ataques e falhas.

Os problemas de liquidez também se somam a essas pressões por centralização, juntamente com a exigência de usar uma carteira sempre conectada à internet. A maioria das pessoas não estará disposta a trancar/bloquear milhares de dólares nos seus canais de pagamento, especialmente por causa do risco ampliado de estar constantemente *online*. Isso significa que pagamentos grandes serão inevitavelmente forçados a rotear através de enormes *hubs* de pagamento corporativos que possuem liquidez suficiente e habilidades técnicas para afastar os *hackers*.

A centralização inevitável da Lightning Network se revela irônica, considerando a cruzada louca que os desenvolvedores do Core fizeram, por meio da reformulação da configuração original de Satoshi, para evitar a centralização. Não só a Lightning é infinitamente mais complexa, mais desajeitada e menos confiável que as transações *on-chain*, como também a rede acabará sendo incomparavelmente mais cara para todos os usuários, pois os pagamentos *on-chain* necessários para utilizá-la custarão centenas ou até mesmo milhares de dólares. E, caso um usuário for banido de um *hub* central de pagamento, ele será forçado a efetuar transações *on-chain* adicionais para manter a conectividade com o restante da rede. Se essas transações custarem milhares de dólares cada uma, então ser banido dos *hubs* impedirá a maioria dos indivíduos de sequer utilizar o Bitcoin.

Com a configuração de Satoshi, a rede pode sofrer rupturas causadas por um custoso ataque de 51%. Com a Lightning Network, o custo da ação de perpetrar rupturas despencará. Governos ou agentes mal-intencionados podem simplesmente alvejar os maiores canais de pagamento. Se eles puderem suprimir um punhado de *hubs* críticos de uma só vez, a rede se tornará praticamente inutilizável. O *hashrate* (o poder de mineração ou processamento) não se faz necessário.

Uma Falsa Promessa

A viabilidade do BTC agora depende da elaboração de camadas secundárias. Se as camadas secundárias não podem fornecer pagamentos baratos e confiáveis, então o BTC não tem como escalonar — pelo menos, não sem admitir falhas espetaculares e ampliar o limite de tamanho dos blocos; ou pela centralização total com carteiras custodiadas. Do jeito em que a tecnologia atualmente se encontra, a Lightning Network não será uma solução séria e robusta para o problema das taxas altas *on-chain*; e ela não permitirá que as pessoas comuns usem o BTC no comércio. Os canais de pagamento são uma ótima tecnologia, mas não constituem uma solução de escalonamento. Tais canais podem ser úteis para micropagamentos, conforme pensou Satoshi, mas não para transações cotidianas. Talvez alguma tecnologia futura seja desenvolvida para resgatar o BTC; todavia, por enquanto, a configuração original que opera no BCH continua sendo o melhor sistema para pagamentos rápidos, baratos e *peer-to-peer* na internet. A simplicidade e a elegância do sistema são incomparáveis; as taxas permanecem baixas; não existem exigências para executar o seu próprio *node*; *hubs* de pagamento não são necessários; e não há nada que impeça que camadas secundárias sejam formadas com o BCH como base — na verdade, o tamanho maior dos blocos possibilita uma funcionalidade ainda melhor das camadas secundárias.

Quero que a Lightning consiga concretizar as suas promessas, porque, se pudesse, o mundo seria um lugar melhor. Mas atualmente não tenho motivos para acreditar que isso vá acontecer. Todos os sinais apontam para o fato de que se trata de um experimento fracassado; de um constrangimento para os desenvolvedores do Core; e de uma demonstração de que os maximalistas do Bitcoin que empurram essa tecnologia como um substituto para transações *on-chain* estavam totalmente errados e enganaram milhões de pessoas.

É difícil imaginar uma maneira mais eficaz de esfacelar, solapar o Bitcoin que aquilo que realmente ocorreu. Ao longo de vários anos, o BTC mudou, passando do melhor sistema de pagamentos da internet para um sistema lento, caro e não confiável. A brilhante configuração de Satoshi foi descartada pela promessa de uma tecnologia futura que não se mostrou à altura do seu rebuliço. Esse fracasso apresenta interpretações tanto inocentes quanto maliciosas. A história do Bitcoin pode ser simplesmente um exemplo de má gestão de projetos; porém, tendo em vista o poder disruptivo dessa tecnologia, parece mais provável que o Bitcoin tenha sido sabotado pelos seus inimigos.

Parte II:

Sequestrando o Bitcoin

10

Chaves para o Código

O Bitcoin é frequentemente referido, abordado, discutido como se existisse fora do alcance da influência humana, tão incorruptível quanto as leis da física. A rede, supostamente, é muito grande e descentralizada para que qualquer grupo a controle, não importando quão poderoso seja. Conforme a obra *The Bitcoin Standard* [*"O Padrão Bitcoin"*]:

> O valor do Bitcoin está em não se encontrar dependente de quaisquer coisas físicas em qualquer lugar do mundo; e, portanto, nunca pode ser completamente impedido, destruído ou confiscado por quaisquer das forças físicas dos mundos da política ou do crime. A importância dessa invenção para as realidades políticas do século XXI é que, pela primeira vez desde o surgimento do estado moderno, os indivíduos possuem à disposição uma clara solução técnica para escapar da influência financeira dos governos sob os quais vivem.[1]

Esse se mostra um belo conceito, e eu realmente gostaria que o Bitcoin funcionasse dessa forma; mas, infelizmente, a história demonstra o contrário. O Bitcoin é largamente um projeto humano e não está imune à corrupção individual e institucional. Os fatores sociais e políticos são avassaladoramente importantes, e eles têm se mostrado assim desde o início.

Um Choque de Realidade

O confisco já se tornou fácil devido à tendência em direção a carteiras custodiadas/custodiais (*custodial wallets*). Ocorre o tempo todo. Tendo em vista que a *blockchain* (cadeia de blocos) é pública, os governos podem marcar determinadas moedas como suspeitas e rastreá-las ao longo do registro contábil (livro-razão; *ledger*). Se as moedas chegarem a uma corretora de criptomoedas (*exchange*) centralizada, como costumam fazer, as corretoras congelarão as contas correspondentes e notificarão as autoridades. As moedas em questão podem, então, ser apreendidas com alguns cliques. Mesmo que as moedas não se movimentem para uma corretora centralizada, elas provavelmente se moveram *de* uma corretora centralizada, o que — por causa do cumprimento (*compliance*) de normas de KYC (*know your customer* — "conheça o seu cliente") — revela ao governo a identidade de pelo menos uma pessoa que tenha tocado nessas moedas. A partir desse ponto, eles podem vigiar a *blockchain* para rastrear a atividade econômica desse indivíduo e descobrir identidades plausíveis para qualquer pessoa com quem tenha transacionado. Isso já acontece quando o Bitcoin se encontra envolvido em grandes casos criminais, mas não há nenhum motivo fundamental pelo qual não possa ocorrer com usuários comuns.

A ideia de que o Bitcoin seja uma "clara solução técnica" para a ameaça de força física de agentes políticos é ingênua. Se o governo suspeitar que você esteja escondendo algo, eles podem investigar — assim como procederiam diante de qualquer outra situação. Podem exigir que você entregue os seus registros financeiros, as suas chaves privadas e os seus equipamentos eletrônicos. Se você se recusar, eles podem entrar no seu lar, prender você e confiscar os seus bens, a sua propriedade. O Bitcoin não emancipa você do mundo físico; nem impede o governo de ameaçar você com a violência. Um usuário técnico experiente e habilidoso pode ser capaz de evitar o confisco ou a destruição das suas economias, mas os usuários médios terão dificuldades em relação a isso.

A liberdade financeira que o Bitcoin fornece é maximizada com carteiras não custodiadas. Embora não seja perfeita, a capacidade de rastrear e confiscar moedas mostra-se muito reduzida quando os usuários comuns podem acessar a *blockchain* por si mesmos a custos baixos e não necessitam da utilização de carteiras ou corretoras centralizadas — algo análogo ao uso de dinheiro físico (*cash*). As transações em dinheiro físico são muito mais difíceis de controlar que as transações eletrônicas que passam por bancos ou processadores de pagamentos como o PayPal, o que se revela uma das razões pelas quais os governos no mundo inteiro querem se afastar do dinheiro físico e migrar para as moedas digitais que controlam. É por esse motivo que o dinheiro digital *peer-to-peer* (ponta-a-ponta) se apresenta como um conceito tão revolucionário: ele mantém mais poder nas mãos das pessoas comuns, dando a elas a conveniência do dinheiro eletrônico.

A Governança do Bitcoin

Assim como os conceitos de "ouro digital" e "reserva de valor", a famosa "descentralização" do Bitcoin é mais um bordão de *marketing* que uma realidade. Na verdade, uma das histórias centrais do Bitcoin é como um diminuto grupo sequestrou o projeto, apesar das objeções da maioria da rede. Um grupo tem consistentemente demonstrado que possui mais poder e influência que qualquer outro: os desenvolvedores de *software*. As pessoas que mantêm e atualizam o código do Bitcoin são as pessoas com mais influência sobre a rede. Em relação à maioria dos projetos de criptomoedas, não apenas em relação ao Bitcoin, os desenvolvedores dão as cartas. E, notadamente, os desenvolvedores de *software* não financiam a si próprios. Eles têm de ser pagos de alguma forma. Portanto, a verdadeira dinâmica de poder dentro de um projeto de criptomoeda é determinada pela forma como os seus desenvolvedores de software tomam decisões e são pagos. A história do BTC se mostra um conto de advertência sobre o que acontece quando os incentivos dos desenvolvedores se desalinham com o restante da rede.

O Bitcoin é notoriamente um projeto de "código aberto" ("open source"), o que significa que o código inteiro se faz público e que qualquer pessoa pode visualizá-lo, usá-lo e modificá-lo livremente, sem pesadas restrições de licenciamento. Essa característica é muitas vezes deturpada por aqueles que alegam que não existam autoridades centralizadas controlando o *software*. Toda a retórica em torno do desenvolvimento do Bitcoin faz parecer que o processo seja aberto e meritocrático — que, se você escrever um bom código, ele será automaticamente incorporado ao *software*. Até mesmo o *website* Bitcoin.org diz: "Bitcoin é *software* livre, e qualquer desenvolvedor pode contribuir para o projeto."[2] Mas isso simplesmente não se mostra verdadeiro. Existem hierarquias rígidas que determinam qual código é adicionado ao *software*; e há indivíduos específicos que detêm o poder de aprovar ou rejeitar modificações de código. Se você possui uma filosofia diferente da filosofia desses indivíduos — por exemplo, se você concorda com Satoshi e considera que o limite de tamanho dos blocos (*blocksize limit*) deva ser ampliado ou eliminado —, então, não importa o quão bom o seu código seja, eles não irão incorporá-lo.

Para contribuir com qualquer código, você deve persuadir as pessoas certas. Se tais pessoas não gostam da sua ideia — ou se, pessoalmente, não gostam de você —, elas podem simplesmente ignorar você. O desenvolvimento do Bitcoin consiste num *fenômeno social* como qualquer outro. Em vez de dizer: "Qualquer indivíduo pode contribuir para o projeto", seria mais correto e exato dizer: "Qualquer pessoa que: concorde com a filosofia de um punhado de desenvolvedores do Core e com a visão deles para o Bitcoin; aceite os processos de desenvolvimento e as hierarquias deles; e seja socialmente aprovada por eles — essa pessoa pode enviar código para a avaliação deles!" Mas isso não soa como descentralização, não é mesmo? A realidade da situação foi bem resumida pela professora Hilary Allen, da American University. Numa audiência no Congresso no final de 2022, ela disse a um painel de senadores dos EUA:

> Normalmente ouvimos que "cripto é diferente" por ser descentralizada, mas, na realidade, não é. Em todos os níveis, existem pessoas controlando as coisas.

Ouvimos que o Bitcoin seja descentralizado. Bem, o Bitcoin é controlado por alguns desenvolvedores de *software* principais — menos de dez —, e eles podem fazer alterações no *software*, e então esse *software* é implementado por *pools* de mineração, e há apenas poucos deles. Então, em todos esses espaços, definitivamente existem pessoas — muitas vezes muito poucas pessoas — mexendo os pauzinhos.[3]

Ela não está errada, apesar do fato de as suas conclusões invalidarem a narrativa comum sobre o desenvolvimento de *software* do Bitcoin. Os defensores mais insistentes que afirmam que o *software* não seja centralmente controlado irão assinalar que, tecnicamente, qualquer pessoa pode baixar o código-fonte do Bitcoin, abri-lo e modificá-lo no seu próprio computador. Embora isso se mostre verdadeiro, é enganoso. Modificar o código no computador não modifica o código que todos os outros estão executando. Se você alterar as partes erradas, como o limite de tamanho dos blocos, você será instantaneamente "forkeado" (bifurcado) da rede. O *software* "oficial" que todos baixam — que aproximadamente 99% da indústria usa — é controlado por um punhado de pessoas que detêm as chaves do código. Em última análise, tais pessoas determinam o que é adicionado, subtraído e modificado para todas as demais.

A Sucessão das Chaves

O mero fato de o desenvolvimento de *software* do Bitcoin Core ter uma estrutura de governança não é, inerentemente, uma coisa ruim. As decisões têm de ser tomadas de alguma forma. Nenhum projeto de *software* poderia ter sucesso se qualquer indivíduo pudesse modificar o código por capricho. Mas, visto que centenas de bilhões de dólares estão agora envolvidos nessa rede, exatamente *quem* consegue atualizar o código e *como*?

As chaves para o desenvolvimento do Bitcoin Core passaram por uma progressão específica. Em janeiro de 2009, a governança se mostrava direta: Satoshi Nakamoto era o homem no comando. Todas as mudanças no código tinham de ser pessoalmente aprovadas por ele, e não havia objeções à sua autoridade. Numa entrevista em 2015, Gavin Andresen relembrou o processo de governança dos tempos iniciais:

> Se você voltar na história, verá que ele era muito simples. Era o que Satoshi decidisse no início; e é realmente aí onde começamos. Tínhamos um código-fonte. Tínhamos um pseudônimo/uma pessoa que tomava todas as decisões sobre 'o que o Bitcoin deve ser', 'como ele deve evoluir', 'o que ele deve fazer'. Foi aí onde iniciamos.[4]

No final de 2010, Satoshi decidiu que precisava de outra pessoa para administrar o projeto. Ele, então, escolheu G. Andresen, que compartilhava da mesma visão para o Bitcoin. Em 19 de dezembro de 2010, Andresen escreveu nos fóruns:

> Com a bênção de Satoshi e com grande relutância, começarei a fazer um gerenciamento mais ativo de projetos para o bitcoin. Todos, por favor, sejam pacientes comigo; tive muita experiência em gerenciamento de projetos em *startups*, mas este é o primeiro projeto de código aberto de qualquer tamanho com o qual estive envolvido.[5]

Andresen se tornou o "herdeiro" figurativo de Satoshi e foi o mantenedor líder até 2014. Ao contrário de Satoshi, ele não era a única pessoa autorizada a realizar mudanças no código, porque, logo no início, ele decidiu dar esse poder a um punhado de outras pessoas. Ele explicou o porquê:

> Assim que Satoshi deu um passo para trás e jogou o projeto nos meus ombros, uma das primeiras coisas que fiz foi tentar descentralizar isso, de modo que, se eu fosse atropelado por um ônibus, ficasse claro que o projeto prosseguiria. E então é por isso que, neste momento, há cinco pessoas que têm permissão para fazer *commits*[§] na *source tree* (árvore de origem) do GitHub Bitcoin.[6]

---

§   A expressão que aparece no original em inglês é *commit access*, significando a ação de realizar/enviar modificações no código. Aqui, no decorrer deste livro, essa expressão recebeu "fazer *commits*" como tradução. (Nota do Tradutor — N. do T.)

A decisão de Andresen foi razoável e bem-intencionada, mas infelizmente acarretou consequências imprevistas e, em retrospectiva, aparenta ser um erro estratégico. Ele deu a um punhado de outras pessoas o poder de "fazer *commits*" — isto é, a capacidade de modificar o código no repositório *online* oficial —, mas nem todas estavam alinhadas com a visão de Satoshi sobre blocos grandes e transações de taxas baixas. Algumas, aparentemente, consideraram que poderiam configurar um sistema melhor. Diferenças filosóficas entre os desenvolvedores provocaram atrasos extremos no desenvolvimento e propiciaram o surgimento de facções. Por fim, uma facção formou a sua própria empresa; e, pouco tempo depois, os diferentes grupos se transformaram em campos hostis.

Em 2014, Andresen disse que estava deixando a manutenção diária do Bitcoin Core para se dedicar a pesquisas de alto nível, escolhendo Wladimir van der Laan como o seu sucessor. W. van der Laan era um contribuinte ativo para o código do Bitcoin, mas acabou sendo o mais passivo dos três líderes do projeto, permitindo que decisões críticas ficassem sem solução. Em 2015, Mike Hearn compartilhou a sua frustração com a falta de liderança competente no Bitcoin Core:

> O que vimos no Bitcoin Core é que ele começou como um projeto tradicional de código aberto. Satoshi estava no comando. Então ele delegou para Gavin, e Gavin estava no comando; e então Gavin delegou para Wladimir, e Wladimir estava no comando; e isso é completamente normal para qualquer projeto técnico. Você tem um líder que ouve a opinião das pessoas e toma a decisão. Wladimir, infelizmente, prefere não tomar decisões, eu diria. Não acho que ele discordaria dessa caracterização. Quando existe uma espécie de disputa, ele tende a recuar e tentar esperar que se resolva num bom consenso, no qual todos concordam. E, quando isso não acontece, ele meio que ignora o que está acontecendo.
>
> Portanto, o Bitcoin Core meio que involuiu no decorrer dos últimos anos nessa governança-por-consenso – mas essa governança, na verdade, encontra-se muito mais próxima de alguma pessoa que deseje ter poder de veto, porque, enquanto alguém estiver se opondo ou suscitando objeções vagamente intelectuais, então

não existe consenso – e, portanto, a mudança não ocorrerá. [Isso] se tornou um grande problema, especialmente porque algumas das pessoas que possuem o poder de fazer *commits* e adoram fazer esse tipo de discussões (...) gostam de surgir com teorias complicadas e propostas complexas para reconfigurações do Bitcoin (...), e então o que tende a acontecer é que as necessidades mais práticas do dia-a-dia dos desenvolvedores se perdem.[7]

Esses problemas nunca foram corrigidos e acabaram fazendo com que M. Hearn deixasse completamente o projeto em 2016. Na sua despedida, ele publicou um fantástico ensaio intitulado "The Resolution of the Bitcoin Experiment" ("A Resolução do Experimento Bitcoin"), que desde então se tornou leitura obrigatória para quem tenta aprender sobre a teoria e a história do Bitcoin. Nele, o autor explica por que a estrutura de governança fracassou, impelindo o BTC, da perspectiva da sua configuração original, a entrar em fracasso:

Numa empresa, alguém que não compartilhasse dos objetivos da organização seria tratado de uma maneira simples: por meio da demissão desse indivíduo. Mas o Bitcoin Core é um projeto de código aberto, não uma empresa. Uma vez que os 5 desenvolvedores com poder de fazer *commits* foram escolhidos e Gavin decidiu que não queria ser o líder, não havia nenhum procedimento em vigor para a remoção de alguém. E não houve entrevista ou processo de triagem para garantir que eles realmente concordassem com os objetivos do projeto.

À medida que o Bitcoin se tornava mais popular e o tráfego começava a se aproximar do limite de 1 MB, o tópico de ampliar o limite de tamanho dos blocos foi ocasionalmente abordado entre os desenvolvedores. Mas rapidamente se tornou um assunto emocionalmente carregado. Foram lançadas acusações de que a ampliação do limite fosse demasiado arriscada, de que essa ampliação fosse contra a descentralização – e assim por diante. Como em muitos grupos pequenos, as pessoas preferem evitar conflitos. A confrontação do assunto foi adiada ou evitada. Complicando ainda mais as coisas, [o desenvolvedor do Core Greg] Maxwell fundou uma empresa que depois contratou vários outros desenvolvedores. Não surpreendentemente, as visões deles começaram a mudar para se alinharem com a visão do seu novo chefe (...).[8]

Concordo com a análise de Hearn. E muitas vezes me perguntei o que teria acontecido se Andresen tivesse escolhido desenvolvedores diferentes com os quais compartilhar a sua autoridade; ou se ele tivesse permanecido a única pessoa com o poder de fazer *commits*; ou se a indústria tivesse rejeitado totalmente os desenvolvedores do Bitcoin Core e tivesse escolhido uma equipe diferente — uma situação que quase ocorreu em 2015, em 2016 e, novamente, em 2017. Para compreender como o desenvolvimento de *software* se tornou tão centralizado, é útil, primeiro, entender de onde veio o Bitcoin Core.

As Origens do Bitcoin Core

Antes de 2013, algo como o "Bitcoin Core" não existia. Até então, tudo era chamado de "Bitcoin" — o *software*, a unidade monetária e a rede —, o que causava confusão desnecessária para um projeto que já tinha a reputação de ser confuso. Dessa forma, em novembro de 2013, foi apresentada uma proposta para modificar o nome do *software*:

> Para remover a confusão entre a rede Bitcoin e a implementação do cliente de referência que mantemos neste repositório, ambos confusamente chamados de 'bitcoin', gostaríamos de renomear o cliente.[9]

Essa proposta não causou qualquer controvérsia. Gavin Andresen concordou, afirmando: "Agora é um bom momento para mudar de nome, façamos isso." A partir desse ponto, o *software* foi renomeado para "Bitcoin Core", e os desenvolvedores desse *software* se tornaram os desenvolvedores do "Bitcoin Core". Apesar do que ocorreu nos anos seguintes, as origens do Bitcoin Core não foram nefastas.

Após a saída de Satoshi, o Bitcoin Core nem mesmo deveria ser a única implementação de *software* do protocolo Bitcoin. A ideia era haver várias implementações, não somente o *software* Core, de modo que a especialização pudesse ocorrer. Os mineradores, por exemplo, poderiam criar a sua própria versão focada na validação rápida de transações, ao passo em que os *nodes* (nós) poderiam se especializar noutros recursos. Durante uma excelente entrevista em 2015, Andresen explicou:

> É realmente importante que as pessoas, nas suas mentes, separem "Bitcoin", o protocolo — você sabe, Bitcoin, o sistema que todos estamos utilizando para transacionar — e o projeto de *software* de código aberto Bitcoin Core, que vive no GitHub e para o qual um punhado de pessoas estão contribuindo com código. Eles, de fato, não são a mesma coisa. Eu chamo o Bitcoin Core de "implementação de referência", tendo chamado dessa forma por anos, e isso implica que existirão outras implementações do protocolo Bitcoin.[10]

Não é difícil entender por que a existência de várias implementações constitui uma boa ideia. Além da detecção de *bugs* que uma equipe pode acabar deixando passar, a existência das várias implementações se apresenta como a maneira mais simples de impedir a captura por desenvolvedores. Para um projeto que deveria ser sobre a descentralização do poder, seria uma falha crítica permitir que um único grupo controlasse o desenvolvimento de *software* para a rede inteira. Andresen prossegue:

> Quando pensamos em governança, temos de pensar sobre a governança de 'como o protocolo evoluirá' na condição de separada de 'como o Bitcoin Core, o código de implementação de referência, evoluirá e será governado'. Considero que existem dois processos de governança separados, [mas], tendo em vista que começamos com esse código-fonte que definia o protocolo e era tudo que as pessoas estavam executando, muitos indivíduos não fazem, na mente deles, essa distinção.
>
> Mas considero que é realmente importante pensar no protocolo de maneira separada em relação ao código-fonte (...). Tenho dito há algum tempo que desejo chegar a um ponto em que existam múltiplas implementações robustas.[11]

Mike Hearn compartilhava dessa visão e considerava que ela era essencial para existir descentralização real. Na superfície, pode parecer que o desejo de Hearn de haver uma única pessoa, como Satoshi, tomando decisões finais sobre o *software* esteja em desacordo com a capacidade de manter um projeto descentralizado, mas ele explica por que essas duas ideias são compatíveis:

> **Entrevistador:** Se supusermos que o Bitcoin Core continua tendo essa [influência] determinando as regras, então acho um pouco estranho o argumento de que estas cinco pessoas possam concordar: "Bem, vamos simplesmente dar todo o poder a uma pessoa." Quero dizer, isso pode ser bom, desde que Gavin esteja lá e ele seja um cara racional, mas isso realmente parece estar em conflito com ideia inteira de um sistema descentralizado (...).

> **Mike Hearn:** De forma alguma. A descentralização do Bitcoin não provém do fato de que há uns cinco caras em vez de três ou dois, certo? Ou até mesmo em vez de um. [Com] uma a cinco pessoas, você poderia muito bem dizer: "O banco central tem um comitê que define a política monetária, então o dólar é descentralizado." Não faz o menor sentido ver o sistema dessa maneira.

> A descentralização no Bitcoin advém do fato de que todos podem auditar a *blockchain* e verificar as regras por si mesmos. Ela provém do fato de que existe um mercado concorrencial de implementações e, em última análise, do fato de que as pessoas podem mudar para outras implementações e "forkear" (bifurcar) a *blockchain* se quiserem.[12]

Outras implementações, de fato, acabaram surgindo no BTC. Uma vez que ficou claro que os desenvolvedores do Core estavam se recusando a ampliar o limite de tamanho dos blocos, a indústria tentou efetuar atualização para outras implementações, em múltiplas ocasiões. Mas, a cada vez, essas alternativas eram atacadas junto com as empresas que as apoiavam. De ataques de negação-de-serviço (*denial-of-service*) a avaliações falsas em aplicativos, censura em massa e campanhas de difamação nas redes sociais — tudo foi usado para desencorajar as pessoas de utilizarem alternativas ao Bitcoin Core. Por esse motivo, o *software* dele é executado hoje por aproximadamente 99% dos *nodes* no BTC, e as pessoas que desejam blocos grandes utilizam moedas alternativas como o Bitcoin Cash. O fracasso em descentralizar o desenvolvimento de *software* resultou num projeto totalmente dominado por um único grupo que mantém um único repositório de código no GitHub.

Neste momento, quando as mudanças na configuração do Bitcoin são compreendidas, juntamente com a sua estrutura centralizada de desenvolvimento, a história do Bitcoin pode ser reconstruída com mais clareza.

11

As Quatro Eras

Nunca haverá uma história única e definitiva do Bitcoin porque ela é muito complexa para qualquer pessoa enxergar toda a verdade. Posso compartilhar a minha própria perspectiva, assim como as minhas memórias e experiências pessoais, que sei que são semelhantes às de outros pioneiros e empresários dos tempos iniciais que trabalharam com a tecnologia desde os primórdios. Na minha mente, o Bitcoin passou por quatro épocas diferentes, cada uma com a sua própria cultura, a sua própria hierarquia de liderança, o seu próprio nível de desenvolvimento da indústria e o seu próprio tipo de relacionamento com o público em geral. Essas eras se misturam umas às outras e não possuem datas precisas de início ou de término, mas ainda constituem uma ferramenta útil para reconstruir a história e compreender melhor o momento presente.

Era	Primeira	Segunda	Terceira	Quarta
Cultura	Adeptos de tecnologia e libertários	Indivíduos com foco no crescimento	Guerra Civil	Indivíduos com foco no preço
Hierarquia de liderança	Satoshi Nakamoto	Gavin Andresen	Em debate	Bitcoin Core
Desenvolvimento da indústria	Inexistente	Incipiente	Em crescimento	Mainstream
Percepção do público	Desconhecida	Com ceticismo	Com hype (frenesi)	Mainstream

1) A Primeira Era: Obscuridade
De ~2009 a ~2011

A primeira era foi definida pela obscuridade. Com toda a atual cobertura constante da mídia de notícias e com todo o *hype* (frenesi) de hoje, pode ser difícil acreditar que o Bitcoin foi praticamente desconhecido por anos. A comunidade inteira existia no âmbito de alguns fóruns *online*, de algumas listas de discussão sobre criptografia e de alguns círculos libertários de nicho. Demorou vários anos até que obtivesse qualquer atenção pública séria. Nos dias iniciais, não estava claro se o Bitcoin sequer funcionaria, muito menos se ele se tornaria uma sensação internacional. Inclusive os pioneiros originais o viam como uma tecnologia com um futuro incerto. Em 2012, Gavin Andresen, no seu *blog*, publicou esta advertência:

> AVISO: Eu venho dizendo isto faz alguns anos, mas ainda é verdade: o Bitcoin é um experimento – apenas invista nele tempo ou dinheiro que você pode se dar ao luxo de perder![1]

A minha experiência da primeira era começou no final de 2010, quando ouvi falar sobre Bitcoin pela primeira vez no programa de rádio Free Talk Live. A tecnologia parecia boa demais para ser verdade — dinheiro que era digital, rápido e barato e que não era emitido por um banco central ou controlado por forças políticas. Eu sabia que, se essa tecnologia funcionasse conforme anunciada, poderia inaugurar uma nova era de prosperidade e liberdade globais. Eu, então, tinha de descobrir mais. Os dez dias seguintes foram intensos, pois todo o meu tempo livre era gasto aprendendo sobre Bitcoin. Vasculhei a internet em busca de cada informação nova — artigos, postagens em *blogs*, conversas em fóruns, qualquer coisa que abordasse a nova tecnologia. As minhas noites ficaram cada vez mais alongadas, e finalmente o meu sono se transformou em cochilos curtos. Eu acordava e imediatamente continuava pesquisando.

O meu entusiasmo me colocou em apuros. A minha mente estava

adorando aprender sobre Bitcoin, mas o meu corpo passou a sofrer. Eu não estava ingerindo comida suficiente ou dormindo o necessário, e aquele arranhão irritante na garganta prosseguia piorando. Depois de dez dias disso, a minha saúde se deteriorou ao ponto de não poder ser ignorada. Eu estava completamente exausto e não conseguia nem mesmo dirigir o carro para ir ao médico. Então liguei para o meu amigo Kevin, e ele me levou para o hospital. Os médicos estão familiarizados com casos de consumo excessivo de álcool, mas eu posso ser a primeira pessoa internada num hospital por leitura excessiva! Disseram para mim que eu precisava me acalmar e dormir. Eles me deram um sedativo; e, depois de dormir por quase vinte horas seguidas, eu me senti muito melhor. Saí no dia seguinte e decidi retomar as minhas pesquisas (num ritmo um pouco mais lento, é claro). Esse foi o início da minha jornada com o Bitcoin.

Embora os pioneiros dos tempos iniciais tivessem o cuidado de não serem excessivamente otimistas sobre a nova tecnologia, eu não era tão cuidadoso assim. Eu achava que o Bitcoin iria mudar o mundo e estava convencido de que ele melhoraria a vida de bilhões de pessoas. Eu sabia que precisava adquirir algumas moedas, já que uma invenção tão valiosa tinha praticamente a garantia de aumentar de preço. Mas, naquela época, era difícil comprar algumas unidades. O Bitcoin era quase desconhecido, e apenas alguns entusiastas estavam negociando moedas em *websites* obscuros.

A primeira grande corretora (*exchange*) de Bitcoin foi, na verdade, um *website* reaproveitado que tinha sido originalmente criado para negociar cartas colecionáveis do jogo *Magic: The Gathering*. Em comparação com as modernas corretoras de criptomoedas, a experiência de usuário não era exatamente suave ou tranquila. Para a aquisição dos meus primeiros Bitcoins, eu não podia utilizar PayPal, pagamentos eletrônicos ou cartão de crédito. Em vez disso, tive de enviar uma transferência diretamente para a conta bancária pessoal de Jed McCaleb, o proprietário do *website*. Felizmente, ele entrou em contato comigo, e eu adquiri os meus primeiros Bitcoins por menos de um dólar cada.

Na época, eu realmente não podia *usar* os meus Bitcoins, visto que ninguém aceitava o Bitcoin como pagamento. Então, decidi que a minha empresa MemoryDealers.com seria a primeira a fazer isso. Vendemos peças de computador *online* — e, que eu saiba, nós nos tornamos o primeiro varejista a aceitar Bitcoins para pagamentos. Eu sabia, pela minha experiência com o comércio eletrônico, que havia uma enorme demanda por dinheiro *online* que poderia ser utilizado em qualquer lugar com taxas diminutas — e, quanto mais o Bitcoin pudesse ser usado no comércio, mais valioso ele se tornaria, assim como mais liberdade traria para o mundo.

Vender os nossos produtos por Bitcoin acabou se revelando uma boa decisão, porque os *bitcoiners* do mundo inteiro estavam ávidos para gastarem o seu novo dinheiro digital. Não só as nossas vendas aumentaram, mas também foi uma ótima maneira de acumular mais Bitcoins. Em vez de enviar transferências bancárias pessoais, eu estava simplesmente vendendo mercadorias *online* em troca de Bitcoins. Pouco tempo depois, colocamos uma placa agora famosa no Vale do Silício orgulhosamente anunciando: "Aceitamos Bitcoin". Tenho certeza de que 99,9% das pessoas que viram a placa nunca tinham ouvido falar do Bitcoin, mas o ponto era esse.

Figura 4: *A nossa placa anunciando "Aceitamos Bitcoin" ("We Accept Bitcoin")*

Durante a maior parte da primeira era, Satoshi era quem oferecia a principal liderança ideológica e tecnológica. Nas postagens iniciais do fórum, ele recebia muitas perguntas sobre a configuração do Bitcoin, especialmente sobre escalonamento, e apresentava respostas convincentes que delineavam a visão que atraiu tantas pessoas para o projeto.

2) A Segunda Era: Crescimento e Otimismo
De ~2011 a ~2014

A segunda era foi definida pelo crescimento de uma indústria nova e pelo otimismo contagiante em toda a comunidade Bitcoin. As bases de um novo sistema financeiro estavam sendo construídas, e eu consegui colocar alguns dos tijolos. Foi um dos momentos mais emocionantes da minha vida inteira. Nós, *bitcoiners*, éramos um grupo pequeno, mas tínhamos algo de especial. Não só existia dinheiro a ser feito, mas todos sabíamos que havia uma enorme oportunidade de mudar o mundo numa direção positiva.

Naquela época, não existia infraestrutura comercial real; estávamos começando do zero. Precisávamos de mais comerciantes que aceitassem Bitcoin; de mais corretoras para negociá-lo; e de ferramentas mais fáceis para a utilização dele. Precisávamos que novas empresas fossem criadas; mas, em 2011, a indústria de capital de risco (*venture capital industry*) ainda não tinha descoberto o Bitcoin. Eu, então, acabei sendo o primeiro investidor do mundo em *startups* de Bitcoin. O mercado era tão jovem, tão incipiente, que quase qualquer investimento bem-sucedido beneficiava a todos, especialmente se abordasse com sucesso os problemas básicos que todos estávamos enfrentando. Por exemplo, a volatilidade dos preços era um problema notório que tornava os comerciantes hesitantes em aceitar o Bitcoin para pagamentos. Assim, aproveitei a oportunidade para fornecer financiamento inicial para a BitPay, uma *startup* que possibilitava que os comerciantes aceitassem o Bitcoin e o convertessem imediatamente em dinheiro fiduciário, eliminando o risco da volatilidade. Os serviços dela se provaram cruciais para a obtenção da adoção *mainstream*, e a BitPay se tornou uma das empresas mais importantes do mundo das criptomoedas.

Outros investimentos iniciais foram em empresas como a Blockchain.info, que possibilita que os usuários gastem e recebam Bitcoin sem baixarem *software* algum por meio da criação de uma carteira *online* com acessibilidade através de um *web browser* (navegador de internet). Kraken, BitInstant e Shapeshift tornaram muitíssimo mais fácil para o público adquirir Bitcoins, ao passo em que Purse.io possibilitou que ele gastasse as suas moedas na Amazon. Embora o apelido "Jesus do Bitcoin" tenha colado, gosto de pensar que o meu papel na história do Bitcoin está mais perto de ser o "Johnny Appleseed do Bitcoin" (Johnny Appleseed foi um pioneiro viveirista americano que introduziu árvores cultivadas a partir de sementes de maçã), pelo fato de ter auxiliado a semear com financiamento muitas das empresas iniciais.

Talvez o problema mais divertido de resolver dessa época tenha sido a simples falta de consciência sobre o Bitcoin. Em todos os lugares aos quais viajava, perguntava às pessoas se elas o aceitavam. A maioria das pessoas, é claro, não tinha nem ideia do que eu estava falando. Então eu o lançava para elas. Eu tentava persuadir todos os empresários a aceitarem o dinheiro do futuro — e a desfrutarem dos benefícios de um aumento de popularidade. Se anunciassem que estavam aceitando Bitcoin *online*, eles imediatamente recebiam uma onda de consumidores novos que queriam gastar as suas moedas. Os *bitcoiners* dos tempos iniciais se mostravam muitas vezes ávidos para gastarem o seu novo dinheiro no comércio, pois todos sabíamos que, se o Bitcoin tivesse sucesso como uma nova forma de dinheiro, todos nós teríamos sucesso. Se uma empresa conhecida começasse a aceitá-lo, a comunidade comemoraria como se o nosso time tivesse acabado de ganhar a Copa do Mundo. Hoje em dia, se uma empresa grande anuncia que aceita criptomoedas para pagamentos, isso nem mesmo vira notícia. Todavia, naqueles tempos, o Bitcoin lutava por credibilidade, pois a sua reputação pública mudava de "novidade obscura para *nerds*" a "dinheiro para criminosos". Portanto, foi um verdadeiro motivo de celebração — assim como um marco sério para a indústria — quando gigantes como Newegg ou Microsoft decidiram aceitá-lo.

A comunidade se apresentava geralmente harmoniosa e unificada em torno da mesma visão para o Bitcoin como dinheiro digital: elaborado para transações de taxas baixas; acessível a qualquer pessoa com uma conexão à internet; e capaz de escalonar para alcançar a adoção em massa. Gavin Andresen era o desenvolvedor principal, e Mike Hearn se tornou um líder técnico influente — ambos compartilhavam da mesma visão. Se você visitasse um dos muitos grupos de encontro ao redor do mundo referentes ao Bitcoin, teria ouvido, de todos, a mesma história. Se você falasse com os empreendedores mais influentes, teria escutado a mesma coisa. Porém, apesar da unificação mais ampla da indústria, facções começaram, de fato, a surgir entre os desenvolvedores, com uma diminuta minoria querendo levar o Bitcoin a uma direção diferente.

3) A Terceira Era: Guerra Civil
De ~2014 a ~2017

A época mais importante da história do Bitcoin foi a Era da Guerra Civil. Na verdade, toda a atual indústria de criptomoedas ainda é definida pelos eventos que ocorreram entre 2014 e 2017. Essa era foi a mais feia, hedionda e repulsiva de todas, repleta de ataques pessoais, censura em massa, propaganda, engenharia de mídia social, conferências fracassadas e promessas quebradas, culminando em falhas de rede e na cisão para o Bitcoin Cash. Logo após G. Andresen tornar Wladimir van der Laan o Mantenedor Líder do Bitcoin Core, as facções internas se tornaram mais entrincheiradas e hostis umas às outras, e o debate sobre o tamanho dos blocos se tornou explosivo no nível de bombas atômicas. Vários desenvolvedores principais do Core formaram a sua própria empresa chamada Blockstream — a qual tem sido, de longe, a empresa mais influente envolvida com o desenvolvimento de *software* do Bitcoin, desempenhando um papel central na captura dele. Se você visitasse as maiores empresas durante essa época, teria ouvido críticas praticamente universais aos desenvolvedores do Core por atravancarem o crescimento do Bitcoin e debilitarem a sua utilidade. Vários desenvolvedores proeminentes inclusive alertaram de forma pública que o BTC estava sendo sequestrado enquanto isso acontecia.

Durante esse tempo, a indústria tentou desesperadamente manter unida a comunidade e escalonar a tecnologia, com várias tentativas sendo realizadas para contornar os desenvolvedores do Core; mas tais tentativas acabaram, por fim, não tendo sucesso. Várias conferências foram organizadas para tentar chegar a uma solução. Em 2016, Brian Armstrong compareceu a uma dessas conferências e escreveu um artigo sobre as suas impressões:

> Considero que os organizadores da conferência nutriam a esperança de que ocorresse algum tipo de consenso; no entanto, ficou claro, no final, que a divisão era muito grande. As conversas inicialmente se concentraram em vários compromissos para adiar e evitar a confrontação da questão da escalabilidade. Porém, à medida que as conversas prosseguiam, eu ficava cada vez menos preocupado com qual solução de curto prazo que escolheríamos, porque percebi que todos tínhamos um problema muito maior: o risco sistêmico para o bitcoin caso o Bitcoin Core fosse a única equipe trabalhando nele.
>
> A equipe do Core contém algumas pessoas de QI bastante elevado, mas há algumas coisas que considero muito preocupantes sobre esses indivíduos na condição de equipe depois de passar algum tempo com eles no último fim-de-semana (...). Preferem soluções "perfeitas" a soluções "suficientemente boas". E, se nenhuma solução perfeita existe, eles parecem estar bem com a inação, ainda que isso coloque o bitcoin em risco. Parecem possuir uma forte crença na concepção de que o bitcoin não será capaz de escalar a longo prazo, e qualquer ampliação do tamanho dos blocos se apresenta como uma ladeira escorregadia para um futuro que eles não estão dispostos a permitir.
>
> Mesmo que o Core diga que estão em harmonia com um *hard fork* para 2 MB, eles se recusam a priorizá-lo (...). Eles veem a si próprios como os planejadores centrais da rede e os protetores das

pessoas. Eles parecem bem em ver o bitcoin falhar, desde que não cedam nos seus princípios (...). Na minha opinião, talvez o maior risco no bitcoin, agora, seja, ironicamente, uma das coisas que mais o auxiliou no passado: os desenvolvedores do Bitcoin Core.[2]

A percepção de Armstong foi compartilhada pela grande maioria dos grandes *players* (participantes) econômicos da época, incluindo os mineradores. Eu me lembro de participar de uma dessas conferências e implorar aos maiores mineradores que ampliassem o limite de tamanho dos blocos (*blocksize limit*). Tais mineradores concordaram fortemente que o limite deveria ser ampliado; porém, como desejavam evitar controvérsias, acabaram adiando, protelando em prol do Core. Muitos deles se tornaram fortes apoiadores do Bitcoin Cash.

Durante esse período de cizânia extrema, o público em geral permaneceu, na sua maioria, sem ciência disso; e, no final de 2017, outra enorme onda de investimentos fez com que os preços disparassem em meio ao caos. Uma unidade de BTC, por fim, atingiu US$ 20.000, ao passo em que a taxa média de transação disparou para mais de US$ 50, e os tempos médios de confirmação de transações excederam duas semanas! Pela primeira vez na história do Bitcoin, surgiu uma postura anti-adoção, visto que várias empresas abandonaram o seu suporte devido às taxas altas e aos pagamentos não confiáveis, e a narrativa rapidamente começou a mudar para o Bitcoin ser "somente uma reserva de valor" que não requeria taxas baixas. Ao invés de ser uma ferramenta para as pessoas comuns — especialmente útil para os indivíduos que vivem em países subdesenvolvidos com moedas instáveis —, o foco se modificou para atrair os banqueiros centrais e encorajar Wall Street a especular. Samson Mow, executivo da Blockstream, capturou esse sentimento ao declarar categoricamente que "o Bitcoin não é para pessoas que vivem com menos de US$ 2 por dia".[3]

4) A Quarta Era: Mainstream
De ~2018 até os dias atuais

A quarta era se iniciou durante a primeira corrida para US$ 20.000, quando as notícias começaram a cobrir o Bitcoin sem parar. O *hype* foi tão intenso que me lembro de ver, no canto das transmissões da agência televisiva CNBC, um símbolo-*ticker* que rastreava o preço, mesmo durante segmentos ou comerciais não relacionados — como se a notícia financeira mais importante do mundo fosse o preço de um BTC. Depois de quase uma década, o segredo finalmente se revelou. O Bitcoin atingiu o *mainstream*. Outras criptomoedas, também, estavam aproveitando a especulação febril de Wall Street. Um novo modelo de captação de recursos permitiu que uma onda de *startups* novatas levantasse milhões por meio de ICOs (*Initial Coin Offerings* — "Ofertas Iniciais de Moedas") — algumas com modelos de negócios plausíveis, mas muitas sem isso.

A nova narrativa começou a se solidificar com livros como *The Bitcoin Standard ["O Padrão Bitcoin"]*, o qual, apesar de cometer erros grosseiros em vários conceitos fundamentais, tem desfrutado de ampla popularidade. As mesmas ideias têm sido uniformemente repetidas em todos os canais de discussão mais importantes, tornando a filosofia dos blocos pequenos a única perspectiva que os recém-chegados encontram quando dão início ao seu aprendizado sobre Bitcoin. A visão original de blocos grandes e acesso universal à *blockchain* foi, com sucesso, demonizada, e a sua história, ofuscada.

A cultura encontra-se obsessivamente focada no preço do BTC, independentemente da sua utilidade subjacente ou da sua utilização. Cada evento, não importa quão significativo, é analisado com base no seu efeito potencial sobre o preço, ao invés de no seu potencial para robustecer, reforçar a liberdade humana ou o bem-estar dos seres humanos. Por exemplo, quando o governo de El Salvador anunciou que o BTC se tornaria uma moeda oficial, quase não houve menção ao fato de que o governo desse país estava criando carteiras puramente custodiadas para os cidadãos — denotando que o governo poderá rastrear e censurar transações efetuadas através do aplicativo dele, congelar contas ou facilmente confiscar moedas caso decida por fazê-lo. A integração estatal é ótima do ponto de vista da valorização de preço e do *hype*, mas não está claro se o cidadão médio de El Salvador será beneficiado.

Um ponto positivo da era atual consiste na enorme amplitude de projetos na indústria de criptomoedas. Investidores ao redor do mundo inteiro reconhecem que essa tecnologia é o futuro das finanças. O problema da credibilidade foi finalmente resolvido. Mesmo que o BTC não mais seja um projeto descentralizado, a *indústria* é descentralizada, e as pessoas podem escolher entre muitas opções concorrentes. Não importam quais projetos se corrompam no futuro; enquanto permanecer a liberdade de escolha, o mercado decidirá quais moedas são as melhores para utilizar.

Apesar da fama universal do Bitcoin, a Era Mainstream tem um sentimento semelhante ao de 2011: ainda continua existindo um sério problema de conscientização. O público em geral está ciente do BTC, mas permanece alheio à configuração original e às possibilidades disponíveis com o Bitcoin de blocos grandes. Eu me vejo mais uma vez evangelizando pela mesma tecnologia que me empolgou há mais de dez anos! Só que, desta vez, o problema não é a falta absoluta de informação, mas sim uma quantidade avassaladora de informações ruins. Em meio a todo esse *hype* e a todos os endossos de celebridades, os conceitos básicos ainda não são compreendidos.

O restante da Parte II deste livro é focado principalmente no período em que as maiores transformações do Bitcoin ocorreram: a época da Guerra Civil, que durou aproximadamente de 2014 a 2017.

12

Sinais de Alerta

Seria ingênuo achar que um projeto tão transformador para o mundo quanto o Bitcoin passaria despercebido para sempre. As potências financeiras internacionais, sejam públicas ou privadas, têm muito a perder se as criptomoedas tiverem sucesso e permanecerem fora da sua influência. Apesar do otimismo e da união dentro da comunidade Bitcoin nos tempos iniciais, apareceram sinais logo no início de que as coisas não eram idílicas ou livres de interrupções internas. Eu me lembro de que, já em 2011, quando o preço disparou para US$ 30, o principal fórum de discussão, Bitcointalk.org, foi inundado com *spam*, com *bots* repentinamente postando intermináveis sequências e tópicos de bobagens, tornando impossível o uso desse fórum para comunicações. *Alguém* estava prestando atenção e desejava interromper os fluxos de informação, embora não esteja claro quem.

Animação, Informação, Manipulação

Talvez o primeiro sinal inegável de problemas tenha surgido em maio de 2013. O debate sobre o tamanho dos blocos já tinha começado, mas inclusive os desenvolvedores mais conservadores concordavam com a afirmação de que o limite de 1 MB tinha de ser ampliado. A questão era *quando* e *a que nível*. Vários esquemas foram propostos. Alguns queriam um incremento gradual para 2 MB, para 4 MB, depois para 8 MB. Outros propuseram um limite ajustável de tamanho dos blocos, que automaticamente se ajustasse com base no tamanho médio dos blocos recentes; e ainda outros desejavam a remoção absoluta do limite. Mas ninguém considerava que um limite máximo de volume de sete transações por segundo fosse uma boa ideia. Isto é, não até o desenvolvedor Peter Todd lançar um vídeo animado intitulado "Why the blocksize limit keeps Bitcoin free and decentralized" ("Por que o limite de tamanho dos blocos mantém o Bitcoin livre e descentralizado").

Considero a animação de Peter Todd o primeiro exemplo de propaganda bem financiada e descarada. A animação é tão ultrajante que exige uma grande dose de credulidade para achar que ela tenha sido criada apenas por uma mera diferença de filosofia. O narrador explica como, em nome da descentralização, o Bitcoin deveria se limitar, para sempre, a blocos de 1 MB:

> Temos uma alternativa à ampliação do tamanho dos blocos: transações *off-chain* (fora da cadeia de blocos) (...), você ainda irá usar a *blockchain* para transações grandes, mas trocas diminutas serão operadas por processadores de pagamentos, o que significa que pequenas compras tais como o seu cafezinho matinal não entopem o sistema inteiro (...).
>
> Ao contrário de uma *blockchain* completamente pública, na qual você não pode escolher quem minera as suas transações ou em quem você confia para efetuar a validação, as transações *off-chain* podem ser tanto instantâneas quanto verdadeiramente privadas, e você possui controle pleno sobre em quem você confia.
>
> O que você pode fazer para manter descentralizado o bitcoin? Se você é um minerador, apenas minere em *pools* que apoiem a manutenção do limite de tamanho dos blocos; e peça ao seu *pool* para dizer isso publicamente. Se você é um usuário, ignore qualquer indivíduo que esteja tentando modificar o *software* do Bitcoin que você utiliza para a finalidade de ampliar o tamanho de 1 MB dos blocos; e diga às pessoas com quem você transaciona que você apoia manter o bitcoin descentralizado e fora das mãos do existente sistema corporativo.[1]

O absurdo dessa proposta na época era tão evidente que não havia como exagerar ao apresentá-lo às pessoas. Embora esse conteúdo se pareça com as coisas que você possa ouvir nos dias atuais, foi considerado ridículo em 2013, inclusive por vociferantes defensores de blocos pequenos (*small blockers*) como Greg Maxwell, que escreveu:

> Eu sinto um pouco de embaraço com o excesso de simplificação do vídeo... e sinto um pouco de receio diante do fato de que, em alguns anos, ficará claro que 2 MB ou 10 MB ou o que for que seja é totalmente seguro em relação a todas as preocupações — talvez até mesmo dispositivos móveis com Tor poderiam ser *full nodes* (nós completos) com blocos de 10 MB na internet de 2023, e até lá pode haver muito volume de transações para manter as taxas suficientemente elevadas para que se garanta a segurança — e talvez algumas pessoas estejam dogmaticamente promovendo um limite de 1 MB porque elas, depois de verem o vídeo, passaram a considerar que 1 MB seja um número mágico e não o *trade-off* (compensação) conservador de hoje.[2]

Outros *bitcoiners* expressaram, nos fóruns *online*, raiva e desprezo pela animação. Não apenas o conteúdo do vídeo foi ridicularizado, mas o fato perturbador de que ele veio de um *insider* (alguém de dentro) — o influente desenvolvedor Peter Todd — também levantou sobrancelhas. Os sentimentos da comunidade Bitcoin ficaram claros na seção de comentários do vídeo:

> "Espero que estes idiotas não estraguem o bitcoin ao convencerem as pessoas a manterem pequeno o tamanho dos blocos. Que maneira melhor de assegurar que o bitcoin continue sendo um meio transacional minúsculo e irrelevante (...)."

> "Passou da informação para a desinformação no momento 0:55, para o constrangimento total no momento 1:28 e diretamente para Orwell no momento 2:28."

> "Esse vídeo é propaganda perigosa e besteira de *marketing*. Você está sendo enganado, acorde!"

> "Que mentira de bosta é essa!? Tudo bem até o momento 0:45. O

resto descreve uma rede Bitcoin que se apresenta contrária às capacidades de escalonamento que Satoshi descreveu, então manter esse limite violaria aquele contrato social com os usuários."

Para compreender a pungência direcionada aos criadores desse vídeo, vale a pena dissecar um pouco mais o roteiro, para ver como ele defendia o oposto exato de tudo aquilo que o Bitcoin representava. Considere este trecho:

> Temos uma alternativa à ampliação do tamanho dos blocos: transações *off-chain* (fora da cadeia de blocos) (...), você ainda irá usar a *blockchain* para transações grandes, mas trocas diminutas serão operadas por processadores de pagamentos, o que significa que pequenas compras tais como o seu cafezinho matinal não entopem o sistema inteiro (...).

Em outras palavras, a alternativa a usar o Bitcoin é *não* usar o Bitcoin. Depender de terceiras partes para a operação de pagamentos diminutos mostra-se contrário, antitético, à ideia de dinheiro digital. Pequenas compras não "entopem" o sistema, pois ele foi propositalmente elaborado para elas. Restringir as transações *on-chain* (dentro da cadeia de blocos) a quantias grandes significa restringir o Bitcoin a usuários ricos. As pessoas comuns não podem pagar um adicional de US$ 5 referente a cada transação em dinheiro, muito menos US$ 50 ou valores acima de US$ 500; ademais, a maioria dos países ao redor do mundo não possui infraestrutura para processamento de pagamentos em criptomoedas.

Transações grandes também apresentam maior probabilidade de serem controladas e regulamentadas por autoridades financeiras, especialmente quando as pessoas são forçadas a utilizar carteiras custodiadas/custodiais (*custodial wallets*). A *blockchain* não ofereceria nenhum aprimoramento significativo em contraste com os sistemas existentes, visto que a maioria das pessoas não irá comprar um carro, uma casa ou sacar uma parcela da sua aposentadoria sem a supervisão do governo. Se o Bitcoin não pode ser utilizado na condição de dinheiro, a maior parte do mundo não irá usá-lo. O roteiro prossegue:

> Ao contrário de uma *blockchain* completamente pública, na qual você não pode escolher quem minera as suas transações ou em quem você confia para fazer a validação, as transações *off-chain* podem ser tanto instantâneas quanto verdadeiramente privadas, e você possui controle pleno sobre em quem você confia.

Deve-se dar crédito aos criadores por produzirem uma peça de propaganda verdadeiramente impressionante! Eles criam um problema a partir de um não problema e, então, oferecem a sua singular solução, que é não usar o Bitcoin em primeiro lugar. 99,9% dos usuários não têm motivos para se preocuparem com quem minera ou valida as suas transações. Desde que as transações deles sejam colocadas num bloco, isso é o que importa. E lembre-se, os próprios usuários podem validar as suas próprias transações sem serem um *full node*; apenas não podem validar as transações de outras pessoas. Declarar que as transações *off-chain* sejam verdadeiramente privadas também é falso. Na prática, as duas soluções *off-chain* atualmente implementadas — a Lightning Network e as supostas "sidechains" (cadeias laterais ou paralelas) — mostram-se fortemente centralizadas para os usuários regulares. As falhas de ambas as tecnologias são abordadas neste livro.

O vídeo escorregadio e enganoso de Peter Todd foi um marco na história do Bitcoin; e esse vídeo não foi a única coisa que ele fez em 2013 que levantou suspeitas.

Transações Instantâneas? Muito Arriscado

O dinheiro digital precisa ter transações instantâneas. É irrealista imaginar qualquer criptomoeda de sucesso sendo utilizada como dinheiro se as suas transações levarem mais de alguns segundos para serem processadas. Pela sua própria configuração, o Bitcoin possibilitava transações instantâneas desde o início, e eu as utilizava todos os dias nos meus negócios e quando evangelizava sobre Bitcoin. Entretanto, apesar da importância óbvia dessa característica, alguns desenvolvedores do Core decidiram que as transações instantâneas fossem "muito arriscadas" e intencionalmente quebraram a funcionalidade do Bitcoin para desencorajá-las.

Conforme explicado no Capítulo 2, as transações de Bitcoin são agrupadas em blocos pelos mineradores. Cada bloco se baseia no bloco anterior, acrescentando mais segurança a cada bloco adicional. Imagine que uma transação tenha acabado de ser adicionada a um bloco; chamaremos o primeiro bloco de "Bloco 1". Nesse ponto, diríamos que a transação possui "uma confirmação". Quando o Bloco 2 é produzido, ele aumenta a segurança de todas as transações no Bloco 1, e diríamos que a nossa transação original agora possui "duas confirmações". O mesmo se aplica aos blocos 3, 4, 5 — e assim por diante. Tradicionalmente, para que haja transações extremamente seguras, a regra de ouro é esperar até que seis blocos tenham sido criados — ou seis confirmações —, o que demora em média uma hora.

E as transações que foram criadas, mas *ainda não foram adicionadas a um bloco*? Essas são denominadas de transações de "confirmação zero" — ou "zero-conf", para abreviar. As transações *zero-conf* levam somente segundos para o envio e o recebimento, embora sejam inerentemente menos seguras. Segurança menos-que-perfeita não é um conceito difícil de entender, nem é uma ideia estranha para qualquer empreendedor, mas alguns desenvolvedores aparentemente acharam que fosse inaceitável.

Digamos que quiséssemos manipular o sistema por meio da obtenção de vantagens com as transações *zero-conf*. Imagine que temos US$ 200 em BTC. Há duas lojas diante de nós: a Loja da Alice e a Loja do Bob, e desejamos aplicar golpe numa delas. Então, entramos na Loja da Alice, compramos US$ 150 em mercadorias e pagamos uma taxa de transação de US$ 40. A nossa transação é avistada na rede, mas ainda não foi adicionada a um bloco. Então, entramos imediatamente na Loja do Bob, gastamos *os mesmos* US$ 150 em BTC. Já que as mesmas moedas estão tentando ser gastas duas vezes — um "gasto duplo" ("double spend") —, ambas as transações não podem ser adicionadas a um bloco. Apenas uma transação será aceita e incluída na *blockchain*, o que significa que ou Alice ou Bob sofrerá fraude em US$ 150. Tendo em vista a maneira como o Bitcoin é configurado, isso se mostra teoricamente possível, e, ocasionalmente, gastos duplos, de fato, acontecem. Isso significa que o sistema está quebrado? É claro que não.

A solução simples e elegante para essa questão faz parte da configuração do Bitcoin desde o início. Chama-se de "regra do primeiro visto ou avistamento" ("first-seen rule"). Mineradores e *nodes* (nós) mantêm em execução uma lista de transações *zero-conf* que estão esperando para serem adicionadas a um bloco. A regra do primeiro visto estabelece que, sempre quando houver duas transações conflitantes, vale aquela que foi avistada primeiro. Dessa forma, em nosso exemplo anterior, depois de enviar os US$ 150 para Alice, a rede Bitcoin já saberia sobre essa transação e simplesmente rejeitaria a tentativa de gastá-la duas vezes com Bob.

A regra do primeiro visto não era obrigatória ou aplicada em nível de protocolo. Constituía uma política simples e sensata para os mineradores e os *nodes* cumprirem, pois possibilitava transações instantâneas. Essa regra, no entanto, também tornava possíveis elaborados esquemas teóricos para fraudar comerciantes — por exemplo, através da colaboração com mineradores corruptos. Apesar de existirem incentivos sociais e econômicos que desencorajam essa corrupção — e apesar da capacidade dos empresários de gerenciarem esses riscos do mesmo modo como já procedem perante outros métodos de pagamento —, alguns desenvolvedores acharam que qualquer insegurança teórica compusesse uma falha de configuração que necessitava de correções em nível de código. Eles, então, propuseram a ideia de um botão de desfazer (*undo button*).

O Botão de Desfazer

No lugar da regra do primeiro visto, Peter Todd propôs o *patch* — remendo ou gambiarra — "replace-by-fee" (RBF; "substituição-por-taxa"); esse *patch* determinava que, quando duas transações conflitantes forem avistadas, vale aquela com a taxa mais alta. Assim, depois de enviar a Alice a transação de US$ 150 com uma taxa de US$ 40, poderíamos entrar na Loja do Bob, gastar os mesmos US$ 150 com uma taxa de US$ 50, e a rede aceitaria como válida a segunda transação. Uma política dessas facilita os gastos duplos (*double spending*), efetivamente comprometendo a confiabilidade das transações *zero-conf* — o que constituía o objetivo explícito de Todd. Nos fóruns *online*, Peter Todd postou um tópico intitulado "Reminder: zero-conf is not safe; $1000 USD reward posted for replace-by-fee patch" ("Lembrete: as transações *zero-conf* não são seguras; postada recompensa de $1000 USD pelo remendo *replace-by-fee*"). Nesse tópico, Todd escreveu:

> Alguém com o nome de John Dillon enviou, no início desta manhã, um e-mail para a lista de e-mails referente ao desenvolvimento do bitcoin oferecendo uma recompensa de US$ 500 [mais tarde, incrementada para US$ 1.000] a quem implementasse um remendo de substituição-por-taxa para as transações (*transaction replacement-by-fee patch*). Essa é uma ideia que postei dois dias atrás na lista de e-mails:
>
> *Em qualquer caso, a questão mais premente (...) é a alteração das taxas associadas às transações depois de elas terem sido transmitidas (...).*
>
> *Quanto mais penso sobre o assunto, mais acho que devemos cortar pela raiz essa loucura em relação às transações zero-conf: mudar as regras de retransmissão de modo que as transações sejam substituídas com base em taxas, independentemente de como isso modifica as saídas das transações. É claro, isso torna trivial o gasto duplo numa transação não confirmada. Por outro lado (...), isso nos permite implementar um botão limitado de 'desfazer' para quando as pessoas se ferrarem (...).*
>
> *Continuamos dizendo repetidamente para pararem de aceitar transações zero-conf, mas as pessoas fazem isso de qualquer maneira porque parece seguro. Trata-se de uma situação muito perigosa (...).*
>
> Querendo ou não, as transações *zero-conf* são perigosas quando você não confia na outra parte. Eu escrevi a ideia acima de *replace-by-fee* porque eu realmente acho que corremos um risco se deixarmos as pessoas confortáveis na complacência. A *blockchain* e

o sistema de prova-de-trabalho — *proof-of-work* — compõem a maneira como o Bitcoin chega a um consenso sobre quais transações são ou não são válidas; confiar em qualquer outra coisa é perigoso.[3]

É importante analisar a lógica do argumento de Todd. Ele começa com o suposto problema de usuários ficarem com as suas transações travadas, o que era apenas um problema para transações com taxas extremamente baixas ou nenhuma taxa. Ironicamente, foi justamente em 2017, quando os blocos ficaram cheios e as taxas dispararam, que as transações travadas se tornaram um problema real. Quando as transações dos usuários estavam travadas, às vezes por dias ou inclusive semanas, o RBF (*replace-by-fee*) era, de fato, usado para "destravar" essas transações. Assim, com blocos pequenos, taxas altas e transações não confiáveis, o RBF começa a fazer mais sentido.

Todd, então, chega ao ponto essencial: na mente dele, as transações *zero-conf* não são suficientemente seguras, e usuários desinformados simplesmente não percebem isso. Dessa forma, para evitar que as pessoas se apegassem a transações *zero-conf*, o RBF quebraria a funcionalidade delas de uma vez por todas — porque, nas suas palavras, se os mineradores decidissem implementar algo como o RBF, as transações *zero-conf* seriam eliminadas de qualquer maneira. Em outras palavras, a funcionalidade de pagamentos instantâneos do Bitcoin precisava ser esfacelada em nível de *software* pelos desenvolvedores, de modo que os mineradores não acabassem por fragmentá-la no futuro. Isso, infelizmente, não é nenhum exagero em relação à posição desses desenvolvedores. John Dillon, o misterioso financiador desse *patch*, explicou:

> Não estou oferecendo esta recompensa por considerar que um botão de desfazer seja importante (...). O problema é que pessoas como (...) Mike Hearn ficarão mais que felizes em ferrar o Bitcoin numa tentativa desesperada de sustar os gastos duplos quando isso se tornar um grande problema (...). Ao quebrar a segurança das transações *zero-conf* agora, não haverá pressão para implementar

a porcaria [centralizada dele]. A empresa Satoshi Dice será a mais afetada com isso, e eles não deveriam utilizar a *blockchain* da maneira como o fazem.[4]

E, em 2015, enquanto esse debate ainda estava em andamento, o conhecido programador Bram Cohen concordou:

> Dizer que as transações *zero-conf* não funcionam é uma simplificação excessiva. Funcionam bem (...), por enquanto. Porém, se forem usadas em qualquer escala significativa, inevitavelmente surgirá uma imparável conspiração para explorar as pessoas que nelas confiam. Em vez de esperar que o desastre aconteça, os desenvolvedores do Bitcoin devem planejar cessar, de maneira programada e ordenada, o suporte às transações *zero-conf*, com a mudança acontecendo antes que a conspiração seja formada ou que o dano seja feito à funcionalidade com a qual o suporte às transações *zero-conf* conflita.[5]

Soluções Além do Código

Não deve ser surpreendente que os desenvolvedores de *software* tentem resolver problemas com *software*. Mas essa tendência pode se transformar em miopia se não for controlada — ou conforme assinalou Gavin Andresen: "Os engenheiros são ótimos em deixarem de dar atenção à floresta para darem atenção às árvores. Eles ficam presos a detalhes e perdem a noção do panorama mais amplo."[6] O panorama mais amplo, neste contexto, é o mundo além do código do Bitcoin. Os empreendedores vêm resolvendo problemas com a segurança menos-que-perfeita dos pagamentos há milhares de anos, usando tecnologias muitíssimo inferiores às criptomoedas. Uma grande análise sobre isso foi escrita por Justus Ranvier, um engenheiro com experiência no mundo real, que respondeu à postagem de Peter Todd no fórum sobre o RBF (*replace-by-fee*) ao dizer:

A segurança, neste contexto, está sendo tratada de forma inadequada, como um conceito binário. Existe lá fora toda uma economia de consumo baseada em cartões de débito que, em termos de bitcoin, levam 90 dias para confirmar as transações. Trilhões de dólares estão sendo transacionados no mundo real através de métodos de pagamento que não são menos inseguros que as transações de confirmação zero do Bitcoin. Aceitar transações *zero-conf* constitui uma questão de gerenciamento de risco e planejamento de negócios, não um caso de "seguro" *vs.* "inseguro".

E, noutro lugar, escreve:

Você passou muito tempo jogando *The Sims* e esqueceu que tanto os comerciantes quanto os operadores de *pools* de mineração são seres sencientes e inteligentes em vez de autômatos. Se os riscos de gastos duplos nas transações *zero-conf* valem o desembolso de recursos para a redução ou a eliminação deles, os comerciantes encontrarão uma maneira de fazê-lo.[7]

De fato, os processadores de pagamento de criptomoedas estão bastante cientes dos riscos de gastos duplos e têm várias opções para gerenciá-los. A opção mais simples é que o processador de pagamentos assuma o risco para o seu consumidor em troca de uma taxa — essencialmente, um seguro referente a pagamentos. Ou tais processadores podem exigir que os consumidores utilizem um específico aplicativo de carteiras para o pagamento de mercadorias, o que torna mais difícil a execução de um gasto duplo. Sem o RBF, é difícil conseguir efetuar um gasto duplo, isso não vale o incômodo de furtar quantias diminutas; mas para compras grandes é de se esperar que os consumidores tenham de aguardar por uma ou duas confirmações. Na realidade, empresas como a Satoshi Dice, que estavam fornecendo serviços de jogos de azar em Bitcoin, já tinham implementado um sistema que permitia transações instantâneas para quantias pequenas, mas no qual se exigiam confirmações em relação a quantias grandes.

As transações *zero-conf* são especialmente importantes para pagamentos físicos, presenciais. Tendo em vista que apenas uma minúscula porcentagem de consumidores tenta praticar pessoalmente furtos e roubos contra empresas, alguns comerciantes podem, eles próprios, simplesmente aceitar o risco de gastos duplos. As opções tradicionais para a mitigação do risco de fraude ou roubo ainda funcionam. Se os comerciantes, por exemplo, já possuem sistemas de segurança instalados, podem conseguir obter imagens do criminoso. Essas constituem apenas um punhado de ideias com as quais abordar as preocupações relativas à segurança das transações *zero-conf*. Tenho certeza de que soluções ainda melhores teriam sido encontradas caso os gastos duplos tivessem sequer se tornado um problema real. Os mercados são excepcionalmente bons em descobrir e gerenciar riscos.

O *replace-by-fee* fez com que muitas pessoas se manifestassem contrárias a ele. Charlie Lee, que era o gerente de engenharia da corretora de criptomoedas (*exhange*) Coinbase, disse:

> A Coinbase concorda totalmente com Mike Hearn. O RBF é irracional e prejudicial ao Bitcoin.[8]

Jeff Garzik, um dos primeiros desenvolvedores do Bitcoin Core, concordou:

> Repetindo declarações passadas, reconhece-se que a proposta de terra arrasada do *replace-by-fee* proveniente de Peter encontra-se apropriadamente nomeada; e reconhece-se que ela seria amplamente antissocial na rede atual.[9]

Gavin Andresen disse categoricamente:

> O *replace-by-fee* é uma má ideia.[10]

Até mesmo Adam Back, que mais tarde desempenhou um grande papel no descarrilamento do Bitcoin, concordou:

> Concordo com Mike e Jeff. Aniquilar transações *0-confirm* é vandalismo.[11]

Todavia, no final de 2015, o RBF foi adicionado com sucesso ao Bitcoin Core. No presente momento, as transações RBF são criadas com um sinalizador, então os comerciantes podem se recusar a aceitá--las caso forem cuidadosos; mas os desenvolvedores estão atualmente realizando debates sobre se devem modificar essa configuração padrão. Se o sinalizador for removido, os pagamentos *zero-conf* em BTC terão, efetivamente, segurança zero. No Bitcoin Cash, os pagamentos *zero-conf* são entendidos como uma característica essencial, e os desenvolvedores têm trabalhado ativamente em maneiras de aprimorar ainda mais a segurança e a confiabilidade deles.

Pura Propaganda

Apesar da polêmica em torno do RBF, se você, hoje, tentar realizar pesquisas sobre ele, sem dúvida encontrará informações enganosas. No *website* do Bitcoin Core, existe uma seção de perguntas e respostas (Q&A — *Questions and Answers*) sobre o RBF. Uma das perguntas diz:

> **Foi controversa a *pull request* (PR; sugestão/solicitação de alterações) acerca do RBF optativo?**
>
> Nem um pouco. Depois de uma extensa discussão informal que durou meses, a PR foi aberta em 22 de outubro [de 2015]. Posteriormente, foi discutida em pelo menos quatro reuniões semanais de desenvolvedores do Bitcoin (...).
>
> Na discussão sobre a PR, 19 pessoas fizeram comentários, incluindo pessoas trabalhando em pelo menos três diferentes marcas de carteiras, e 14 pessoas explicitamente [concordaram com] a mudança, incluindo pelo menos uma pessoa que tinha sido muito franca no passado contra o RBF completo. Nenhum *feedback* claramente negativo foi apresentado na PR — ou em qualquer outro lugar de que tenhamos conhecimento — enquanto a PR estava aberta.[12]

Essa seção está cuidadosamente redigida para que o leitor casual saia da sua leitura achando que o RBF não foi controverso. Observe que a pergunta é sobre a "pull request" (PR), não sobre o conceito geral de RBF — isto é, se você olhar somente para a seção de comentários relativa a essa ação específica na plataforma GitHub, terá a percepção de que a maioria das pessoas envolvidas nesse tópico concordou com ele. Mas isso se mostra assim apenas porque uma quantidade enorme de debates simplesmente ocorreu noutros locais. As datas relacionadas também são enganosas. Eles afirmam que a discussão informal se estendeu por "meses" desde o final de 2015; porém, conforme demonstrado pelo tópico no fórum Bitcointalk.org, o RBF estava sendo calorosamente debatido já em 2013.

O Q&A diz: "Nenhum *feedback* claramente negativo foi apresentado na PR — ou em qualquer outro lugar de que tenhamos conhecimento — *enquanto a PR estava aberta*." (Grifo meu.) Mas a *pull request* foi aberta em outubro de 2015! Mike Hearn escreveu um extenso artigo em oposição a isso no seu próprio *website* criticando o *replace-by-fee* em março de 2015,[13] sete meses antes.

Num segmento diferente, o Q&A lança a frase "Ouvi dizer que o RBF Optativo foi adicionado com pouca ou nenhuma discussão" e, após, oferece resposta com uma lista de uma dúzia de referências para "Discussões recentes sobre o RBF que remontam a maio de 2015". Essa resposta omite totalmente o fato de que o RBF foi uma polêmica borbulhante apenas dois meses antes. Esse controle cuidadoso das informações é projetado para enganar os recém-chegados sobre o Bitcoin, tornando excepcionalmente difícil descobrir a verdade sobre a sua história.

Quem Era John Dillon, Afinal?

A história do Bitcoin está entrelaçada com figuras misteriosas, começando com o seu criador desconhecido, Satoshi Nakamoto. Mas Satoshi não é a única figura nas sombras. John Dillon é outra dessas figuras, e não se sabe muito sobre ele. Dillon foi o homem que ofereceu pagar US$ 1.000 pela elaboração do *patch* (remendo) *replace-by-fee* proposto por Peter Todd. Conforme se vê, Dillon também apoiou e financiou Todd pelo trabalho dele referente à criação do infame vídeo animado sobre o limite de 1 MB para sempre. Quando Todd anunciou que estava trabalhando no vídeo, Dillon escreveu:

> É muito importante que você esteja levando essa mensagem para as pessoas. O Bitcoin se mostra muito maior que este pequeno fórum (...). Suspeito estar acontecendo muito mais atividade relacionada ao Bitcoin que não dá a mínima para ele como um sistema de pagamentos. Peter mencionou o Silk Road, que é brilhante, eu acho. Isso já se revela um sistema de transações *off-chain*.
>
> Como um investidor sério do Bitcoin, também me importo com a reserva de valor, não com micropagamentos estúpidos; e sei que os meus parceiros se sentem da mesma forma. Também sabemos que o valor do Bitcoin tem muito pouco a ver com a ideia de ser um sistema de pagamentos...[14]

Uma vez que a infame animação foi produzida, Dillon escreveu:

> Eu, finalmente, tive a oportunidade de assistir ao seu novo vídeo. Trata-se de um trabalho profissional sólido, você fez um ótimo trabalho. Em breve, você receberá mais 2.5 BTC de mim através do mesmo método que usei antes. Bacana ver essa grande doação de 10 BTC que você recebeu — e de um endereço com 125 BTC! Isso realmente diz algo sobre como muitas das doações que você tem recebido provêm de endereços com saldos grandes de Bitcoins, cerca de 250 BTC — e crescendo neste momento. Isso só demonstra como as pessoas que mais investem em Bitcoins são aquelas que mais têm a perder com a centralização e a regulamentação. Prossiga com a luta.[15]

Dillon não era apenas um entusiasmado defensor de blocos pequenos. Ele, aparentemente, estava tendo extensas conversas com alguns desenvolvedores do Core; e, em determinado ponto, Gavin Andresen comentou: "Comecei a suspeitar que jdillon é um *troll* muito sofisticado com a ulterior motivação de destruir o bitcoin."[16]

As suspeitas de Gavin podem ter sido corretas. Em novembro de 2013, Dillon foi aparentemente hackeado por alguns *bitcoiners* furiosos, quando a conta dele no fórum Bitcointalk.org postou um tópico próprio intitulado "'John Dillon' — Também podemos vazar coisas, seu poço de bosta de trollagem". A postagem continha uma única referência para um arquivo de correspondências privadas de Dillon, assim como conversas acerca dele advindas de outros desenvolvedores. A autenticidade do vazamento não foi contestada. Dillon aparenta estar coordenando com Todd e financiando múltiplos projetos que apoiavam a transformação do Bitcoin num custoso sistema de liquidação. O próprio Peter Todd estava aparentemente ciente de que as pessoas tinham ficado desconfiadas da sua conexão com Dillon. Num bate-papo no IRC ("Internet Relay Chat"), Todd e Greg Maxwell escreveram:

> <petertodd> Todo mundo sabe que John e eu "conhecemos" um ao outro, do contrário, fosse isso verdade, eu gostaria da minha assinatura PGP ("Pretty Good Privacy") na chave dele para fazer as pessoas compreenderem a natureza desse relacionamento.
>
> <gmaxwell> (acho que metade das pessoas considera que você e John sejam a mesma pessoa. :P)
>
> <petertodd> ha, eu sei, vou admitir que ele meio que me assusta um pouco às vezes... ele tem admitido que lê religiosamente todas as minhas postagens.

Mas, de longe, a conversa mais interessante é um e-mail entre Dillon e Todd, no qual Dillon afirma estar envolvido com a comunidade de inteligência, dizendo:

> O fato apenas de você saber essas coisas sobre o Tor me deixa preocupado... Por favor, não torne isto público, mas o meu trabalho diário envolve inteligência, e eu me encontro numa posição relativamente elevada.
>
> Você sabe, eu entrei no emprego anos atrás com pensamentos muito diferentes sobre isso em comparação com os que tenho agora. Bom, a última década realmente mudou muitas mentes

neste campo, de maneiras totalmente diferentes. Eu próprio estou do lado de Snowden e Assange, mas... digamos que, quando você tem uma família, a sua vontade de ser um mártir diminui. O mesmo se aplica a muitos dos meus colegas.

Espero que o meu apoio ao Bitcoin possa auxiliar a desfazer alguns dos danos que fizemos, mas realmente tenho de tomar cuidado, e é difícil tomar todas as precauções de que necessito para conseguir me comunicar. Se fosse descoberto que eu estava envolvido com o Bitcoin dessa forma como eu estive, apenas digamos que haveria consequências (...).

Ao que Todd parece responder com preocupação:

Eu mencionei o seu *status* para um amigo meu que foi um "espectro" da inteligência e está muito ciente dos perigos do ramo para qualquer pessoa com senso de ética.

Esse amigo me disse para lhe dizer isto, palavra por palavra: "Um velho corvo fortemente aconselha você a considerar os riscos para si próprio e para a sua família e a parar o que você está fazendo." Confio no discernimento dele e, tão importante quanto, na ética dele.

Tenha cuidado. Eu mesmo sugiro que você pense bastante sobre se o que você está fazendo teve ou não teve impacto suficiente nos seus objetivos para valer a pena – eu não posso responder a essa pergunta por você.[17]

Tais e-mails parecem saídos de um romance de espionagem. É impossível saber se Dillon estava dizendo a verdade, mas é importante notar o quão suspeita toda essa situação se mostra. "John Dillon" constitui o pseudônimo de uma pessoa desconhecida que pagou Peter Todd, um desenvolvedor do Core, para produzir um vídeo promovendo a restrição do volume de transferências do Bitcoin a sete transações por segundo. Ele ofereceu uma recompensa para a elaboração do *replace-by-fee*, o qual tinha por objetivo "quebrar a segurança das transações *zero-conf* agora" — ou seja, esfacelar a funcionalidade das transações instantâneas. Gavin

Andresen especulou publicamente que Dillon possuía uma motivação ulterior para destruir o Bitcoin; e, mais tarde, descobriu-se, em e-mails vazados, que Dillon alegava estar num cargo elevado dentro de uma agência de inteligência. (Porém, não era algo com que se preocupar, pois ele também afirmou ter passado por uma mudança de postura e realmente desejava que o Bitcoin tivesse sucesso!) Tudo isso aconteceu em torno da invenção financeira mais revolucionária da história, que desafia diretamente os poderes estabelecidos dos governos, das finanças e dos bancos ao redor do mundo. Os leitores podem chegar às suas próprias conclusões; entretanto, na minha mente, no final de 2013, o Bitcoin já tinha sido alvo de captura.

13

Bloqueando a Corrente§

O desenvolvimento de *software* de código aberto (*open source*) é notório por não ter um modelo claro de negócio. Muitas vezes não está nítido como os desenvolvedores devem ser pagos pelo seu trabalho quando o produto final é gratuito e aberto ao público. Alguns projetos solicitarão doações voluntárias aos usuários. Outros oferecerão suporte avançado para empresas e instituições. Projetos de criptomoedas mostram-se especialmente complicados porque o *software* consiste num produto financeiro. Quaisquer erros podem afetar diretamente as carteiras de milhões de pessoas. Diferentes grupos têm experimentado diferentes estratégias para financiar o seu próprio desenvolvimento. Um modelo simples de doações funcionou para alguns grupos. Outros reservarão um grande montante de moedas na gênese delas para a formação de uma fundação que supervisione o desenvolvimento. Alguns projetos entregarão uma porcentagem da recompensa por bloco diretamente aos desenvolvedores. Muitos modelos criativos foram testados.

§ O título deste capítulo, "Blocking the Stream" ("Bloqueando a Corrente"), consiste num trocadilho com a palavra Blockstream, que denomina a organização de fins lucrativos formada por desenvolvedores do Bitcoin Core. (N. do T.)

O desenvolvimento do Bitcoin constitui mais um projeto de código aberto com um modelo estranho de negócio. Tendo em vista o seu potencial — advindo da sua importância, da sua escala e da sua complexidade — de mudar o mundo, cada sistema que foi experimentado causou controvérsia — por bons motivos, já que a integridade do sistema inteiro depende do mecanismo pelo qual os desenvolvedores são pagos. O financiamento e a governança andam de mãos dadas, e potenciais conflitos de interesse entre desenvolvedores constituem uma ameaça crítica, pois a maneira mais simples de corromper um projeto está em corromper o seu mecanismo de financiamento.

A Bitcoin Foundation

Ao contrário de muitos dos grupos atuais de desenvolvedores, o Bitcoin começou como um projeto entre voluntários. À medida que crescia em popularidade, naturalmente surgiam questões sobre remuneração. A primeiríssima tentativa de criar uma organização mais formal em torno da manutenção do *software* surgiu em 2012, com a criação da Bitcoin Foundation (Fundação Bitcoin), que se inspirou na Linux Foundation (Fundação Linux). A Bitcoin Foundation aceitava doações de grandes empresas e de outras partes interessadas. Eu mesmo doei para ela e fui membro fundador do seu conselho. O objetivo mais importante da fundação era fornecer financiamento para Gavin Andresen na condição de cientista-chefe e mantenedor líder do Bitcoin Core. Em entrevista à revista *The New Yorker*, G. Andresen explicou:

> A Linux Foundation serve como um ponto central para o Linux e financia o desenvolvedor líder, Linus Torvalds, de modo que ele possa se concentrar no essencial (...). Trata-se de uma coisa complicada, uma vez que você atinge um determinado tamanho na condição de projeto de código aberto, como você se sustenta? O Linux é o projeto de código aberto mais bem-sucedido do mundo, então consideramos que faria sentido usá-lo como modelo.[1]

Outro objetivo da Fundação era melhorar a reputação do Bitcoin perante os reguladores e o público em geral, pois ele, naquela época, frequentemente recebia a caracterização de moeda para criminosos. Andresen deixou o cargo de Mantenedor Líder no início de 2014 para se concentrar mais em pesquisas científicas e em deveres para com a Bitcoin Foundation. Naquele mês de abril, escreveu:

> Há alguns anos, criei um alerta no Google Scholar para "bitcoin". E ficaria feliz se recebesse um alerta por mês. Hoje, considero cada vez mais difícil acompanhar todos os grandes trabalhos escritos de Ciência da Computação ou de Economia relacionados ao bitcoin e a outras criptomoedas; na semana passada, o Sr. Google me contou sobre 30 novos textos que eu poderia estar interessado em ler (...).
>
> Para ser claro: não irei desaparecer; ainda estarei escrevendo e revisando código e oferecendo as minhas opiniões sobre questões técnicas e prioridades do projeto. Eu gosto de codificar; e considero que serei mais eficaz como cientista-chefe caso não perca o contato com a realidade da engenharia e cometa o erro de construir castelos enormes, belos e teóricos que existem apenas como *whitepapers* (monografias seminais).[2]

Andresen, infelizmente, não teve muito tempo até que a Fundação começasse a ruir devido à má gestão, à falta de transparência e a uma série de escândalos mesquinhos. No final de 2014, a organização estava disfuncional, com alguns membros do conselho tendo problemas com a lei. Em abril de 2015, foi anunciado que a Fundação estava efetivamente falida e não seria capaz de arrecadar dinheiro suficiente para continuar financiando o desenvolvimento.[3] Então, mais tarde naquele mês, Andresen se juntou a um novo projeto na Iniciativa de Moedas Digitais do MIT (Massachussets Institute of Technology), no qual ele levaria adiante o desenvolvimento do Bitcoin ao lado de dois outros codificadores do Core, Wladimir van der Laan e Cory Fields.[4]

Com o fracasso da Bitcoin Foundation — e com W. van der Laan como Mantenedor Líder —, o Bitcoin seria, nos próximos três anos, lentamente transformado num projeto diferente. Numa outra realidade, mesmo que a Fundação tivesse sido bem-sucedida, não há como ter certeza de que as coisas teriam ocorrido de maneira diversa. Refletindo sobre essa questão, Mike Hearn mais tarde escreveria:

> Um dos problemas com as criptomoedas, filosoficamente, é que o compromisso com a descentralização tendia a ser interpretado como (ou gravitado em torno de) uma regra geral contra instituições e processos de qualquer tipo. Tanto eu quanto Gavin estivemos envolvidos no estabelecimento da Bitcoin Foundation no início, mas isso se revelou muito precipitado. Em parte, devido ao fato de ser estabelecida muito rapidamente, assim como ao fato de muitos personagens problemáticos se envolverem; mas principalmente porque os pseudolibertários se inclinaram ao objetivo de afundá-la com o argumento de que o Bitcoin não deveria possuir uma fundação ou um processo formalizado de desenvolvimento.
>
> Isso deixou a comunidade não com uma utopia descentralizada, mas sim com um processo de desenvolvimento vago, informal e repleto de panelinhas impulsionado por negociações na surdina e tentativas manipuladoras de apresentar posições individuais como "consenso", assim como pela compra de desenvolvedores. Se a comunidade tivesse se unido ao redor da tentativa de Gavin de organizar a comunidade com um conjunto de instituições, as coisas poderiam ter funcionado de forma diferente, pois haveria maior resistência embutida contra a possibilidade de sofrer sequestro.[5]

Embora o fracasso da Bitcoin Foundation tenha sido significativo, as mudanças mais importantes na estrutura de desenvolvimento de *software* apareceram no final de 2014, quando alguns desenvolvedores do Core formaram a sua própria empresa chamada Blockstream.

A Blockstream É Fundada

A Blockstream acabaria sendo a empresa mais influente da história do Bitcoin. Os seus cofundadores foram: Adam Back; Gregory Maxwell;

Pieter Wuille; Matt Corallo; Mark Friedenbach; Jorge Timón; Austin Hill; Jonathan Wilkins; Francesca Hall; e Alex Fowler. Ao contrário da Bitcoin Foundation, a Blockstream foi fundada como uma empresa com fins lucrativos — um fato que fez com que outros *bitcoiners* imediatamente ficassem curiosos sobre o modelo de negócio dela. Greg Maxwell foi questionado sobre isso durante uma sessão de "Ask Me Anything" ("Pergunte para Mim Qualquer Coisa") na plataforma Reddit e apresentou uma resposta manhosa:

> Acreditamos que haja um vácuo na indústria (não apenas do Bitcoin, mas da computação em geral) para tecnologia *trustless* (que prescinda da confiança em terceiras partes) criptograficamente forte (...). Achamos que existe um tremendo potencial de negócios na construção e no suporte de infraestrutura neste espaço, alguns conectados ao Bitcoin, outros, não. Por exemplo, por meio da atuação como provedor de tecnologia e serviços para outras empresas com o propósito de auxiliá-las a migrar para uma maneira mais parecida com o Bitcoin de fazer negócios.
>
> No momento, o nosso foco é elaborar a infraestrutura de base de modo que haja realmente um lugar para formar o negócio gerador de receitas que gostaríamos de ter; e então esperamos fazer circular isso de volta para a formação de mais tecnologia boa.[6]

A Blockstream foi bem-sucedida na criação de um negócio gerador de receitas, mas isso acabou se revelando um sério conflito de interesses. Ao invés de *construir* a infraestrutura de base, *paralisou e mutilou* a infraestrutura de base, oferecendo agora soluções pagas para os problemas que criou. O fato de Maxwell ser contratado para trabalhar em infraestrutura crítica mostra-se irônico, tendo em vista que ele admitiu que anteriormente achava que o principal mecanismo tecnológico usado pelo Bitcoin nem sequer fosse possível:

> Quando o bitcoin foi lançado, eu estava na lista de discussão de criptografia. Quando ele surgiu, eu meio que ri. Porque eu já tinha provado que o consenso descentralizado era impossível.[7]

Quando a Blockstream foi inicialmente formada e levantou a sua primeira rodada de arrecadação de recursos, inicialmente ponderei que fosse um bom sinal de que mais investidores estivessem descobrindo o Bitcoin. Mas com o passar do tempo — e foi revelado que os maiores investidores dela provieram da indústria bancária do *establishment* — eu me tornei mais cético, junto com inúmeros outros *bitcoiners*. Agora, em retrospectiva, considero a fundação da Blockstream o início da era da Guerra Civil. Pouco depois da formação dessa empresa, a cultura mudou, as divergências se tornaram hostis, e a posição mais radical dos blocos pequenos — que quase ninguém levara a sério — tornou-se mais vociferante e agressiva. Os engenheiros da Blockstream começaram a insistir na ideia de que o Bitcoin não poderia escalonar da maneira como foi originalmente configurado, ao passo em que a censura se iniciava nos fóruns *online*. A passividade do desenvolvedor líder W. van der Laan, que desejava evitar conflitos, começou a ser explorada em prol do *status quo*. Os desenvolvedores do Core tornaram-se inflexíveis em relação à ideia de que fosse necessário "consenso" entre eles para a ampliação do limite de tamanho dos blocos, efetivamente lhes dando um completo poder de veto sobre o escalonamento do protocolo.

Por que um grupo de desenvolvedores formaria uma empresa para se apoderar de um projeto e, em seguida, impedi-lo de escalonar? A resposta é simples: o seu modelo de negócio depende de o Bitcoin não escalonar a sua camada de base (*base layer*). Quanto menos o Bitcoin pode fazer, mais a Blockstream pode fazer por uma comissão.

O Modelo de Negócio

A Blockstream atiçou suspeitas logo após a sua fundação e tem sido alvo de inúmeras teorias da conspiração, algumas mais plausíveis que outras. Durante anos, as pessoas especularam que o comportamento bizarro dos desenvolvedores do Core é mais bem explicado por um conflito de interesses: se a Blockstream — ou os investidores dela — obtém lucros por meio da colocação de limites ao Bitcoin. Hoje, porém, não precisamos mais especular, porque falam abertamente sobre isso. Numa entrevista à revista *Forbes*, o CEO (*Chief Executive Officer*) Adam Back compartilhou uma parcela da estratégia deles de monetização, dizendo: "A Blockstream planeja vender *sidechains* (cadeias laterais ou paralelas) para empreendimentos, cobrando uma taxa mensal fixa, arrecadando taxas de transação e até mesmo comercializando *hardware*."[8]

O que são "*sidechains*"? O *whitepaper* da empresa explica a ideia geral:

> Propomos uma nova tecnologia, as *sidechains* atreladas, que possibilitam que bitcoins e outros ativos de registro contábil sejam transferidos entre múltiplas *blockchains* (cadeias de blocos). Isso dá aos usuários acesso a novos e inovadores sistemas de criptomoedas com a utilização dos ativos que já possuem. Ao reutilizar a moeda do Bitcoin, esses sistemas podem interoperar mais facilmente entre si e com o Bitcoin, evitando escassezes de liquidez e as flutuações de mercado associadas a moedas novas. Tendo em vista que as *sidechains* são sistemas separados, a inovação técnica e econômica não é obstaculizada.[9]

Em outras palavras, *sidechains* consistem numa tentativa de ligar diferentes *blockchains* por meio da conexão de entradas num registro contábil (livro-razão; *ledger*) a entradas noutro registro contábil. Trata-se de uma ideia bacana; e, em teoria, ela poderia possibilitar mais experimentação criativa. Diferentes regras e redes poderiam operar em registros contábeis diversos, mas permaneceriam interoperáveis com o Bitcoin. É por esse motivo que *sidechains* têm sido propostas como um método alternativo para escalonar o Bitcoin, pois diferentes projetos ainda podem ser *atrelados* à *blockchain* do Bitcoin sem serem elaborados diretamente no seu topo.

Peguemos um exemplo para tornar mais claro o conceito de *sidechains*. Imagine uma nova *blockchain* configurada para nanopagamentos de um milionésimo de centavo ou menos — menor que inclusive aquilo para o qual o Bitcoin original foi configurado. Vamos chamá-la de "NanoBits" ou "NBT". Ao invés de ser uma *blockchain* totalmente isolada, a NanoBits poderia ter uma integração *sidechain* com a *block-*

chain do Bitcoin, possibilitando que os usuários tranquem/bloqueiem as suas quantias de Bitcoin em troca de quantias de NBT. Por exemplo, ao trancar 0,001 BTC, você poderia destrancar um bilhão de NBT. Então, se os usuários desejarem negociar as suas moedas de volta para a *blockchain* do BTC, eles poderiam trocar/permutar o bilhão de NBT pelo equivalente a BTC. Se construído corretamente, esse tipo de sistema possibilitaria mais inovação, visto que as *sidechains* podem operar com regras totalmente diferentes, permitindo que diversas equipes de desenvolvimento realizem experimentações sem necessitarem persuadir a comunidade inteira a adicionar as mudanças feitas. Ademais, essa inovação pode ocorrer sem receios de fraturar a *chain* (cadeia) principal, pois quaisquer problemas e falhas que surgirem ficariam isolados na *sidechain*. É assim que poderia funcionar na teoria. Na prática, trata-se de uma história diferente.

A ideia de *sidechains* sempre me atraiu, e eu pessoalmente financiei o desenvolvimento delas no BTC com o projeto DriveChain, liderado por Paul Sztorc. Como qualquer projeto de *software*, criar uma implementação funcional se demonstrou ser muito mais difícil que criar uma ideia bacana.

Elaboradas corretamente, as *sidechains* não devem requerer qualquer confiança em autoridades centralizadas para funcionar, que é o que o projeto DriveChain está tentando fazer. A Blockstream lançou a sua versão de uma *sidechain*, denominada "Liquid Network" ("Rede Liquid"), mas ela opera de forma muito diferente. A Liquid Network constitui uma *sidechain* "federada", a qual é mais bem compreendida como uma cadeia lateral *centralizada* ou, inclusive, como uma *altcoin*. A segurança básica da sua rede requer confiança num diminuto grupo selecionado a dedo que chamam de Liquid Federation ("Federação Liquid"). De acordo com o seu *website*:

> A Liquid Federation é um grupo de negócios relacionados a criptomoedas, incluindo corretoras (*exchanges*), mesas de negociação, empresas de infraestrutura, desenvolvedores de jogos e muito mais. A federação cumpre uma série de tarefas que são parte integrante da operação da Liquid Network.[10]

Há, atualmente, apenas quinze membros dessa federação; e, se mais de um terço desses membros se tornasse desonesto, a segurança da rede se esfacelaria, e os usuários poderiam perder o dinheiro deles. Não somente a rede é centralizada, mas também, depois de trocar o seu BTC por *tokens* da Liquid, você não mais está utilizando a rede Bitcoin. Em vez disso, você está usando a Liquid Network, uma rede proprietária da Blockstream, e cada taxa de transação irá para uma carteira controlada por eles.[11] Trata-se de um sistema lucrativo. A Liquid é uma *sidechain*, o que significa que as taxas de transação não são pagas aos mineradores de Bitcoin; são pagas diretamente à Blockstream.

Por que alguém escolheria trocar o seu BTC por *tokens* da Liquid? Um motivo se mostra bastante simples: as taxas no BTC são muito altas! Adam Back, o CEO da Blockstream, anunciou de maneira descarada a sua Liquid Network como uma solução para o problema das taxas altas na rede principal, dizendo no Twitter (X):

> Se você está ativamente realizando *trades* e não curte taxas altas, utilize corretoras com integração [à Liquid]; ou envie reclamações para uma corretora da qual não gosta. Pague 1–2c para efetuar liquidação em até 2 min., enquanto outros estão pagando 50c – $ 2,50 por transferências demorando mais de 1 hora (...). Seja parte da solução.[12]

Para sermos claros: este é o CEO da Blockstream — a empresa que empregou a maioria dos desenvolvedores mais poderosos do Bitcoin Core durante o seu período mais crítico — direcionando as pessoas à sua *blockchain* proprietária de modo a "serem parte da solução" para taxas altas e congestionamentos da rede. Enquanto isso, a rede BTC só apresenta um desempenho ruim porque os desenvolvedores do Bitcoin Core, em primeiro lugar, recusaram-se a ampliar o limite de tamanho dos blocos. O conflito de interesses é enorme. Parece, com certeza, que a Blockstream está vendendo uma solução paga para problemas que provocou; ademais, nem mesmo está nítido se a Liquid Network teria uma razão de existir caso o Bitcoin tivesse blocos grandes.

O Sonho de um Banqueiro

A arrecadação de todas as taxas de transação da Liquid Network não constitui a única maneira pela qual a Blockstream lucra com essa rede. Eles também cobram uma taxa mensal das empresas que integram a Liquid e estão lançando *tokens* nessa rede. Em 2020, a Blockstream anunciou que se tornou parceira técnica de uma nova *startup* chamada Avanti, que está tentando ser um banco amigável às criptomoedas. Conforme o seu *website*:

> O Avanti é uma nova geração de bancos — uma plataforma de *software* com carta bancária (*bank charter*; permissão estatal para atuar como banco), elaborada para conectar ativos digitais com o sistema financeiro legado (*legacy financial system*). A nossa equipe possui profunda experiência em ambos. Somos não apenas um banco — somos uma instituição depositária, o que significa que somos elegíveis para nos tornarmos um banco de compensação de dólares americanos no Federal Reserve (banco central dos EUA).[13]

No âmbito da visão dos blocos pequenos, os bancos prosseguem desempenhando uma função essencial no futuro sistema financeiro ao serem as principais entidades que acessam a *blockchain*. Então, para a Blockstream, faz sentido posicionar-se na condição de participante-chave nesse sistema, oferecendo serviços técnicos e consultoria e, também, a sua rede proprietária na condição de alternativa ao Bitcoin. Essa estratégia, até agora, tem funcionado. O Avanti anunciou recentemente que estava adentrando o lucrativo mercado de ativos digitais por meio da emissão de *tokens* ("Avit") que, afirmam, serão resgatáveis por um dólar americano, embora tais *tokens* não sejam totalmente lastreados/colateralizados em dólares. Um artigo do *website* de notícias Coindesk explica:

> Embora o Avit não seja atrelado um-a-um ao dólar americano – pois consiste num novo ativo digital, não numa representação digital de um ativo do mundo real –, a moeda seria 100% lastreada por uma reserva de ativos tradicionais dos EUA.[14]

Em outras palavras, o Banco Avanti emitirá *tokens* que são resgatáveis por um dólar sem serem realmente lastreados em dólares. Os ativos reais que colateralizam o seu *token*, ao invés, proporcionarão rendimentos. Embora não exista nada inerentemente errado com esse modelo de negócio, trata-se de outro exemplo de criptomoedas sendo assimiladas ao sistema financeiro tradicional sem o aproveitamento das propriedades exclusivas das criptomoedas. *Tokens* bancários lastreados em "uma reserva de ativos tradicionais dos EUA" não são à prova de inflação, resistentes à censura ou disruptores do *status quo*. Por propiciarem rendimentos, possuem embutido o risco de inadimplência. Se o banco emissor desses *tokens* falir, os usuários acabarão perdendo dinheiro, demonstrando, mais uma vez, o motivo pelo qual moedas que não requerem terceiras partes confiáveis são tão atraentes.

Considerando que a narrativa em torno do Bitcoin é a de que ele seja disruptivo para a indústria financeira estabelecida, há alguma ironia no fato de que a Blockstream está se integrando aos bancos para auxiliá-los a emitirem dólares digitais. Além disso, ela está inclusive começando a se integrar diretamente aos governos e a assessorá-los na captação de recursos. Em El Salvador, a Blockstream auxiliou a criar um "Bitcoin Bond" ("Título Público de Bitcoin") para assessorar o estado a arrecadar um bilhão de dólares, pagando-se um dividendo anual aos detentores desse título. Tanto o Bitcoin Bond quanto os Tokens Avit serão elaborados na Liquid Network, desviando ainda mais tráfego do BTC para a *sidechain* da Blockstream.[15]

O conflito de interesses entre os desenvolvedores do Bitcoin Core e a Blockstream é fácil de ver. Com incentivos tão pervertidos, não é surpresa que a visão de Satoshi de transações baratas e *peer-to-peer* (ponta-a-ponta) na camada de base (*base layer*) tenha sido abandonada; blocos grandes aniquilariam o seu modelo de negócios. Em contraste, no Bitcoin Cash, qualquer pessoa pode criar *tokens* e transacioná-los *on-chain* (dentro da cadeia de blocos) com taxas diminutas. *Sidechains* e carteiras custodiadas/custodiais (*custodial wallets*) não são necessárias para o escalonamento, pois a camada de base pode lidar com um volume muito maior de transações. No entanto, se desejado, *sidechains* e carteiras custodiadas ainda funcionam com blocos grandes e apresentariam um desempenho melhor.

Expressiva Arrecadação de Recursos

Os detalhes das múltiplas rodadas de arrecadação de fundos da Blockstream não aprimoraram a sua imagem nem reprimiram as teorias da conspiração em torno da empresa. Até o momento, arrecadaram de investidores cerca de US$ 300 milhões. A quantia de quase um terço de um bilhão de dólares se mostra uma quantia substancial para qualquer empresa arrecadar, mas especialmente volumosa para uma empresa que trabalha com *software* de código aberto.

No início de 2016, sobrancelhas foram levantadas quando a Blockstream completou US$ 55 milhões de financiamento em rodadas do tipo Série A.[16] Um dos principais investidores foi uma empresa de capital de risco — *venture capital* — denominada AXA Strategic Ventures, uma filial da multinacional francesa AXA — a décima primeira maior empresa de serviços financeiros do mundo, de acordo com a lista Fortune Global 500, da revista *Fortune*.[17] Na época, o CEO da AXA era Henri de Castries, um magnata do sistema financeiro internacional. Num artigo de 2015, o jornal *The Guardian* descreveu H. de Castries da seguinte forma:

> Henri de Castries pode simplesmente ser o homem mais poderoso do mundo. Ele é executivo-chefe e presidente de uma das maiores seguradoras do mundo, a Axa, e membro da ilustre casa nobre francesa de Castries. Mas H. de Castries também é presidente do grupo Bilderberg, uma coleção de líderes políticos e empresariais da Europa e da América do Norte que se reúne em privado todos os anos para debater "megatendências e questões relevantes defrontando o mundo" – ou uma coleção de líderes que está secretamente governando o mundo, caso você seja um teórico da conspiração.[18]

Como se o misterioso John Dillon não fosse alimento suficiente para teorias da conspiração, a história do Bitcoin também inclui uma conexão real com o grupo Bilderberg. Por décadas, esse grupo tem se mostrado controverso, polêmico, devido às suas reuniões altamente secretas e à presença de algumas das pessoas mais poderosas do mundo — um quem-é-quem de elites das indústrias da política, das finanças, da academia universitária e da mídia. A organização encontra-se em funcionamento desde a década de 1950 e inclui muitíssimos participantes poderosos, os quais abrangem desde chefes-de-estado como Tony Blair e Bill Clinton até a realeza europeia (por exemplo, os reis da Bélgica, da Noruega e da Espanha), magnatas empresariais como Bill Gates e Jeff Bezos e uma longa lista de CEOs e fundadores de grandes empresas, bancos e agências de notícias do mundo inteiro.[19] Naturalmente, quando um número elevado de pessoas poderosas se reúne e realiza reuniões secretas, as teorias da conspiração são inevitáveis, sejam elas justificadas ou não. Sabemos, pela história, que algumas conspirações são reais; e é ingênuo achar que encontros como esses não estejam influenciando, em alguma medida, as questões mundiais — é por isso que esses indivíduos os realizam em primeiro lugar! O seu impacto no mundo real é desconhecido, mas é definitivamente maior que zero.

Em última análise, é impossível saber a importância dessas conexões. Poderia ser uma deliciosa coincidência que a Blockstream tenha sido financiada por uma empresa de capital de risco cuja controladora é uma das maiores empresas financeiras do mundo, cujo CEO é o presidente do grupo Bilderberg. Eu, realmente, não sei; mas, no mínimo, a conexão se mostra muito intrigante para aqui não ser mencionada, sendo outra parcela da história repleta de nuances do Bitcoin.

Pesquisadores têm tentado acompanhar o dinheiro que flui para a Blockstream ao longo dos anos; e, embora existam muitas conexões interessantes e possíveis conflitos de interesse, nada se apresenta inequívoco. Por exemplo, o Digital Currency Group é outra empresa de capital de risco que suscitou suspeitas depois de investir numa enorme gama de projetos de criptomoedas, incluindo a Blockstream. Quando, em 2015, essa empresa foi criada, o seu financiamento inicial proveio de empresas financeiras do *establishment*, incluindo a MasterCard — uma concorrente direta do Bitcoin.[20] Entretanto, nada há de definitivo que ligue a MasterCard a uma trama nefasta para capturar o desenvolvimento do Bitcoin. Embora eles, sem dúvidas, soubessem do potencial de disrupção do Bitcoin, é impossível saber as intenções por trás do seu investimento. Talvez apenas desejassem surfar na onda de investimento e inovação em criptomoedas; ou talvez quisessem obter influência sobre a empresa com mais controle sobre o código do Bitcoin. Posso facilmente imaginar os dois cenários.

A maior rodada de arrecadação de fundos da Blockstream ocorreu em 2021, quando arrecadou em financiamento mais de US$ 200 milhões em rodadas do tipo Série B, elevando a sua avaliação (*valuation*) de mercado para US$ 3,2 bilhões.[21] Essa enorme montanha de dinheiro se manifestou vários anos depois dos seguintes fatos: da captura dos principais desenvolvedores do Bitcoin Core; de uma perda significativa do BTC em participação total de mercado; da cisão do Bitcoin Cash em 2017; e de múltiplas falhas de rede que testemunharam taxas de transação em disparada subida e tempos de confirmação dramaticamente aumentados. Uma interpretação, a partir de uma perspectiva puramente comercial, é que os investidores acreditam na possibilidade de que a rede alternativa da Blockstream irá gerar receitas significativas no futuro através da competição com a rede principal do BTC por transações. Uma interpretação menos caridosa é que a Blockstream recebeu uma volumosa recompensa por paralisar e mutilar o desenvolvimento do Bitcoin num período crítico e por modificá-lo nos seus fundamentos para que se assemelhasse ao sistema financeiro existente. Algumas poucas centenas de milhões de dólares não são nada quando comparadas ao que os bancos poderiam perder se o Bitcoin estivesse funcionando no seu pleno potencial.

Stefan Molyneux, um adotante inicial do Bitcoin e personalidade da internet, nutria essa preocupação já em 2014, quando previu que os interesses financeiros e políticos existentes reconheceriam o Bitcoin como uma ameaça e tentariam, de maneira lenta, capturá-lo. Ele disse:

É realmente importante que as pessoas entendam a dimensão do gigante que o Bitcoin está enfrentando. Haverá esforços por parte do complexo financeiro-governamental para manter a tecnologia sob controle (...) [ao dizer]: "Não vamos matá-lo abertamente, porque agora possui tamanho suficiente para que as pessoas vejam o que fizemos (...)."

Em vez disso, o que tentarão fazer é jogar pedacinhos de areia nele até que a maioria das pessoas o considere muito complicado de usar e, então, diga: 'Bem, foi uma ideia interessante, mas não funcionou da maneira que as pessoas queriam.' Pondero que esse é o grande perigo.[22]

S. Molyneux pode ter sido presciente. Independentemente da hipótese de ter ou não ter havido malícia, podemos, com confiança, dizer que o Bitcoin de 2024 é muito menos ameaçador aos poderes existentes que o Bitcoin de 2014. Trata-se de uma rede pesada que empurra os usuários para camadas secundárias e controladas para obterem uma experiência melhor. As carteiras custodiadas também são fáceis de controlar, e elas inoculam, de volta ao sistema, a necessidade de terceiras partes confiáveis. No panorama geral, a reconfiguração do Bitcoin parece notavelmente semelhante ao sistema monetário existente, no qual os usuários comuns não detêm controle derradeiro sobre os seus próprios fundos e requerem que empresas lhes forneçam serviços financeiros. As vantagens desse novo sistema são desfrutadas principalmente pelos primeiros adotantes, os quais se beneficiaram do enorme incremento de preço.

Do ponto de vista da configuração e do propósito originais do Bitcoin, a influência da Blockstream sobre o protocolo tem sido desastrosa. O BTC não se aparenta em nada com o Bitcoin original, e é improvável que se apresente de forma diferente no futuro.

Felizmente, a Blockstream não detém um monopólio sobre todo o desenvolvimento de criptomoedas, e os desenvolvedores do Bitcoin Cash conseguiram contorná-la com sucesso em 2017 — embora o processo não tenha sido fácil e tenha envolvido uma imensa profusão de dor e drama.

14

Centralizando o Controle

A centralização do controle sobre o *software* do Bitcoin não aconteceu da noite para o dia. Demorou alguns anos; e, durante esse tempo, opiniões divergentes eram comuns. As críticas ao Bitcoin Core e à Blockstream encontravam-se por toda parte, especialmente depois que Gavin Andresen deixou o cargo de Mantenedor Líder do Core. Em retrospectiva, embora pareça nítido que o desenvolvimento do Bitcoin foi corrompido, o processo não se mostrava claro enquanto ocorria. Acusações diretas de captura por desenvolvedores eram menos comuns, pois a maioria dos agentes importantes da indústria estava desesperadamente tentando manter unida a rede. Além disso, como o modelo de negócio da Blockstream só foi revelado alguns anos após a criação dela, os gritantes conflitos de interesse somente poderiam ser especulados. No entanto, a curiosa ausência de um modelo claro de negócio foi imediatamente percebida num artigo de 2014 do periódico *Wall Street Journal* sobre os investidores da empresa:

> A Blockstream não tem um roteiro nítido sobre como transformará um projeto de engenharia de *software* de código aberto (*open source*) numa atividade corporativa geradora de dinheiro. Ao invés disso, os investidores deram um salto de fé, com base

principalmente na reputação dos cofundadores da empresa (...).
A natureza indeterminada do modelo de negócio da Blockstream
a tornou um investimento complicado para muitos capitalistas de
risco (*venture capitalists*), os quais, normalmente, precisam justifi-
car os retornos para os seus investidores.

O gestor de um fundo disse que recusou a proposta porque não
poderia investir num plano tão vago. O Sr. Hoffman disse que
investiu por meio da sua fundação pessoal sem fins lucrativos (...)
porque sentia fortemente que a primeira rodada de financiamento da Blockstream "tinha de ser investida no desenvolvimento do
ecossistema bitcoin e não possuir, como foco principal, retornos
econômicos (...)".

Alguns comentaristas manifestaram receios de que uma empresa
privada com tamanha influência intelectual possa exercer inge-
rência indevida numa rede bitcoin que se espera ser de propriedade da comunidade e descentralizada. [O cofundador Austin Hill]
disse que é por esse motivo que foi fundamental que a Blockstream tenha sido estabelecida de forma transparente, como "uma
utilidade pública, não uma maneira de sequestrar o bitcoin".[1]

Independentemente da intenção pessoal de Austin Hill, a Blockstream acabou se transformando numa maneira de sequestrar o
Bitcoin. O retrospecto nos fornece uma visão acurada, precisa; porém,
ao reconstruir a história do Bitcoin, é importante estar ciente da falta
de clareza naquele momento. Demorou anos até que a Liquid Network
fosse abertamente promovida como uma alternativa à *blockchain* (cadeia
de blocos) do Bitcoin — uma estratégia inteligente da Blockstream,
visto que, se anunciassem imediatamente a sua rede proprietária como
uma solução de escalonamento, eles teriam sido recebidos com riscos e
resistência esmagadora.

Em vez disso, a centralização do poder do Bitcoin Core e da Blockstream foi um tanto lenta e metódica. Eles aproveitaram pequenas
oportunidades para darem a si mesmos mais controle sobre a rede. Eles
se aproveitaram da fraca liderança de W. van der Laan e do desejo dele
de evitar polêmicas. Talvez o mais importante: aproveitaram a ideia de

"consenso dos desenvolvedores" para efetivamente darem a si próprios o poder de veto sobre o *software* — ainda que o seu poder de veto modificasse radicalmente a estrutura e a economia do sistema inteiro. Jeff Garzik alertou sobre isso num e-mail público acerca da recusa deles em ampliar o limite de tamanho dos blocos (*blocksize limit*), dizendo:

> Este é um risco moral extremo: alguns poucos integrantes do Bitcoin Core com o poder de fazer *commits* podem vetar [uma] ampliação e, dessa forma, remodelar a dinâmica econômica do bitcoin, inviabilizando financeiramente a presença de algumas empresas no sistema. Há menos risco moral em manter a atual dinâmica econômica (por meio da ampliação do tamanho dos blocos) e em não exercer tal poder.[2]

Dinheiro Programável ou *Spam*?

O limite de tamanho dos blocos não foi a única área em que os desenvolvedores do Core afirmaram o seu poder. Outro grande exemplo se mostrou na noção das supostas "transações de *spam*" e na utilização do Bitcoin para *smart contracts* (contratos inteligentes). Embora isso tenha sido retirado do *software* do BTC e ficado hoje praticamente esquecido, o Bitcoin foi, originalmente, configurado para lidar com *smart contracts* — os tipos de cálculos computacionais complexos pelos quais o Ethereum é conhecido. O sistema de *smart contracting* (contratação inteligente) no Bitcoin era mais desajeitado que nas criptomoedas mais recentes, mas ainda apresentava ampla funcionalidade, grande parte da qual foi reativada no Bitcoin Cash.

Os desenvolvedores do Core não apenas destruíram a utilidade do Bitcoin como dinheiro digital, mas também removeram funcionalidades básicas da própria tecnologia original. Por que fariam algo assim? Pela mesma razão pela qual se recusaram a ampliar o limite de tamanho dos blocos: tais funcionalidades não se encaixavam na sua nova visão para o Bitcoin. Eles não gostaram da visão de Satoshi, então criaram a sua própria, na qual a *blockchain* é utilizada apenas para transações de valores altos. Todo o resto, sejam pagamentos diminutos ou *smart contracts*, corre o risco de ser classificado como "spam" e restringido pelos desenvolvedores do Core. A equipe da empresa Counterparty descobriu isso da maneira mais difícil.

A Counterparty foi um dos primeiros grupos a fazer aproveitamento da funcionalidade técnica mais ampla do Bitcoin. Eles efetivamente construíram um registro de ativos descentralizado e digital em cima do Bitcoin. Os usuários poderiam cunhar e negociar os seus próprios *tokens* diretamente sobre a camada de base (*base layer*). Os detalhes técnicos de como conseguiram isso não são relevantes, exceto por uma característica específica. Desde o início do Bitcoin, os usuários têm sido capazes de adicionar *bits* de dados à *blockchain*, possibilitando que ela lide com mais que simples transações monetárias. Os desenvolvedores da Counterparty, entre outros, usaram esse recurso para elaborar os seus produtos. Infelizmente para eles, os desenvolvedores do Core se sentiram desconfortáveis com o fato de pessoas usarem a tecnologia dessa maneira, porque achavam que isso "inchava" o tamanho da *block-chain*. Todavia, como é impossível impedir completamente os usuários de assim procederem, os desenvolvedores do Core decidiram formular um recurso explícito para o aditamento de pequenas quantidades de dados à *blockchain* da maneira menos desagradável possível, dando a esse recurso o nome de função "OP_RETURN".

Quando a OP_RETURN foi originalmente anunciada, esperava-se que ela permitisse que 80 *bytes* de dados fossem adicionados às transações — que, então, poderiam ser facilmente descartados por mineradores e *nodes* (nós). Trabalhando com esse número de 80 *bytes*, os desenvolvedores da Counterparty acabariam por elaborar uma nova versão da sua plataforma. No entanto, quando a OP_RETURN foi finalmente lançada, o seu tamanho foi cortado pela metade, efetivamente paralisando e mutilando os projetos que estavam sendo construídos para 80 *bytes*.[3] Isso provocou debate e controvérsia acalorados entre o público, os desenvolvedores do Core e os desenvolvedores da Counterparty.[4]

A decisão dos desenvolvedores do Core deixou um gosto ruim na boca de muitas pessoas e foi considerada contrária à inovação. Isso foi percebido por ninguém menos que Vitalik Buterin; ele creditou a controvérsia como um dos motivos pelos quais ele criou o Ethereum numa *blockchain* totalmente separada ao invés de construí-lo no Bitcoin. Ele escreveu:

> O drama da OP_RETURN me empurrou, de forma preventiva, para a construção do ethereum na Primecoin em vez de no Bitcoin. O plano referente à primecoin foi descartado porque acabamos recebendo mais atenção e recursos que aquilo que esperávamos, e assim pudemos construir a nossa própria camada de base...[5]

E, noutro lugar, afirmou:

> As primeiríssimas versões do protocolo do ETH consistiam numa metamoeda ao estilo da counterparty em cima da primecoin. Não no Bitcoin, porque as guerras da OP_RETURN estavam acontecendo na época, além de ter em vista o que determinados desenvolvedores do Core estavam dizendo (...). Eu estava com medo de que as regras do protocolo mudassem contra mim (por exemplo, por meio da proibição de certas maneiras de codificar dados em *txs*) para tornar as coisas mais difíceis; e eu não queria construir num protocolo de base cuja equipe de desenvolvimento estaria em guerra comigo.[6]

Greg Maxwell responderia a Buterin, claramente chateado com a alegação de que o comportamento dos desenvolvedores do Core contribuiu para a decisão de Buterin de largar o Bitcoin. Maxwell disse:

> Você pode mostrar sequer uma única evidência que sustenta isso? Como a OP_RETURN teria algo a ver com o ethereum, ela, por definição, não faz nada.[7]

Ao que Buterin respondeu:

> Você não se lembra do drama da OP_RETURN? O ponto é que levei coisas como a redução para 40 *bytes* como um ato de guerra contra metaprotocolos [no estilo da Counterparty] usando a *blockchain* do bitcoin (que é o que o Ethereum teria sido).[8]

Afastando o Talento

Muitos dos principais desenvolvedores da Counterparty, juntamente com inúmeras outras mentes criativas, acabariam mudando o seu foco da *blockchain* do Bitcoin para a *blockchain* do Ethereum. O Ethereum, hoje, ainda é conhecido por possuir cultura e plataforma mais abertas à inovação. Erik Voorhees, empresário de criptomoedas, escreveria mais tarde:

> Infelizmente, considero que os [Maximalistas do Bitcoin] torna-ram o Bitcoin muito pouco acolhedor para desenvolvedores de aplicativos e experimentações, todos foram para o Ethereum, e o efeito de rede agora claramente existe lá. Não penso que os maxi-malistas se importem, eles têm a narrativa deles de ouro 2.0, para o bem ou para o mal.[9]

Ao afastar as pessoas do Bitcoin, os desenvolvedores do Core refor-çaram a sua posição como um poder centralizado sobre a rede inteira. Eles poderiam determinar quanta experimentação criativa seria per-mitida. Também poderiam determinar quais projetos eram possíveis ou impossíveis, dependendo de quais recursos adicionavam — o que tornava valiosas quaisquer conexões pessoais com os desenvolvedores do Core. Também acabaram estabelecendo a cultura em torno do desenvolvimento do Bitcoin — a qual, muitas vezes, mostrava-se des-necessariamente dramática e hostil à inovação. Independentemente da questão de serem permissivos ou rigorosos, o fato importante é que, em primeiro lugar, eles detinham essa influência.

A hostilidade dos desenvolvedores do Core em relação aos usos criativos da *blockchain* se revela particularmente irônica quando se considera a popularidade da narrativa de que o Bitcoin é "dinheiro programável". Revisitando o recurso da OP_RETURN menos de um ano depois, Greg Maxwell escreveria:

> Acho que a OP_RETURN tem se mostrado seriamente proble-mática, e continuamos a ter problemas com pessoas que alegam

que o armazenamento de dados na *chain* (cadeia) não relaciona-
dos ao bitcoin (...) seja um uso aprovado, correto, não antissocial
do sistema.[10]

Na visão de Maxwell, os usuários devem se comportar como membros de uma congregação, seguindo uma lista de comportamentos
aprovados que são transmitidos pelos seus superiores. Esse nível de
rigidez e controle não é propício à criatividade, nem realista para uma
rede que, se permitida a escalonar, poderia incluir e abranger bilhões
de pessoas. Não se pode esperar que os indivíduos saibam qual seja o
uso "aprovado" de uma tecnologia; eles apenas farão uso de qualquer
funcionalidade que lhes seja útil.

Empreendedores e profissionais criativos precisam de garantias de
que o protocolo em que estão construindo não irá repentinamente fraturar devido a alguns desenvolvedores mudarem de ideia ou decidirem
que seja inaceitável um uso específico da *blockchain*. Na prática, quanto
mais restrições têm sido colocadas no Bitcoin, mais usuários têm sido
empurrados para sistemas alternativos que lhes forneçam funcionalidades adicionais. Conforme especulou Gavin Andresen em 2014, esse
talvez tenha sido um resultado intencional:

> Há uma diminuta minoria de pessoas que acreditam que seria
> MELHOR se as transações passassem para dinheiro fiduciário,
> para uma *altcoin* ou para alguma solução *off-blockchain* (fora da
> cadeia de blocos) mais centralizada. Discordo veementemente.[11]

Felizmente, quando o Bitcoin Cash foi lançado, a OP_RETURN
foi uma das primeiras coisas atualizadas, aumentando para *220 bytes*.
Esse espaço adicional, quando acoplado a blocos significativamente
maiores, possibilita usos mais criativos da *blockchain* em contraste com
aqueles usos que são viáveis com o BTC. O aumento do uso de dados
não constitui uma preocupação significativa no âmbito da filosofia
dos blocos grandes, pois os usuários regulares não precisam executar/
rodar os seus próprios *nodes* e os mineradores podem, com facilidade,
descartar esses dados. Todos são encorajados a aproveitar esse recurso

e encontrar novos usos para ele, mesmo que Greg Maxwell não aprove! Taxas baixas também são fundamentais para o sucesso a longo prazo do dinheiro programável. Hoje, a postura perante as taxas altas mudou; mas, originalmente, até mesmo uma taxa de transação de cinco centavos era considerada ridiculamente elevada. Numa famosa entrevista, Vitalik Buterin comentou:

> No momento, uma transação de Bitcoin custa cinco centavos, o que é (...) bom agora, porque as taxas de PayPal são ainda mais estúpidas. Mas, você sabe, a internet do dinheiro não deve custar cinco centavos por transação. [Risos] É meio absurdo.[12]

Apesar de quão altas se mostrem as taxas em toda a indústria de criptomoedas, V. Buterin estava certo. É meio absurdo e desnecessário haver taxas de mais de um centavo para a ampla maioria das transações. Se a utilidade do dinheiro programável é prejudicada por taxas de cinco centavos, imagine o quanto ela é prejudicada por taxas de US$ 50. Stephen Pair, da empresa BitPay, compartilhou uma opinião semelhante, comentando sobre a competitividade do Bitcoin na condição de sistema de pagamentos: "Um centavo por uma transação *on-chain* média revela-se provavelmente muito caro para ser competitivo."[13] Não há nenhuma razão técnica para que isso não possa ser alcançado. Isso já se apresenta assim na rede Bitcoin Cash.

Perda de Fé no Core

A controvérsia em torno da OP_RETURN e de outros recursos menores não era nada comparada à raiva que decorreu da recusa em ampliar o limite de tamanho dos blocos — especialmente porque desenvolvedores principais do Core tinham concordado anteriormente que a ampliação do limite era necessária, ainda que eles não quisessem o limite totalmente removido. Pieter Wuille, em 2013, escreveu:

> Sou a favor de ampliar o limite de tamanho dos blocos num *hard fork*, mas sou muito contra remover inteiramente o limite (...). A

minha sugestão seria uma ampliação única para, talvez, blocos de 10 MiB ou de 100 MiB (a serem debatidos) e, depois disso, no máximo, um lento crescimento exponencial mais adiante.[14]

Apesar das palavras deles, as ações dos desenvolvedores do Core estavam atravancando o crescimento do Bitcoin num momento crítico; e, por fim, a sua filosofia dos blocos pequenos se tornou ainda mais radical. *Bitcoiners* em todo lugar passaram a se mostrar impacientes em 2013, mais contundentes em 2014 e absolutamente fartos em 2015. Ninguém capturou esse sentimento melhor que Mike Hearn, numa discussão pública de e-mail com Greg Maxwell. Hearn começou o e-mail citando Maxwell, que estava tentando argumentar que blocos pequenos sempre foram o plano desde o início:

> *"Era bem (...) entendido que os usuários do Bitcoin desejariam pro-teger a descentralização dele por meio da limitação do tamanho da chain para mantê-lo verificável em dispositivos pequenos."*
>
> Não, não era. Isso é algo que você mesmo inventou muito mais tarde. "Dispositivos pequenos" é algo que nem sequer está defini-do em lugar algum, então esse entendimento não pode ter existi-do. O entendimento real se mostrava o oposto (...). Por favor, não tente mentir para mim sobre qual era o plano (...).
>
> Caso Satoshi tivesse dito desde o início: "O Bitcoin nunca pode sequer escalonar; por isso, pretendo que seja pesadamente limita-do e utilizado apenas por um punhado de pessoas para transações raras, esporádicas. Escolhi 1 MB como um limite arbitrário para assegurar que ele nunca se torne popular."
>
> (...) então eu não teria me incomodado em me envolver. Teria dito, huh, eu realmente não sinto vontade de colocar esforços num sistema que intenciona NÃO ser popular. E muitas outras pessoas também se sentiriam assim (...).

Hearn finalizou o e-mail sugerindo a Maxwell que criasse a sua própria *altcoin* ao invés de sequestrar e reelaborar o Bitcoin para ele se adequar às suas preferências pessoais:

Olhe, está claro que você decidiu que a forma como se esperava que o Bitcoin evoluísse não é do seu agrado pessoal. Tudo bem. Vá fazer uma *alt coin* (moeda alternativa) na qual os seus documentos fundantes afirmem que ela se destina a sempre rodar num Raspberry Pi 2015 — ou naquilo seja o que for que você queira dizer com "dispositivos pequenos". Remova do protocolo o recurso SPV, de modo que todos tenham de proceder à validação completa. Certifique-se de que esse é o entendimento que todos tenham desde o primeiro dia sobre para que serve a sua *alt coin*.

Então, quando alguém disser, poxa, seria bacana se tivéssemos um pouco mais de capacidade, você ou outra pessoa pode apontar para os e-mails de anúncio e dizer "não; espera-se que a GregCoin seja sempre verificável em dispositivos pequenos, esse é o nosso contrato social, e isso está escrito nas regras de consenso por esse motivo".

Mas a sua tentativa de converter o Bitcoin nessa *alt coin* através da exploração de um *hack* temporário é desesperada e profundamente perturbadora para muitas pessoas. Não são muitos aqueles que abandonaram os seus empregos e criaram empresas para elaborar produtos apenas para a diminuta base de usuários de hoje.[15]

Ninguém colocou isso melhor que Mike Hearn, naquela época ou neste momento. Embora ele e Gavin Andresen compartilhassem de uma visão técnica semelhante para o Bitcoin, Hearn se mostrava claramente o mais confrontativo dos dois. Depois de testemunhar os fracassos do Bitcoin e ver aquilo em que atualmente se transformou, considero que a raiva e a frustração de Hearn eram justificadas, e ele certamente não estava sozinho nisso.

"Os Nossos Novos Senhores Supremos"

Andreas Antonopoulos, que desde então se tornou um defensor popular do Bitcoin e das criptomoedas, também expressou a sua frustração com o comportamento dos desenvolvedores do Core — e, em específico, com o Sr. Maxwell — nos fóruns *online*, dizendo:

[Maxwell] já postou anteriormente várias citações com atribuições errôneas e, depois, não se retratou ou pediu desculpas (...). Trate com extrema desconfiança quaisquer citações que ele poste, especialmente se elas forem seletivas, curtas, fora de contexto e estejam tentando fazer calúnia – isto é, a diversão habitual dele. Maxwell racionaliza a sua opinião como a única que importa, [uma] opinião de alguma forma "neutra" que todos nós aceitaríamos se não fôssemos tão burros (...).

A única coisa que importava neste debate era a opinião dos 3–4 desenvolvedores que não desejavam nenhum processo que (...) resultasse em nada além daquilo que já tinham decidido. Torceram, viraram e racionalizaram, mas no final fizeram exatamente o que pretendiam desde o início: censura de opiniões específicas por exclusão e decreto.

Todos saúdem os nossos novos senhores supremos. Eles não são somente codificadores; são diretores de imprensa e DOMINAM o bitcoin. Como costumam dizer, se você não gostar... faça um *fork*; bifurque.[16]

No desfecho do ano de 2014, enquanto Gavin Andresen ainda trabalhava na Bitcoin Foundation (Fundação Bitcoin), ele escreveria um artigo esquematizando um roteiro para o escalonamento. Após escrever inúmeras postagens em fóruns, publicações de *blogs* e sequências de e-mail explicando por que o limite de tamanho dos blocos necessitava de ampliação, ele concluiu que, finalmente, era hora de prosseguir:

> O próximo problema de escalonamento que precisa ser resolvido é o limite rigidamente codificado de 1 *megabyte* de tamanho dos blocos, o que significa que a rede pode suportar apenas aproximadamente 7 transações por segundo (...). A intenção sempre foi ampliar esse limite quando o volume de transações justificasse blocos maiores (...).
>
> "Porque Satoshi Assim Disse" ("Because Satoshi Said So") não constitui uma razão válida [por si só]. Todavia, manter-se fiel à visão original do Bitcoin é muito importante. Essa visão é o que inspira as pessoas a investirem o seu tempo, a sua energia e a sua riqueza nessa tecnologia nova e arriscada.

Considero que o tamanho máximo dos blocos deve ser ampliado pelo mesmo motivo pelo qual o limite de 21 milhões de moedas NUNCA deve ser aumentado: porque as pessoas foram informadas de que o sistema escalonaria para lidar com muitas transações, assim como foram informadas de que haverá para sempre somente 21 milhões de bitcoins.[17]

Apenas alguns meses depois de essa postagem ter sido escrita, ficou inequivocamente claro que os desenvolvedores do Core não iriam ampliar o limite de tamanho dos blocos. Se fosse o caso de o Bitcoin de blocos grandes existir tal como Satoshi o configurou, Hearn e Andresen teriam de tomar a inciativa de resolver as coisas por si próprios, pelas próprias mãos.

15

Contra-atacando

D ebates intermináveis não resolveram as coisas. O Bitcoin não estava escalonando, e os defensores de blocos pequenos (*small blockers*) não estavam interessados em ceder. Em maio de 2015, Matt Corallo, desenvolvedor do Core, escreveu:

> Pessoalmente, eu me coloco fortemente contra qualquer compromisso com uma ampliação do tamanho dos blocos no futuro próximo. A compatibilidade de incentivos de longo prazo exige que haja alguma pressão nas taxas e que os blocos estejam, de maneira consistente, relativamente cheios ou muito perto de cheios. O que vemos hoje são transações desfrutando de confirmações de bloco contíguo com praticamente nenhuma pressão para incluírem qualquer taxa (...).[1]

Então, mais tarde naquele ano, foi decidido que os desenvolvedores do Core tinham de ser contornados. Uma diferente implementação de *software* teria de ser criada; e, se a maioria do *hashpower* (o poder de mineração ou processamento) passasse para ela, a rede ignoraria, com sucesso, completamente o Core. Tendo em vista que o objetivo de longo prazo sempre foi haver implementações concorrentes, a inflexibilidade do Core propiciou um grande motivo para iniciar a competição — uma decisão que mudaria de forma permanente a história do Bitcoin.

BitcoinXT e BIP 101

Mike Hearn e Gavin Andresen tinham anteriormente elaborado uma implementação alternativa chamada BitcoinXT para realizar no *software* algumas modificações não críticas. O BitcoinXT ainda era compatível com o Bitcoin Core — ambos conectavam usuários à mesma rede —, mas permitia que Hearn trabalhasse noutro projeto denominado Lighthouse ("Farol"), que consistia numa plataforma de *crowdsourcing* (modelo de produção e de estruturação de processos que combina os esforços de diversas pessoas para a resolução de problemas) que utilizava o Bitcoin como moeda. Para fazer o Lighthouse funcionar corretamente, ele necessitava de pequenas mudanças feitas no *software* do Core; porém, como isso se provou quase impossível, ele apenas decidiu fazer a sua própria implementação. Foi essa implementação alternativa a escolhida para ser a substituição de blocos grandes do Bitcoin Core. O limite de tamanho dos blocos (*blocksize limit*) seria ampliado no BitcoinXT, o que o tornaria incompatível com o Core; e, se uma massa crítica de mineradores o utilizasse, a rede seria, com sucesso, enfim atualizada para permitir blocos maiores. Satoshi descreveu esse mecanismo de atualização no *whitepaper* (monografia seminal), afirmando:

> A prova-de-trabalho — *proof-of-work* — também resolve o problema de definir a representação na tomada de decisões pela maioria (...). A prova-de-trabalho é essencialmente um-CPU-um-voto. A decisão majoritária é representada pela *chain* (cadeia) mais longa, que possui o maior esforço de prova-de-trabalho investido nela (...).

> [Os mineradores] votam com o seu poder de CPU, expressando a sua aceitação de blocos válidos por meio do trabalho em estendê-los e rejeitando blocos inválidos por meio da recusa em trabalhar neles. Quaisquer incentivos e regras necessários podem ser aplicados com esse mecanismo de consenso.[2]

O BitcoinXT não somente atualizaria a rede de uma perspectiva técnica, mas também acabaria com o domínio do Bitcoin Core sobre o código-fonte, tornando o XT o principal repositório *online*. Os péssimos tomadores de decisão dentro do Core e o fraturado processo decisório dele não mais importariam. Numa entrevista, um jornalista da revista *New Yorker* questionou Andresen sobre isso:

> Perguntei a Andresen se, caso o XT alcançasse a aceitação plena, ele incluiria todos os principais desenvolvedores anteriores do Bitcoin na nova equipe XT. Ele respondeu que "[o XT] terá um conjunto diferente de desenvolvedores. Parte do motivo para o *fork* (a bifurcação) é haver um processo decisório claro para o desenvolvimento do *software*."[3]

Os leitores que são simpáticos à visão original podem estar pensando consigo mesmos: "Já passou da hora!"; mas tenham em mente que a decisão de contornar o Bitcoin Core foi extremamente difícil de tomar. Naquela época, quase a totalidade do mundo das criptomoedas estava unificada dentro de uma comunidade — e de uma rede — Bitcoin. Nas minhas muitas conversas com empreendedores de Bitcoin, a frustração com o Core era praticamente universal, mas o desejo de manter unida a rede se mostrava ainda mais forte. Se a situação ficasse confusa, poderia fraturar a comunidade e a economia do setor.

Mantenha Isto Unido

O risco de uma fratura na comunidade teve de ser comparado ao risco de uma falha de rede. Se os blocos ficassem cheios, as taxas disparassem e a rede não conseguisse lidar com a carga de transações — na época, um evento sem precedentes —, a experiência do usuário se tornaria torturante e não confiável e poderia afastar permanentemente as pessoas do Bitcoin. Em 2015, a tecnologia ainda não se tornara *mainstream*, e muitas pessoas do mundo financeiro estavam ávidas para vê-la fracassar. Assim, o limite de tamanho dos blocos tinha de ser ampliado para se evitar uma crise; os desenvolvedores do Core tinham de ser demitidos;

mas a indústria precisava esperar até o momento certo. Em retrospectiva, tendo em vista que, agora, testemunhamos vários casos de falha de rede no BTC, está nítido que o público pode tolerá-los — embora talvez porque aceitaram a narrativa do Core e não têm conhecimento de nada melhor. Taxas altíssimas são certamente ruins para o BTC; todavia, até este momento, elas não destruíram de forma permanente a sua credibilidade.

Dentro do desenvolvimento do Bitcoin, havia uma maneira formal de propor novas mudanças para o *software*. Programadores formulariam "Bitcoin Improvement Proposals" ("Propostas de Aprimoramento do Bitcoin"), também conhecidas como "BIPs". As BIPs abrangiam de aprimoramentos triviais a modificações substanciais. Depois que uma BIP fosse formulada, se houvesse alguma discordância, um debate seria iniciado para descobrir se a proposta deveria ser aceita ou rejeitada. Várias BIPs já tinham sido criadas para permitir ampliações do tamanho dos blocos. Algumas apresentavam ampliações modestas; outras, ampliações radicais. Nenhuma foi aceita no Bitcoin Core.

Mike Hearn e outros acabariam por elaborar a BIP 101, propondo uma ampliação imediata para 8 MB do limite de tamanho dos blocos, acompanhada por incrementos diminutos a cada bloco, resultando numa duplicação do limite a cada dois anos até um novo tamanho máximo de 8 GB em 2035 — possibilitando aproximadamente 40.000 transações por segundo (um número que era várias vezes maior que o volume de transferências da Visa na época). Mais tarde, Hearn refletiria sobre a proposta:

> Em agosto de 2015, ficou nítido que, devido a uma grave má gestão, o projeto "Bitcoin Core" que mantém o programa que coloca em execução a rede *peer-to-peer* (ponta-a-ponta) não iria lançar uma versão que ampliasse o limite de tamanho dos blocos (...). Então, alguns desenvolvedores de longo prazo (incluindo eu) se reuniram e elaboraram o código necessário para ampliar o limite. Esse código se chamava BIP 101, e nós o lançamos numa versão modificada do *software* que batizamos de Bitcoin XT. Ao execu-

tar/rodar o XT, os mineradores poderiam votar pela mudança do limite. Uma vez que 75% dos blocos votassem a favor da mudança, as regras seriam ajustadas, e blocos maiores seriam permitidos.[4]

O mecanismo de atualização era simples e direto. Os mineradores que executassem o BitcoinXT poderiam votar; e, se uma supermaioria do *hashrate* votasse a favor da BIP 101, ela seria ativada após um período de carência de duas semanas. A BIP 101 foi considerada uma atualização de "hard fork" porque seria incompatível com versões anteriores do *software* — em oposição a um "soft fork" que mantenha a compatibilidade. Por causa da maneira como Satoshi apressadamente adicionou o limite de tamanho dos blocos, seria necessário um *hard fork* para ampliá-lo. Os desenvolvedores do Core fizeram protestos vociferantes contra a noção de um *hard fork*, alegando que ele poderia provocar uma falha de rede ou uma cisão. Na verdade, muitos deles afirmaram que seria menos arriscado modificar totalmente a dinâmica econômica do Bitcoin em contraste com sofrer um *hard fork*. Pieter Wuille, do Bitcoin Core, declarou:

> Se estamos dispostos a passar pelo risco de um *hard fork* por causa do medo de mudar a dinâmica econômica, então acredito que a comunidade [do Bitcoin] não esteja pronta para lidar com mudanças.[5]

Em retrospecto, o drama em torno dos *hard forks* parece exagerado. Praticamente todos os projetos de criptomoedas se submetem a *hard forks*, porque eles constituem um mecanismo essencial para atualizar códigos fundamentais, corrigir *bugs* e reduzir a bagagem técnica (*technical baggage*; carga de código acumulado que não mais se faz necessário). O Ethereum se submete regularmente a *hard forks*. O Bitcoin Cash, desde o seu lançamento, tem se submetido a vários deles. Mas, em 2015, esse precedente ainda não estava estabelecido, e o Core foi capaz de fomentar temores de que um *hard fork* pudesse fraturar a rede. Na realidade, mesmo que surgisse, na atualização, um *bug* de *software* e a rede sofresse disrupção, esse *bug* simplesmente seria corrigido, assim como outros *bugs* críticos o foram no passado. Os riscos de sofrer disrupção são insignificantes em comparação com os riscos de reformar o sistema inteiro — isso é semelhante a tomar quimioterapia para se proteger de um resfriado comum!

Na minha opinião, a verdadeira razão para o medo em torno da BIP 101 foi porque isso teria feito o Bitcoin Core perder o controle sobre o desenvolvimento e não mais deter as chaves do repositório *online* do código. Como o XT adicionaria a BIP 101, mas o Core, não, as duas implementações se tornariam incompatíveis entre si em nível de protocolo, resultando na implementação minoritária sendo "forkeada" (bifurcada) da rede principal. Embora isso fosse devastador para o Core e os apoiadores dele, ao requerer que 75% dos mineradores apoiassem a mudança, seria assegurada uma disrupção suave aos usuários regulares. Os mineradores remanescentes teriam de: ou atualizar o seu *software* para permitir blocos maiores; ou criar a sua própria *blockchain* separada.

A história do BitcoinXT refutaria permanentemente a ideia de que o Bitcoin esteja, de alguma forma, além do alcance da influência humana. O Bitcoin, ao invés, mostra-se profundamente social, e a sua história não é moldada pela escrita de código de *software* em si — é plasmada por indivíduos que tomam decisões difíceis no âmbito de um contexto social, econômico e político. Embora quase todos os empresários sérios apoiassem uma ampliação do tamanho dos blocos, alguns consideravam que a demissão aberta e absoluta do Core seria muito divisiva. Eles, em vez disso, apoiariam publicamente a BIP 101 e instariam o Bitcoin Core a fundi-la no seu *software*. Várias das maiores empresas não mineradoras de Bitcoin emitiram uma declaração conjunta endossando a BIP 101 e os blocos de 8 MB sem explicitamente endossarem o BitcoinXT. Entre as assinaturas, estavam: Stephen Pair, CEO (*Chief Executive Officer*) da Bitpay; Peter Smith, CEO da Blockchain.info; Jeremy Allaire, CEO da Circle.com; Wences Casares, CEO da Xapo.com; Mike Belshe, CEO da Bitgo.com; entre outros. O comunicado dizia:

A nossa comunidade se encontra numa encruzilhada (...). Depois de longas conversas com desenvolvedores principais, com mineradores, com as nossas próprias equipes técnicas e outros participantes do setor, acreditamos que seja imperativo planejarmos para o sucesso por meio da ampliação do tamanho máximo dos blocos.

Apoiamos a implementação da BIP 101. Consideramos convincentes os argumentos de Gavin tanto sobre a necessidade de blocos maiores quanto sobre a viabilidade da sua implementação — enquanto se salvaguarda a descentralização do Bitcoin. A BIP 101 e os blocos de 8 MB já são apoiados por uma maioria dos mineradores, e sentimos que é o momento de a indústria se unir por trás dessa proposta.

As nossas empresas estarão prontas para blocos maiores em dezembro de 2015, e nós executaremos o código que suporte isso (...). Firmamos o compromisso de apoiar a BIP 101 em nosso *software* e em nossos sistemas em dezembro de 2015; e encorajamos outros a se juntarem a nós.[6]

O BitcoinXT é a parte não dita dessa carta. "Executaremos o código que suporta a BIP 101 em dezembro" traduz-se para: "Se o Bitcoin Core não permitir essa atualização, passaremos para o XT."

Alguns dos maiores mineradores da época divulgaram um comunicado semelhante. Nesse comunicado, eles não apenas expressaram o seu apoio a blocos maiores, mas também refutaram especificamente um argumento que o Bitcoin Core vinha promovendo — de que o tamanho de 8 MB seria muito grande para mineradores chineses que estivessem confinados atrás do famoso "Grande Firewall da China". O Core tinha anteriormente argumentado que o tamanho de 8 MB provocaria problemas de banda larga e latência. Mas várias grandes empresas de mineração chinesas — que representavam mais de 60% do *hashrate* total do Bitcoin[7] — assinaram uma carta afirmando estarem prontas para blocos de 8 MB.

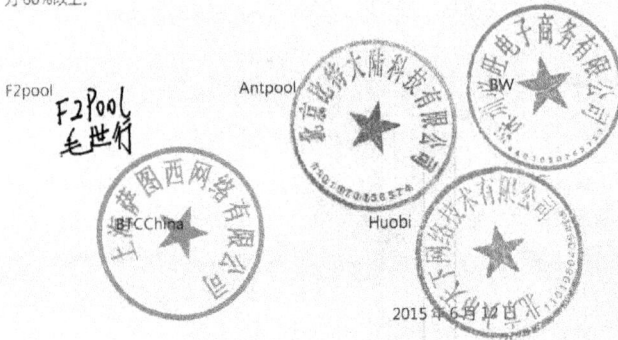

五家矿池对于 "为何扩容到 8MB，而不是 20MB？" 问题考虑到以下因素：

1. 中国大陆地区网络（带宽）基础设施并没有达到欧美发达地区的先进水平；

2. 中国大陆出口带宽有限，与美国、欧洲的通信延时较大；

3. 国内矿池系统的架构仍然需要为 8（20）MB 以上的区块做出调整和适应。

综上所述，较大的区块大小势必导致区块孤立概率大幅上升，更容易造成比特币区块链分叉，降低比特币网络的安全性。在目前的情况下 8MB 我们认为是一个稳妥的方案，此次扩容也是为未来进一步扩容打下基础。据统计，世界范围内，中国五家矿池共占全网总算力 60%以上。

Figura 5: *Carta da indústria assinada por mineradores chineses*

Um trecho traduzido diz:

> Se a rede atual encontra-se incapaz de suportar blocos maiores que 1 MB, então a insistência do Core no limite de tamanho dos blocos é compreensível. Mas, na verdade, mesmo com o Grande Firewall em vigor, os *pools* de mineração chineses disseram que desejam um tamanho dos blocos de 8 MB.[8]

Com o amplo acordo internacional de que o limite de tamanho dos blocos deveria ser ampliado, o poder e a influência do Bitcoin Core pareciam estar chegando ao fim.

Momento de "Forkear"

Em 15 de agosto de 2015, Mike Hearn escreveu outro artigo marcante na história do Bitcoin intitulado "Why is Bitcoin Forking?" ("Por que o Bitcoin está 'Forkeando'?"), o qual explicou por que uma cisão tinha de ocorrer.[9] Vale a pena ler o artigo na íntegra, e vários trechos são aqui citados:

> Então é isso. Aqui estamos. A comunidade está dividida, e o Bitcoin está "forkeando": o *software* e, talvez, também a cadeia de blocos. Os dois lados da cisão são: o Bitcoin Core; e uma ligeira variante do mesmo programa, denominada Bitcoin XT (...). Um *fork* desses jamais aconteceu antes. Desejo explicar as coisas a partir da perspectiva dos desenvolvedores do Bitcoin XT: que não se diga que houve falta de comunicação (...).
>
> O plano de Satoshi nos uniu a todos (...). Trata-se da ideia de pessoas comuns pagarem umas às outras por meio de uma cadeia de blocos, ideia essa que criou e uniu esta comunidade global. Essa é a visão para a qual me inscrevi. Essa é a visão para a qual Gavin Andresen se inscreveu. Essa é a visão para a qual se inscreveram muitos desenvolvedores, muitos fundadores de *startups*, muitos evangelistas e usuários ao redor do mundo. Essa visão, agora, está em perigo.
>
> Nos últimos meses, ficou nítido que um diminuto grupo de pessoas possui um plano radicalmente diferente para o Bitcoin (...). Eles veem uma oportunidade única e dourada de, à força, desviar o Bitcoin do seu caminho intencionado e deslocá-lo para uma trajetória técnica extremamente diferente.

Hearn, então, explicou que, dada a enorme diferença entre as visões concorrentes, a resolução mais sensata seria que defensores de blocos pequenos criassem a sua própria moeda alternativa ao invés de sequestrar o Bitcoin por meio da exploração daquilo que ele chamou de "gambiarra temporária" — em outras palavras, o limite de tamanho dos blocos. No entanto, ficou claro que a facção dos blocos pequenos não se retiraria para formular o seu próprio projeto independente, nem cederia para ampliar o limite sequer por uma margem pequena. Hearn viu isso como evidência de falhas estruturais dentro do Bitcoin Core:

> Por que motivos esta disputa não pode ser resolvida de uma forma mais civilizada que uma cisão total? Colocando em termos sim-

ples, o processo decisório no Bitcoin Core se quebrou. Em teoria, como quase todos os projetos de código aberto, o Core tem um "mantenedor". O trabalho de um mantenedor consiste em orientar o projeto e tomar decisões sobre o que entra e o que não entra. O mantenedor é o chefe. Um bom mantenedor coleta *feedback*, analisa e sopesa argumentos e, depois, toma decisões. Mas, no caso do Bitcoin Core, o debate sobre o tamanho dos blocos se arrasta há anos.

O problema é que qualquer mudança, por mais óbvia que seja, pode ser absolutamente vetada caso se torne "controversa", isto é, quando outra pessoa com poder de fazer *commits* suscita objeções. Visto que existem cinco indivíduos com poder de fazer *commits* e muitos outros sem esse poder que também podem realizar mudanças "controversas", trata-se de uma receita para impasses. O fato de que o tamanho dos blocos nunca foi elaborado para ser permanente deixou de importar: o fato de a remoção dele ser debatida, por si só, mostra-se suficiente para garantir que isso não aconteça. Como uma comissão sem presidente, a reunião nunca termina (...).

Depois de compartilhar uma longa lista de empresas-chave e indivíduos-chave que apoiavam Hearn e Andresen, ele então salientou as enormes assimetrias de poder entre os desenvolvedores do Core e o resto dos empreendedores e engenheiros em toda a indústria relacionada ao Bitcoin. Por mais apoio que uma proposta específica recebesse, ela poderia ser rejeitada por um punhado de pessoas com poder de veto:

As empresas representam muitas das pessoas mais apaixonadas, dedicadas e conhecedoras do Bitcoin. Elas fornecem infraestrutura fundamental. Entretanto, as opiniões das pessoas que constroem essa infraestrutura são consideradas "enganosas para o senso de consenso". E os desenvolvedores de carteiras? Trata-se das pessoas mais expostas às necessidades dos usuários do dia-a-dia. Nunca são solicitadas a darem as suas opiniões. Quando alguma vez as externavam, isso não fazia diferença; as visões delas são consideradas irrelevantes (...).

Tornou-se cada vez mais claro que o "consenso" que é tão falado na comunidade Bitcoin Core realmente denota as visões de um diminuto punhado de pessoas, independentemente daquilo que quaisquer outros indivíduos na comunidade mais ampla possam pensar, assim como de quanto esforço e trabalho empenharam ou de quantos usuários os seus produtos têm.

Dito de outra forma, "consenso dos desenvolvedores" é propaganda, é uma tira de lã puxada sobre os olhos dos usuários do Bitcoin para cegá-los da verdade: apenas duas ou três pessoas em atuação conjunta podem fraturar o Bitcoin da maneira que acharem melhor.

Hearn finaliza o seu artigo enfatizando que os *forks* — as bifurcações — constituem o único jeito de impedir a captura por desenvolvedores, pois propiciam pressão competitiva para inibir que os desenvolvedores se tornem desonestos:

> Em resumo, eles acreditam que o único mecanismo que o Bitcoin possui para mantê-los sob controle nunca deve ser usado. Eu não considero que eles realmente queiram que isso seja percebido dessa forma, mas é assim que se apresenta. A sua visão é que não deve haver quaisquer alternativas às suas decisões. Que qualquer coisa à qual se oponham, por qualquer motivo, está morta para sempre (...) e que o Bitcoin é, portanto, o brinquedo deles para fazerem o que quiserem.
>
> Essa situação não pode continuar. O projeto Bitcoin Core demonstrou que não pode ser reformado e, portanto, deve ser abandonado. É por esse motivo que o Bitcoin se "forkeou" (se bifurcou). Esperamos que todos entendam.

Mais uma vez, ninguém resumiu a situação com mais precisão que Mike Hearn. O seu texto foi considerado uma brilhante articulação dos problemas dentro do Bitcoin, bem como uma justificativa para se "forkear" do Bitcoin Core. Para os defensores de blocos pequenos, porém, foi considerado um ato de guerra. Se uma supermaioria de mineradores acompanhasse Hearn e Andresen, a visão de blocos pequenos do Bitcoin seria relegada a uma *altcoin*, e os desenvolvedores do Core seriam efetivamente demitidos. Passou a existir, então, uma campanha imediata e generalizada para acabar com o XT antes que ele obtivesse muito impulso.

16

Bloqueando a Saída

O Bitcoin, quando observado à distância, parece o mais descentralizado. Após uma análise mais atenta, fica claro que existe um pequeno número de posições críticas que exercem influência esmagadora sobre a rede. O controle sobre as chaves do *software* já foi estabelecido como um exemplo disso. Outro exemplo está no controle do fluxo de informações *online*. A poderosa narrativa do BTC, repetida na mídia inteira, não emergiu espontaneamente, nem foi o resultado de uma discussão livre e aberta entre os entusiastas do Bitcoin. As duas plataformas de discussão mais importantes, nas quais ocorreu a vasta maioria das conversas, eram o *website* bitcointalk.org e o *subreddit* (página na plataforma Reddit) r/Bitcoin, os quais ainda usufruem de imensa popularidade. Ambas as plataformas, casualmente, são controladas pela mesma pessoa, conhecida pelo pseudônimo "Theymos". Ele também é o dono da página sobre Bitcoin na Wikipedia: The Bitcoin Wiki (Bitcoin.it). Esse se mostra um indivíduo com enorme poder de moldar narrativas e de direcionar o fluxo de informações; e, quando chegou o momento, ele não hesitou em exercer esse poder.

Começa a Censura

O *website* Bitcoin.org costumava ser considerado uma página neutra para as pessoas aprenderem sobre Bitcoin. Ela apresentava informações introdutórias básicas, referências (*links*) para empresas e serviços no âmbito da indústria, assim como outros recursos que os recém-chegados considerariam úteis. No entanto, como era controlada por apoiadores ferrenhos do Bitcoin Core, esse verniz de neutralidade rapidamente se evaporou quando o BitcoinXT começou a ameaçar o domínio dos desenvolvedores do Core. Em 16 de junho de 2015, o Bitcoin.org anunciou a sua "Política de *Hard Fork*" oficial, que dizia:

> Parece que o recente debate sobre o tamanho dos blocos provavelmente resultará numa tentativa controversa de *hard fork* (...). O perigo de um *hard fork* controverso mostra-se potencialmente tão significativo que o Bitcoin.org decidiu adotar uma nova política:
>
> O Bitcoin.org não promoverá nenhum *software* ou serviço que se retire do consenso anterior por causa de uma tentativa controversa de *hard fork*.
>
> Essa política se aplica a *software* de *full node* (nó completo), tal como o Bitcoin Core; a *forks* — bifurcações — de *software* do Bitcoin Core; e a implementações alternativas de *full node*. Ela também se aplica às carteiras e aos serviços (...) que liberem código ou façam anúncios indicando que irão cessar de operar no lado do consenso anterior (...).[1]

Em outras palavras, quaisquer empresas que se alinhassem ao BitcoinXT em detrimento do Core teriam as suas listagens removidas do *website*. Uma vez que o Bitcoin.org era — e ainda é — muitas vezes considerado o *website* "oficial" do Bitcoin, essa política auxiliaria a formar a narrativa de que quaisquer "*forks* controversos" para longe do Core sejam, por padrão, ilegítimos. O anúncio foi imediatamente criticado por muitos *bitcoiners*, com Mike Hearn entre eles, dizendo:

> Vocês querem garantir que novos usuários não aprendam e não

conheçam sobre o Bitcoin XT. Por que não dizer isso sem rodeios? A posição de vocês está errada e apenas reduzirá a utilidade do bitcoin.org como um lugar para aprender informações importantes. Ademais, vocês estão inerentemente apoiando um *status quo* no qual um diminuto número de pessoas pode vetar qualquer mudança no Bitcoin, independentemente de quão amplamente apoiada pelo restante da comunidade. Isso não é descentralização. E isso é, em última análise, muito mais perigoso para o Bitcoin.

Se vocês tentarem acabar com o único método que a comunidade possui para rejeitar as decisões desse diminuto grupo, vocês estão efetivamente condenando o projeto aos caprichos de quem por acaso estava por perto no início do projeto e acabou recebendo o poder de fazer *commits*.[2]

Hearn também observou o absurdo da política, dado o enorme apoio a blocos maiores demonstrado pela indústria inteira:

(...) isso diz que vocês irão remover da lista qualquer carteira ou serviço que anuncie que operará no outro lado do "consenso anterior". Atualmente, todas as carteiras a quem perguntamos, com a exceção da GreenAddress, têm dito a nós que apoiam blocos maiores. Além disso, todos os principais processadores de pagamentos com quem conversamos também têm dito isso. Além das principais corretoras (*exchanges*). Então, para serem coerentes com essa política, vocês terão de excluir do *website* todas as carteiras e todos os principais serviços (exceto a carteira GreenAddress).

O colega *bitcoiner* Will Binns escreveu:

O Bitcoin.org deveria tentar [permanecer] o mais imparcial possível em meio a questões publicamente debatidas. Centenas de indivíduos, caso não milhares, estão vindo a este *website* todos os dias, muitos dos quais são usuários novos aprendendo sobre Bitcoin pela primeira vez. Para os usuários existentes no espaço, este *website* também se revela um recurso incrível na maioria dos casos.

Parece que essa postagem seria um esforço de influenciar a opinião pública mais que qualquer outra coisa. Ela não apresenta um contexto completo nem faz referências para uma gama mais ampla de informações acerca das questões subjacentes mencionadas, de modo que o leitor possa formar a sua própria opinião – a postagem parece forçar uma opinião enviesada, tendenciosa.[3]

Essa nova Política de *Hard Fork* não seria a última vez em que o *website* Bitcoin.org foi usado para enganar as pessoas a acharem que o Bitcoin Core fosse o *software* "oficial" e que quaisquer concorrentes fossem ilegítimos. Todavia, o impacto dessa política em específico foi insignificante em comparação com o que aconteceu com os fóruns de discussão *online*.

O Reddit Sofre Captura

Durante meses, era comum no *subreddit* r/Bitcoin que usuários reclamassem sobre as suas postagens serem censuradas e removidas da plataforma. Um dos tópicos que mais recebeu votos positivos na história do fórum solicitava que os moderadores se exonerassem e fossem substituídos.[4] Pouco depois de esse tópico ter sido postado, ele foi removido; e, no exato dia seguinte, em agosto de 2015, Theymos anunciou uma nova política de moderação no r/Bitcoin que censurava quaisquer discussões sobre o BitcoinXT. A postagem é longa, mas de leitura recomendada, pois determinou mais um marco na história do Bitcoin. A mensagem principal era de que todos os *hard forks* seriam ilegítimos sem um "consenso" dos desenvolvedores do Core. Por causa disso, o BitcoinXT não realmente constituía o Bitcoin e, portanto, não mais poderia ser abordado na plataforma. Trechos do anúncio da nova política de moderação seguem abaixo:

> O r/Bitcoin existe para servir ao Bitcoin. O XT irá, se/quando o seu *hard fork* for ativado, divergir do Bitcoin e criar uma rede/moeda separada. Portanto, ele e os serviços que o suportam não devem ser permitidos no r/Bitcoin (...).

Existe uma diferença substancial entre a discussão de um proposto *hard fork* do Bitcoin (...) e a promoção de um *software* que é programado com a finalidade de divergir para uma rede/moeda concorrente. Essa última se mostra claramente contrária às regras estabelecidas do r/Bitcoin; e, conquanto a tecnologia do Bitcoin irá prosseguir funcionando bem independentemente daquilo que as pessoas façam, até mesmo a tentativa de dividir o Bitcoin dessa maneira irá prejudicar tanto o ecossistema quanto a economia Bitcoin.

Theymos, mais adiante, oferece explicações sobre essa decisão na forma de uma sessão de perguntas e respostas:

Por que o XT é considerado uma altcoin mesmo que ainda não tenha se separado do Bitcoin?

Por ser intencionalmente programado para divergir do Bitcoin, não considero importante o fato de que o XT ainda não seja distinto do Bitcoin (...).

Ainda posso falar sobre propostas de hard fork no r/Bitcoin?

Neste exato momento, não, a menos que você tenha algo realmente novo e substancial a dizer. Depois que essa ressalva for removida, não haverá problema em abordar qualquer *hard fork* para o Bitcoin, mas não qualquer *software* que realize *hard forks* sem consenso, visto que esse *software* não é o Bitcoin.

Como saber que não há consenso?

O consenso constitui uma barreira alta. Não é o mesmo que uma maioria. Em geral, consenso significa que há quase unanimidade. No caso muito específico de um *hard fork*, "consenso" significa "não há probabilidade perceptível de que o *hard fork* fará com que a economia do Bitcoin se divida em duas ou mais partes significativas".

Eu sei quase com certeza que não existe consenso em relação à mudança em XT porque os desenvolvedores principais do Bitcoin Wladimir, Greg e Pieter se mostram opostos a ele. Isso se mostra o suficiente para bloquear o consenso (...).

Mas, com uma barreira tão alta, blocos de 8 MB serão impossíveis!

Se o consenso jamais pode ser alcançado numa proposta de *hard fork* em específico, então o *hard fork* nunca deve ocorrer. Só porque você deseja algo não significa que seja sempre razoável para você sequestrar o Bitcoin das pessoas que não querem esse algo, ainda que o seu lado seja a maioria (o que, neste caso, não é). Isto não é um país democrático, no qual você sempre pode fazer as coisas do seu jeito com politicagem suficiente. Obtenha o consenso; viva sem a mudança; ou crie a sua própria *altcoin* (...).

Encaminhando-se para o final do seu anúncio, ele acrescentou que, se todos discordam dele ou desprezam a censura, isso não importa:

Se 90% dos usuários do r/Bitcoin acham intoleráveis essas políticas, então eu quero que esses 90% dos usuários do r/Bitcoin saiam. Tanto o r/Bitcoin quanto essas pessoas ficarão mais felizes por isso.[5]

A comunidade Bitcoin estava lívida. O anúncio de Theymos foi outro marco sombrio na história do Bitcoin, provocando uma enorme reação. A sequência acumulou mais de mil comentários. Uma pequena amostra deles apresenta o tom geral das respostas:

"Chamar o XT de uma *altcoin* é ridículo, agarrando-se à semântica, na melhor das hipóteses. Este tópico merece a permissão de ser discutido, e proibir uma discussão mais aprofundada sobre ele é um grande desserviço à comunidade."

"Por favor, mude este *sub* para 'r/bitcoincore' se isso é tudo que será aqui discutido. Chamá-lo de 'r/bitcoin', mas proibir discussões sobre clientes alternativos e regras de consenso é enganoso (...)."

Outro usuário não pôde deixar de ser sarcástico sobre a situação:

Parabéns, r/bitcoin, estou feliz por ver que vocês finalmente estabeleceram o CEO (*Chief Executive Officer*) do Bitcoin; vocês, agora, têm aquela autoridade central que sempre quiseram, que lhes dirá exatamente como devem pensar e agir. Chega de ter de pensar e decidir por si próprios, vocês têm Theymos para lhes dizer exatamente o que é o bitcoin, quais são as leis e regras sobre o bitcoin, o que os *devs* pensam (...). Então, se vocês estão sempre inseguros sobre o bitcoin, Theymos irá, a partir de agora, tomar todas as decisões por vocês.

Um usuário especulou que os moderadores poderiam estar corrompidos:

Considero que se faz importante discutir a possibilidade de que a equipe de *mods* tenha se corrompido e os bancos (ou seja quem for) possam ganhar dinheiro controlando a discussão.

Theymos não se sentia embaraçado com a sua decisão, e ele revelou a sua estratégia de censura numa conversa que acabaria vazando:

Você deve ser ingênuo se acha que isso não terá efeitos. Eu moderei fóruns desde muito antes do Bitcoin (alguns bem grandes); e sei como a moderação afeta as pessoas. A longo prazo, banir o XT do r/Bitcoin atrapalhará as chances do XT de sequestrar o Bitcoin. Ainda há uma chance, mas ela está menor. (Isso é aprimorado pela ação simultânea nos *websites* bitcointalk.org, bitcoin.it e bitcoin.org) (...). Eu detenho poder sobre determinados *websites* centralizados, os quais decidi usar para o benefício do Bitcoin como um todo (...).[6]

Desconsiderando o *status* moral da sua decisão, Theymos estava certo em relação à afirmação de que a moderação pode, efetivamente, ser usada para manipulação. A moderação pode ensinar às pessoas que a ação de questionar a narrativa oficial é inaceitável e será punida; e, nesse caso, mostrou-se fundamental para estabelecer a popularidade das ideias referentes aos blocos pequenos. Até hoje, os recém-chegados não têm a noção de que estão sendo apresentados apenas a uma perspectiva — uma perspectiva da qual o próprio Satoshi discordaria de forma veemente. Quando a pessoa média encontra a mesma informação em múltiplas plataformas, na Wiki do Bitcoin e ao longo dos fóruns de discussão, ela nem mesmo estará ciente *de que* outra perspectiva existe, muito menos terá uma opinião informada sobre isso. Com o tempo, esse tipo de controle de informações se revela imensamente poderoso.

Efeitos de Onda

A decisão de censurar todas as discussões sobre o BitcoinXT não enfureceu somente os *bitcoiners* regulares. Isso também incomodou os colegas moderadores. Alguns dias após o anúncio de Theymos, um moderador dissidente, "jratcliff63367", escreveu um artigo asperamente crítico intitulado "Confessions of an r/Bitcoin moderator" ("Confissões de um moderador do r/Bitcoin"). Um trecho diz:

> Quando Theymos decidiu usar a sua autoridade centralizada sobre o r/bitcoin para sufocar todos os debates e todas as discussões sobre o bitcoin-xt, ele violou um princípio essencial. Como uma rede *peer-to-peer* (ponta-a-ponta) descentralizada, qualquer ponto de controle centralizado é problemático (...). Essa única pessoa detém o controle centralizado absoluto das duas maiores plataformas de comunicação para a comunidade discutir o futuro e a evolução do bitcoin...
>
> Ele exerce poder absoluto acerca do que está ou não está permitido a ser discutido, incluindo o poder de censura completo e total sobre a narrativa nos dois maiores veículos de comunicação.[7]

Apenas dez dias depois da crítica pública de jratcliff63367 a Theymos, ele foi removido como moderador do r/Bitcoin. Mais tarde, ele especularia que a sua remoção ocorreu por causa da sugestão de que os desenvolvedores do Core poderiam estar corrompidos:

> Não é de todo descabido supor que os *devs* do Core tenham sido contatados pelos 'espectros' e estejam sofrendo influência. Paralisar e mutilar o bitcoin de modo que praticamente todo o valor tenha de fluir através de canais laterais e somente instituições grandes possam acessar a rede principal – isso seria uma ótima

solução para aquilo que os governos mundiais consideram um grande problema (...).

O governo realmente não se importa se existe alguma nova 'classe de ativos' como o bitcoin. Existem zilhões de classes de ativos, para que se importar se são bitcoins ou gorros de bebê? O que lhes preocupa é se as pessoas conseguem transferir esse valor estando fora do alcance da capacidade deles de rastrear e interceptar. Se as únicas pessoas que podem acessar diretamente a *blockchain* são os grandes bancos... bem, você entendeu a ideia.[8]

A mesma censura pesada ainda existe hoje, e a quantidade de pessoas presas dentro dessa bolha de informação é muito maior. Não se pode alegar exagero na demonstração da dimensão do impacto desses controles. Essa enorme confusão em torno do Bitcoin existe, em grande parte, por causa dos esforços deliberados de um punhado de pessoas para peneirar todas as informações que desafiam a sua narrativa — e que, em última análise, desafiam o seu poder. Infelizmente, a censura em massa e a propaganda não foram as únicas táticas usadas contra o BitcoinXT. Medidas mais agressivas também foram tomadas.

Os Ataques DDoS Começam

O SlushPool era um dos muitos *pools* de mineração de Bitcoin. Um *pool* de mineração é a maneira padrão utilizada pelos mineradores para administrarem os seus rendimentos. Sem um *pool*, os mineradores individuais devem esperar até encontrarem pessoalmente um bloco para obter alguma quantia de Bitcoin. Porém, com um *pool*, os mineradores juntam o seu poder de *hashing* (processamento) e compartilham as recompensas por bloco, estabilizando consideravelmente o fluxo dos seus rendimentos. Praticamente todos os mineradores fazem parte de um *pool*. Então, quando o SlushPool foi atingido por um ataque DDoS (*distributed denial-of-service*; negação-de-serviço distribuída) depois de permitir a votação na BIP 101, isso afetou muitas pessoas. Em 25 de agosto de 2015, o Slushpool recebeu uma carta dos perpetradores, a qual lhe dizia que os ataques prosseguiriam até que eles parassem de apoiar o BitcoinXT.⁹ De acordo com a revista *MIT Technology Review*:

Alena Vranova (...) disse que a empresa recebeu uma mensagem dizendo que o ataque terminaria assim que a empresa desligasse a capacidade dos consumidores de declarar apoio à ideia de Andresen. [Eles foram] forçados a cumprir essa exigência porque o ataque foi poderoso o suficiente para provocar problemas de conectividade para alguns mineradores do Slush Pool. "É um comportamento destrutivo", diz Vranova. "Eu admiraria alguém que se colocasse em destaque, explicasse e promovesse a sua ideia. [Mas] isso é uma covardia (...)."

Outra vítima foi a empresa de webhospedagem ChunkHost, com sede em Los Angeles. Essa empresa não recebeu uma mensagem, mas o ataque se concentrou num consumidor que recentemente trocara, para o BitcoinXT, o *software* que alimenta um caixa eletrônico de Bitcoin. "Pareceu bastante nítido. Assim que trocou, foi atacado", diz Josh Jones, um fundador da ChunkHost.

Outros que estavam executando/rodando o BitcoinXT relataram a mesma coisa. Um usuário escreveu nos fóruns:

Parece que o conflito tomou um rumo sórdido, e alguns dos apoiadores mais extremos do Core começaram a diretamente lançar ataques DDoS aos *nodes* (nós) XT (...). Olhando para uma recente caixa-de-correio no *website* XTNodes.com, parece que isso começou durante as últimas 24 horas, e um dos meus *nodes* foi atingido três vezes nesse período, num IP dedicado que só executa um *node* Bitcoin e nada mais (...).

É realmente assim que algumas pessoas acham que irão "resolver" a situação? Se isso continuar, posso facilmente ver pessoas começando a declarar temporada aberta contra *nodes* que não sejam XT, e então temos acontecendo uma guerra que ninguém quer.¹⁰

Nas semanas seguintes, os fóruns começaram a se encher com histórias semelhantes. Outro usuário alegou que toda a sua pequena cidade foi derrubada e colocada fora do ar (*offline*) por um desses ataques:

Sofri um ataque DDos. Foi um DDoS massivo que derrubou todo o meu ISP (rural). Todos em cinco cidades ficaram sem acesso aos seus servidores de internet por várias horas (...) por causa desses criminosos. Isso definitivamente me desencorajou de hospedar *nodes*.[11]

Mike Hearn se juntaria a alguns dos tópicos de discussão. Numa postagem, ele acrescentou:

Os agressores têm dito aos *pools* para pararem de minerar blocos de votação referentes à BIP 101 caso queiram que os ataques cessem. É muito claramente um *bitcoiner* russo que acredita que todos devam usar o Core, não importando o que aconteça.[12]

Nenhuma Concorrência Permitida

Os desenvolvedores do Core não estavam contentes com a ideia de deixar os mineradores decidirem qual deveria ser a principal implementação de *software*. Assim como em relação ao limite de tamanho dos blocos, eles argumentaram que isso prejudicaria a descentralização do Bitcoin. M. Hearn salientou que, sem esse mecanismo, a ameaça óbvia à descentralização seria o monopólio do Core sobre o protocolo:

No momento, as pessoas que mais prejudicam a descentralização do Bitcoin são a Blockstream e o Wladimir, ao dizerem às pessoas que utilizar a cadeia de blocos como mecanismo de votação (como foi feito no passado) seria imprudente e destruiria o valor do Bitcoin. A implicação lógica desse argumento é que apenas os desenvolvedores do Bitcoin Core — e, de fato, apenas o Wladimir — podem modificar grandes nacos do protocolo Bitcoin. E que, assim, eles são efetivamente os "CEOs do Bitcoin". O que se revela o oposto da descentralização.

Quero dizer, qual é o sentido do código aberto, se você não deve forkeá-lo (bifurcá-lo) e modificar o código quando o projeto original faz algo de errado? Como se espera que, com uma crença dessas, a descentralização do Bitcoin funcione?[13]

Um moderador do r/Bitcoin, o usuário Hardleft121, reagiu positivamente à postagem de Hearn, dizendo: "Todos deveriam ler isso. Não era para ser assim. Mike e Gavin estão certos." Hardleft121 também foi removido, por Theymos, da sua posição como moderador. Brian Armstrong foi entrevistado pela revista *Bitcoin Magazine* acerca da posição da corretora de criptomoedas Coinbase em relação à BIP 101 e ao BitcoinXT. Ele respondeu:

> Estamos abertos a avaliar todas as propostas que ampliem o tamanho dos blocos (...). Na minha opinião, o Bitcoin XT é a melhor opção que tenho visto até agora. Não apenas porque possui um código funcionante, mas também porque possui uma implementação simples e fácil de entender; as ampliações do tamanho dos blocos parecem corretas para mim, e tenho confiança nas pessoas por trás do projeto.
>
> A minha preferência, neste momento, seria ter Gavin reforçado na condição de tomador final de decisões sobre o Bitcoin XT, assim como fazer com que a indústria se desloque para essa solução com o auxílio de Mike Hearn, de Jeff Garzik e de outros que desejem fazê-lo (...).
>
> Efetuaremos a atualização independentemente de o Bitcoin Core ser atualizado (...). Tenho ficado desapontado ao ver a lentidão com a qual o Bitcoin Core se apresentou nessa questão, e estamos abertos a trocar de *forks*.[14]

No dia em que a entrevista foi publicada, ela foi vinculada ao r/Bitcoin, incomodando Theymos, o qual imediatamente avisou que a Coinbase poderia ser punida e censurada dos fóruns *online* pelo seu ato de desobediência:

> Se a Coinbase promover o XT para os consumidores no *website* coinbase.com e/ou trocar todos os seus *full nodes* para o *software* BIP 101, então a Coinbase não mais está utilizando a moeda Bitcoin e não pertence ao r/Bitcoin. Isso também se aplica ao *website* bitcointalk.org (no qual a Coinbase ficaria restrita à seção relativa a *altcoins*). Os *websites* Bitcoin.it e bitcoin.org têm políti-

cas semelhantes. Na verdade, a Coinbase já estava quase removida do bitcoin.org devido às suas declarações passadas sobre esse assunto.[15]

Em dezembro de 2015, a Coinbase anunciou que estava executando o BitcoinXT nos seus servidores e suportando o BitcoinXT, embora ainda estivesse aberta a outras propostas.[16] Em resposta, os proprietários do Bitcoin.org prontamente removeram a Coinbase do *website* deles — um movimento notável, tendo em vista que a Coinbase pode ter integrado mais pessoas ao Bitcoin que qualquer outra empresa no mundo! A remoção foi realizada por um dos donos do Bitcoin.org, outra figura nas sombras conhecida pelo pseudônimo "Cobra", que declarou:

> A Coinbase agora está executando o Bitcoin XT nos seus servidores de produção. O XT é uma tentativa controversa de *hard fork* que criará uma nova *altcoin* e dividirá a comunidade e a *blockchain* caso entre em vigor. Se isso acontecer, os consumidores da Coinbase podem acabar descobrindo que não mais possuem nenhum Bitcoin real.
>
> Esta *pull request* (solicitação/discussão de alterações) remove a Coinbase da página "Choose your Wallet" ("Escolha a sua Carteira") para proteger usuários novos de estarem na extremidade errada de um *fork* da *blockchain*. O Bitcoin.org deve apenas promover serviços relacionados ao Bitcoin. As empresas que utilizam o XT não se enquadram nesses critérios porque apoiam o *fork* da *blockchain* e a mudança para uma nova moeda incompatível sem amplo consenso.[17]

Esse anúncio novamente despertou a ira de muitos *bitcoiners*. O desenvolvedor Jameson Lopp escreveu:

> O potencial de *fork* (bifurcação) não torna algo uma *altcoin*. Até que ocorra um *fork* envolvido com a BIP 101, as empresas que colocam em execução o XT estão, definitivamente, colocando em execução o Bitcoin. Se um *hard fork* acontecer, essas empresas ainda podem estar colocando em execução o Bitcoin – teria de ser julgado qual *fork* é o vencedor após a bifurcação. Remover empre-

sas por "não estarem colocando em execução o Bitcoin" quando nenhum *fork* ocorreu é um ato precipitado.[18]

Olivier Janssens, veterano do Bitcoin, afirmou que a medida foi uma retaliação à Coinbase por ter "ousado falar contra a CoreDev".[19] Entretanto, assim como na decisão de censurar, nem todas as respostas foram desaprovadoras. Um usuário expressou apoio à medida, dizendo que ela estabeleceria um precedente para manter as empresas alinhadas com o Core:

> Definitivamente, precisamos coagir a Coinbase a passar de volta para o Bitcoin Core. Caso não tomemos nenhuma ação concreta, estaremos abrindo um precedente perigoso em que se permite que outras carteiras e outros serviços rompam com o consenso.[20]

Há algo de engraçado no uso do termo "consenso" para descrever a posição de um punhado de desenvolvedores do Core em oposição à esmagadora maioria dos participantes da indústria. Se havia algum consenso real em 2015, era o de que o limite de tamanho dos blocos necessitava ser imediatamente ampliado. Mas, apesar da reação geral, a Coinbase foi removida com sucesso do *website* Bitcoin.org, sendo colocada fora do ar por um ataque DDoS no dia seguinte.[21]

17

Em Ligação Direta para a Liquidação§

Aquilo em que a comunidade Bitcoin está se transformando me
assusta. Qualquer opinião que não seja a linha partidária está
sendo eliminada.[1]

— Charlie Lee, criador do Litecoin

O BitcoinXT representava uma ameaça real para os defensores
de blocos pequenos (*small blockers*). Então, eles o atacaram,
alegando que colocava em risco a integridade de toda a rede
Bitcoin. Como os desenvolvedores do Core não aprovaram, o XT foi
considerado "controverso" e, portanto, muito arriscado — ou, inclusive,
imprudente — para qualquer pessoa apoiar. Todavia, essa maneira de
efetuar atualização do Bitcoin foi descrita pelo próprio Satoshi lá em
2010. Quando perguntado por um membro do fórum sobre como
ampliar o limite de tamanho dos blocos (*blocksize limit*), ele respondeu:

---

§   O título desta parte do livro faz referência ao artigo "Bitcoin is Being
Hot-wired for Settlement" ("O Bitcoin Está Sendo Cooptado em Ligação
Direta para a Liquidação"), da autoria de Jeff Garzik e Gavin Andresen;
esse texto é mencionado mais adiante neste capítulo. A palavra *hotwire*
alude ao furto de carros através do método da ligação direta. (N. do T.)

Isso pode ser faseado, como:

if (blocknumber > 115000)

   maxblocksize = largerlimit

Isso pode começar a aparecer em versões muito à frente; assim, quando atinge esse número de blocos e entra em vigor, as versões mais antigas que não têm isso já estão obsoletas. Quando estivermos próximos do número de blocos de corte, posso colocar um alerta para versões antigas de modo a garantir que elas saibam que precisam efetuar atualização.[2]

O método de Satoshi era simples e direto, como de costume. Ele recomendou a criação de uma atualização de *hard fork* que ampliaria o limite de tamanho dos blocos num momento predeterminado no futuro. Dessa forma, os mineradores teriam tempo suficiente para atualizarem o seu *software*. Satoshi não estava preocupado com o "consenso" — se uma minoria de mineradores não atualizasse o seu *software*, essa minoria simplesmente seria expulsa da rede.

Não apenas os *forks* — as bifurcações — eram esperados, mas também eram compreendidos como parte integrante da governança do Bitcoin. Em meio à polêmica do XT, a revista *Wired Magazine* escreveu:

O Bitcoin XT propicia uma janela extraordinariamente clara para o mundo do código aberto (*open source*), um exemplo extremo que demonstra o porquê de, apesar ou até mesmo por causa da disputa atual, essa ideia ser tão eficaz — o porquê de ela estar mudando tão rapidamente a maneira como o nosso mundo funciona. O Bitcoin XT expõe os fundamentos extremamente sociais — extremamente *democráticos* — da ideia do código aberto, uma abordagem que torna o código aberto muitíssimo mais poderoso que tecnologias controladas por qualquer pessoa ou organização.[3]

Charlie Lee também comentou sobre a elegância dos *forks* como mecanismos de governança:

Conforme outros disseram, o XT só fará *fork* com [uma] supermaioria de votos de mineradores. Se ele obtiver essa supermaioria (...), então o XT será o Bitcoin. Foi assim que Satoshi configurou o sistema.[4]

Ao passo em que, na teoria, a capacidade de "forkear" (bifurcar) se mostre uma excelente contenção ao poder das equipes de desenvolvimento, ela, na prática, ainda requer extensa coordenação entre os mineradores, a indústria e a base de usuários. Se a mudança para uma nova implementação for muito arriscada, muito dolorosa ou muito controversa, os mineradores podem decidir evitar completamente o *fork* de modo a se preservarem do drama — que foi o que acabou acontecendo com o BitcoinXT.

Apesar do apoio aberto a blocos maiores — e, em específico, à BIP 101 —, alguns mineradores começaram a perder as suas convicções e a "amarelar" por causa da polêmica criada pelos apoiadores do Core. Em entrevista ao *website* de notícias CoinTelegraph, o AntPool — um *pool* de mineração responsável, na época, por cerca de 20% do *hashrate* (o poder de mineração ou processamento) — declarou:

> Gostamos da ideia de ampliar o tamanho máximo dos blocos; porém, se o Bitcoin XT for muito controverso, também não queremos que a comunidade seja dividida.[5]

O diretor de engenharia do *pool* BTCChina escreveu:

> Consideramos que a proposta de Gavin constitui uma solução bem equilibrada que todos podemos respaldar e apoiar. A ampliação inicial de 8 *megabytes* do tamanho dos blocos também foi o número acordado entre todas as operadoras de mineração na China. O BTCChina Pool, infelizmente, não estará colocando em execução o Bitcoin XT devido à natureza experimental dele, mas estamos aguardando com interesse para ver esse arranjo fundido ao Bitcoin Core.[6]

Não é difícil entender por que os mineradores prefeririam a opção mais fácil, que seria o Core retomar a sensatez e ampliar o limite de tamanho dos blocos. A indústria inteira desejava a mesma coisa, e é por isso que levou anos até que o BitcoinXT fosse criado. Todavia, com o passar do tempo, ficou nítido que o Core não mudaria de ideia; e acreditar no contrário era simplesmente uma ilusão. Então se mostrava necessário tomar medidas mais decisivas.

O Bitcoin Core encontraria outra maneira de ofuscar e atrasar as coisas por meio da organização de uma série de conferências com a temática "Scaling Bitcoin" ("Escalonando o Bitcoin"), as quais tentavam persuadir os mineradores a prosseguirem executando/rodando o *software* do Core. Nessas conferências, eles concordavam que o limite de tamanho dos blocos tinha de ser ampliado, mas apenas para 2 MB em vez de para 8 MB. Os mineradores foram instados a continuar confiando no Core e a esperar um pouco mais por atualizações mais substanciais. Em agosto de 2015, o CEO (*Chief Executive Officer*) da Blockstream, Adam Back, escreveu: "A minha sugestão: 2 MB agora, depois 4 MB em 2 anos e 8 MB em 4 anos, então se reavalia."[7] E mais tarde, em dezembro daquele ano, acrescentou: "Há consenso entre desenvolvedores e mineradores de que 2 MB seja o próximo passo."[8]

Um limite de tamanho dos blocos de 2 MB pode ter sido apenas um quarto (¼) daquilo que os mineradores desejavam, mas ainda assim teria dobrado o volume de transferências do Bitcoin, permitindo um pouco mais de tempo antes que os blocos ficassem cheios e as taxas disparassem. Nos anos seguintes, esse compromisso de 2 MB foi acordado várias vezes, com o Core, no final das contas, quebrando os seus acordos todas as vezes.

Embora o desejo de evitar *forks* controversos seja compreensível, a configuração de Satoshi exige que os mineradores se afirmem, especialmente quando confrontados com a captura por desenvolvedores. Esse é um mecanismo para equilibrar o poder dentro do Bitcoin; mas, em última análise, trata-se de um mecanismo que depende de *escolhas humanas* e não pode ser impingido pelo próprio *software*. Então, quando o XT fracassou, Mike Hearn considerou isso uma demonstração de que o Bitcoin não poderia superar as barreiras humanas, sociais e psicológicas que limitavam o seu próprio sucesso. Mais tarde, escreveria:

> [Em relação] aos mineradores especificamente, liguei para alguns deles via Skype (...). Um ou dois se recusaram à queima-roupa a falar comigo. Um minerador disse que me apoiava, mas que não podia ser visto fazendo isso no caso de essa ação prejudicar o pre-

ço. Outra conversa foi assim:

Minerador: "Concordamos, o tamanho dos blocos deve ser ampliado. E concordamos, o Core não irá fazê-lo."

Eu: "Ótimo! Então, quando você irá começar a executar o XT?"

Minerador: "Não iremos rodar o XT."

Eu: "Er, mas você acabou de dizer que concorda com as nossas políticas e que não considera que o Core irá mudar de opinião."

Minerador: "Sim, concordamos, você está certo, mas nunca iremos rodar nada além do Core. Fazer isso significaria sair do consenso (...). Não podemos rodar o XT, isso seria uma loucura. Iremos esperar que o Core mude de ideia."

Esse foi o ponto em que decidi que tudo se tornara um desperdício do meu tempo. A vasta maioria do poder de *hash* de mineração era controlada por pessoas psicologicamente incapazes de desobediência à autoridade percebida.[9]

"A Resolução do Experimento Bitcoin"

Em meio à pungência, à censura, aos ataques DDoS (*distributed denial-of-service*; negação-de-serviço distribuída) e às ameaças de processos judiciais, o número de mineradores executando o BitcoinXT diminuiu drasticamente. E, uma vez que ficou claro que o limiar de 75% de mineradores não seria alcançado, Mike Hearn decidiu que não dava mais. Se o Bitcoin não conseguiu superar o poder centralizado do Core e ampliar o seu minúsculo limite de tamanho dos blocos para algo além de 1 MB, então, na sua mente, o Bitcoin fracassou.

Em 14 de janeiro de 2016, M. Hearn escreveu o último dos seus excelentes ensaios, intitulado "The Resolution of the Bitcoin Experiment" ("A Resolução do Experimento Bitcoin").[10] Nele, o autor explicou por que considerava o Bitcoin um projeto fracassado:

Fracassou porque a comunidade fracassou. O que era para ser uma nova forma descentralizada de dinheiro que não envolvesse "instituições sistemicamente importantes" e "instituições grandes demais para falir" se tornou algo ainda pior: um sistema comple-

tamente controlado por apenas um punhado de pessoas (...). Não
há mais muitas razões para achar que o Bitcoin possa realmente
ser melhor que o sistema financeiro existente.

Pense nisso. Se você nunca antes tivesse ouvido falar sobre Bitcoin, você se importaria com uma rede de pagamentos:

- Que não conseguisse movimentar o seu dinheiro efetivo
- Que tivesse taxas extremamente imprevisíveis que fossem
  altas e subissem rapidamente
- Que permitisse que os compradores recebessem de volta
  os pagamentos que tinham feito depois de saírem das lo-
  jas ao simplesmente pressionarem um botão (se você não
  está ciente desse "recurso", é porque o Bitcoin recém foi
  modificado para possibilitar isso)
- Que estivesse sofrendo com pendências enormes e pagamentos problemáticos
- Que fosse controlada pela China
- E em que as empresas e as pessoas que a formavam estivessem em guerra civil aberta?

Arriscarei um palpite de que a resposta seja não.

Hearn, à vista disso, explicou a situação com o limite de tamanho
dos blocos e colocou pesada culpa nos mineradores chineses pela inação
deles — visto que, no final das contas, os mineradores tinham, de fato,
a capacidade de romper o estrangulamento do Core:

Por que eles não estão permitindo que [a blockchain] cresça?

Vários motivos. Um desses motivos é que os desenvolvedores do
software "Bitcoin Core" que eles executam se recusaram a implementar as mudanças necessárias. Outro motivo é que os mineradores se recusam a mudar para qualquer produto concorrente,
pois consideram isso como "deslealdade" — e estão aterrorizados
em fazer qualquer coisa que possa virar notícia referente a "cisões"
e provocar pânico nos investidores. Em vez disso, optaram por
ignorar o problema e esperar que ele desapareça.

Hearn, então, salienta outro potencial conflito de interesses. Se o

Grande Firewall da China realmente torna inviáveis os blocos grandes para os mineradores chineses, isso lhes dá "um incentivo financeiro perverso para, de fato, tentarem impedir que o Bitcoin se torne popular". Ao invés de os mineradores terem um incentivo para processar mais transações de modo a obterem as taxas de transação, uma conexão de internet mutilada e debilitada tornaria mais rentável o volume limitado de transações e mais lucrativas as taxas altas — da perspectiva dos desenvolvedores do Core, um resultado desejável!

No artigo, ele critica a censura desenfreada e a propaganda *online*, assim como os ataques DDoS contra *nodes* XT e as "conferências falsas" que foram projetadas para atravancar o progresso e persuadir as pessoas a prosseguirem confiando no Core. Comentando especificamente sobre as conferências "Scaling Bitcoin", ele escreveu:

> Infelizmente, essa tática foi devastadoramente eficaz. A comunidade caiu no engodo completamente. Quando conversava com mineradores e *startups*, "estamos esperando que o Core amplie o limite em dezembro" era um dos motivos mais citados para se recusarem a executar o XT. Eles estavam apavorados com quaisquer histórias na mídia sobre uma cisão da comunidade que pudesse prejudicar o preço do Bitcoin e, portanto, os seus ganhos.

> Agora a última conferência terminou sem nenhum plano para ampliar o limite, algumas empresas (como a Coinbase e a BTCC) acordaram para o fato de que foram manipuladas. Mas tarde demais.

Hearn tira uma conclusão pessimista, dizendo que a centralização da mineração na China prosseguiria sendo um problema, inclusive com uma equipe de desenvolvimento diferente no comando:

> Ainda que uma nova equipe fosse formada para substituir o Bitcoin Core, o problema de o poder de mineração estar concentrado atrás do Grande Firewall permaneceria. O Bitcoin não tem futuro enquanto for controlado por menos de 10 pessoas. E não há solução à vista para esse problema: ninguém sequer tem su-

gestões. Para uma comunidade que sempre se preocupou com a cadeia de blocos sendo tomada por um governo opressor, isso se revela uma rica ironia.

Depois de expor as suas queixas, ele finaliza com uma nota mais otimista:

> Nas últimas semanas, mais membros da comunidade começaram a pegar as coisas de onde eu as estou largando. Onde formar uma alternativa ao Core já foi visto como renegado, agora há mais dois *forks* disputando a atenção (Bitcoin Classic e Bitcoin Unlimited). Até agora, eles enfrentaram os mesmos problemas do XT, mas é possível que um conjunto novo de rostos possa encontrar uma maneira de progredir.

Se julgarmos o ensaio final de Hearn do ponto de vista do investimento, ele estava claramente errado. O preço do BTC se valorizou mais de 100 vezes desde que o ensaio dele foi publicado. Mas os argumentos de Hearn ainda se mantêm sólidos quando se analisa o BTC pela sua *utilidade*. A tecnologia permanece limitada a um nível escandalosamente minúsculo de volume de transações. O desenvolvimento ainda está dominado por um grupo que rejeita explicitamente a visão original de Satoshi. As carteiras custodiadas/custodiais (*custodial wallets*) se tornaram comuns, dando aos governos vigilância e controle fáceis sobre as moedas dos usuários comuns. Se é para o BTC ser julgado pela sua utilização na condição de moeda alternativa para as pessoas comuns, ele só pode ser chamado de fracasso. O melhor que podemos dizer é que o BTC trouxe aos investidores iniciais quantias incríveis de dinheiro, além de propiciar a criação da indústria de criptomoedas, a qual, um dia, poderá fornecer às massas um dinheiro digital sólido.

Quebrando a Narrativa

Embora Mike Hearn tenha perdido a paciência e renunciado ao projeto, a batalha pelo Bitcoin estava longe de terminar. A indústria ainda tinha um problema existencial nas mãos: ela ainda sequer existiria se os blocos ficassem cheios? Vitalik Buterin reclamou das taxas quando elas eram de cinco centavos — como os usuários habituais reagiriam se as taxas de transação fossem de dez, vinte ou cinquenta dólares cada uma? Essa incerteza era inaceitável, e a maioria das empresas sabia que tinha de continuar pressionando por uma ampliação do tamanho dos blocos. A indústria precisaria se coordenar melhor e alertar o público em geral sobre a apoderação que estava ocorrendo dentro do Bitcoin. A batalha de informação e narrativa teve de ser travada.

Durante esse tempo, vários outros artigos excelentes foram escritos por defensores da visão original. Jeff Garzik e Gavin Andresen escreveram outro famoso ensaio intitulado "Bitcoin is Being Hot-wired for Settlement" ("O Bitcoin Está Sendo Cooptado em Ligação Direta para a Liquidação"). Eles alertaram que o Bitcoin estava sendo transformado num sistema diferente por meio da exploração do limite artificial de tamanho dos blocos:

> Ficar preso no tamanho principal dos blocos de 1 MB transforma um histórico limite contra a DoS (*denial-of-service*; negação-de-serviço) numa acidental ferramenta de política (...). Temos uma situação decepcionante na qual um subconjunto do consenso de desenvolvedores se encontra desconectado do desejo frequentemente mencionado, por parte de usuários, empresas, corretoras de criptomoedas (*exchanges*) e mineradores, de ampliar o tamanho dos blocos. Isso remodela o bitcoin de maneiras repletas de conflitos de interesse filosóficos e econômicos (...).

> A inação modifica o bitcoin, coloca-o num novo caminho (...). O fato de ficar preso em 1 MB traz o risco de reverter o efeito de rede do bitcoin ao inviabilizar, através dos preços altos, a permanência dos usuários na *blockchain* principal, forçando-os a plataformas centralizadas (...).

> Para remover o risco moral de longo prazo, o limite do tamanho principal dos blocos deve ser tornado dinâmico, inserido no âmbito do *software*, fora das mãos humanas. O Bitcoin merece um *roadmap* (plano de desenvolvimento a longo prazo) que equilibre

as necessidades de todos que trabalharam duro nos últimos seis anos para fazer o ecossistema inteiro crescer.

Garzik e Andresen também comentaram sobre as conferências "Scaling Bitcoin", dizendo que tais conferências não alcançaram os seus objetivos declarados e foram somente úteis para identificar que um limite de 2 MB se mostrava suficientemente baixo para se chegar a um acordo universal:

> Um dos objetivos explícitos dos *workshops* das Scaling Bitcoin era canalizar o caótico debate sobre o tamanho principal dos blocos em direção a um processo ordenado de tomada de decisões. Isso não ocorreu. Em retrospecto, as Scaling Bitcoin paralisaram uma decisão sobre o tamanho dos blocos, ao passo em que o preço das taxas de transação e a pressão no espaço dos blocos continuam aumentando.
>
> As Scaling Bitcoin se mostraram úteis na pesquisa referente ao consenso sobre o tamanho principal dos blocos. 2 MB parece ser o denominador mais comum do consenso.[11]

Stephen Pair também entrou na luta, escrevendo em nome da BitPay, a maior processadora de pagamentos de Bitcoin do mundo, a qual estava a caminho de lidar com mais de um bilhão de dólares em transações de BTC num único ano.[12] Ao longo de uma série de artigos, S. Pair escreveu sobre: o limite de tamanho dos blocos; a análise da BitPay acerca da dinâmica de poder da rede; e a sua total rejeição da ideia de que a configuração de Satoshi estivesse quebrada e necessitasse de revisão pelos desenvolvedores do Core:

> Algumas pessoas acreditam que o Bitcoin seja mais adequado como um sistema de liquidação que como um sistema de pagamento. Essa noção está enraizada numa visão de que não é possível haver um sistema de pagamentos verdadeiramente descentralizado e *trustless* (que prescinda da confiança em terceiras partes) que possa lidar com as necessidades de pagamentos do dia-a-dia para a população de pessoas neste planeta. Acham que seja inatin-

gível a visão de Satoshi em relação ao Bitcoin como uma versão puramente *peer-to-peer* (ponta-a-ponta) do dinheiro eletrônico.

Isso é um absurdo. Essa visão pode ser concretizada.

Ele então prosseguiu explicando que a proposta de valor do Bitcoin provém, primeiro, de ser um sistema de pagamento e, depois, uma vez bem-sucedido, de se tornar, no futuro, um sistema de liquidação:

> A história sugere que os sistemas de liquidação devem começar como sistemas de pagamento amplamente aceitos (...). O Bitcoin agirá como um bom sistema de liquidação se, primeiro, funcionar bem como um sistema de pagamento. O Bitcoin só deve ser limitado por restrições reais de processamento, não por limites arbitrariamente escolhidos.[13]

S. Pair também abordou a noção de que os mineradores sejam, de alguma forma, uma ameaça à segurança do sistema e precisem ter o seu poder removido. Num artigo intitulado "Miners Control Bitcoin: ... and that's a good thing" ("Os Mineradores Controlam o Bitcoin: ... e isso é uma coisa boa"), ele defende a configuração de Satoshi e explica como essa configuração mantém descentralizado o Bitcoin:

> Algumas semanas atrás, tive uma conversa com alguém que expressou a noção de que algum controle deveria ser retirado das mãos dos mineradores. Considerei interessante. Isso levanta a questão: se você retira algum poder das mãos dos mineradores, para quem você está dando esse poder?
>
> Uma pessoa deveria possuir a marca registrada (*trademark*; TM) Bitcoin? Tais pessoas deveriam ter o poder de definir as regras oficiais de consenso do Bitcoin™? Talvez os mineradores devam assinar os seus blocos de tal forma que apenas aqueles que receberam o certificado para seguir as regras oficiais de consenso do Bitcoin™, protegidas por marca registrada, tenham permissão para criar blocos. Se você seguir essa linha de raciocínio até a sua conclusão lógica, você acabará com um sistema centralmente gerenciado sem necessidade nenhuma de mineração.

Ele, em vista disso, explicou o poder do sistema de incentivos do Bitcoin, como esse sistema impede que os mineradores se comportem de maneira prejudicial e por que os mineradores compõem a parte mais crucial da segurança da rede:

> Individualmente, os mineradores controlam muito pouco; porém, coletivamente, eles controlam tudo sobre o bitcoin. Essa é uma propriedade importante e fundamental do Bitcoin (...). Um minerador sozinho, operando sob um conjunto diferente de regras, produziria blocos que são rejeitados por outros mineradores. Ele não obteria recompensa alguma pelos seus esforços. Assim, enquanto os mineradores estão competindo uns com os outros para produzir blocos de forma mais eficiente, os mineradores também têm a necessidade de cooperar (...).
>
> O Bitcoin coloca todo o poder sobre o funcionamento da rede nas mãos dos mineradores, e qualquer indivíduo pode se tornar um minerador. Essa ação coletiva e coordenada é o que torna o Bitcoin um sistema poderoso, inovador e revolucionário. Minar o poder que os mineradores possuem sobre o Bitcoin significa minar tudo que constitui o Bitcoin.

Apesar do poder atribuído por Satoshi aos mineradores, Pair reconhece que esse poder pode ser renunciado, declinado, entregado caso os mineradores se recusem a tomar decisões ou caso eles simplesmente não percebam que possuem tal poder em primeiro lugar:

> Os mineradores podem delegar o seu poder. Eles podem optar por deixar um *pool* de mineração produzir os blocos que mineram, permitindo assim que o *pool* imponha as regras de consenso ou censure transações, se desejarem. Os mineradores também podem permitir que outros influenciem ou controlem o *software* que executam e, também, as regras que esse *software* impõe. A única razão pela qual desenvolvedores, *pools* de mineração ou quaisquer outras entidades não mineradoras têm alguma influência sobre as regras de consenso é que os mineradores escolheram (de maneira consciente ou negligente) delegar o seu poder.[14]

A perspectiva de Pair era comum em 2016, mas esse ponto de vista, hoje, é quase inédito, desconhecido. Na realidade, se os recém-chegados estão tentando aprender sobre a configuração do Bitcoin, eles, muito provavelmente, encontrarão a página sobre o Bitcoin na Wikipedia que é dedicada a esse exato tópico, intitulada "Bitcoin is Not Ruled by Miners" ("O Bitcoin Não é Governado por Mineradores"). Os leitores são informados de que são os *full nodes* (nós completos) que definem e controlam as regras do Bitcoin, não os mineradores. De acordo com o artigo, a capacidade dos *nodes* de não atualizarem o seu *software* mantém os mineradores sob controle:

> Se os mineradores produzirem blocos que violam as regras de consenso, então, para todos que executam um *full node*, será como se esses blocos nunca tivessem existido; esses blocos não criam bitcoins e não confirmam transações. Tendo em vista que a maior parte da economia está, de alguma forma, alicerçando-se em um *full node* para verificar as transações, isso impede os mineradores que estão criando blocos inválidos de realmente violarem quaisquer regras com qualquer tipo de eficácia no mundo real, mesmo que 100% dos mineradores estejam fazendo isso (...).[15]

Conforme explicado no Capítulo 6 deste livro, se a maioria dos mineradores decidir modificar o *software* que executam, ao passo em que alguns *nodes* (nós) executam/rodam *software* incompatível, os *nodes* simplesmente são "forkeados" (bifurcados) da rede. Os *full nodes*, por si mesmos, não têm o poder de gerar blocos e, portanto, não possuem o poder de, por si sós, processar transações. A rede pode funcionar bem sem esses *nodes*, mas sofreria uma estridente interrupção sem mineradores. É absurdo imaginar que o Bitcoin tenha sido configurado para que entusiastas amadores (*hobbyists*) que rodam *nodes* no porão das suas casas pudessem impedir 100% dos mineradores — que gastam centenas de milhões de dólares em infraestrutura — de atualizarem o *software* deles. O artigo, porém, reforça o que diz e ainda afirma que a rede *exija* que a maioria dos participantes execute os seus próprios *nodes*; caso contrário, o sistema inteiro se torna inseguro:

> Se uma parcela pequena da economia está executando *full nodes* independentes, então o Bitcoin é governado por alguém. Se a maior parte da economia está utilizando *lightweight nodes* (nós de carga leve) ao estilo SPV (...), então o Bitcoin é governado por mineradores e, portanto, inseguro.

Depois de articular o oposto da filosofia de Satoshi, o texto conclui com outro absurdo:

> O resultado de tudo isso é que uma "governança do Bitcoin" não existe; o Bitcoin não é governado. Nenhum indivíduo ou grupo pode forçar os seus pontos de vista sobre qualquer outra pessoa, e inclusive coisas como a definição de um bitcoin podem ser subjetivas (...). A materialização dessa não governança foi uma das principais motivações por trás do Bitcoin, continuando a ser uma das suas maiores vantagens perante os sistemas tradicionais, e tanto o próprio sistema quanto a comunidade Bitcoin resistirão vigorosamente a qualquer tentativa de enfraquecer essa característica do Bitcoin.[16]

Ninguém que entenda a história e a configuração de rede do Bitcoin poderia dizer que ele esteja existindo sem governança. A expressão "não governança", assim como a expressão "ouro digital", nada mais é que um bordão cativante que engana as pessoas sobre a verdadeira configuração do Bitcoin. Os leitores não devem se surpreender ao saberem que esse artigo na página Wiki referente ao Bitcoin — que alega falar em nome da comunidade Bitcoin — foi escrito pela mesma pessoa que detém o controle sobre todas as principais plataformas de discussão: o próprio Theymos.

18

De Hong Kong a Nova York

O fato de o Bitcoin Core ter permitido que a rede chegasse a esse
ponto é incrivelmente negligente, e considero que isso diz muito
sobre as suas motivações e a sua competência como equipe.[1]

— Brian Armstrong, CEO (*Chief Executive Officer*) da Coinbase

No início de 2016, mais de 90% do *hashrate* (o poder de mineração ou processamento) da rede expressou apoio à ampliação do limite de tamanho dos blocos (*blocksize limit*) para pelo menos 2 MB.[2] Apesar de o BitcoinXT não ter sido escolhido como a implementação para concretizar a ampliação, outro rapidamente tomou o seu lugar. O Bitcoin Classic, liderado por Gavin Andresen e Jeff Garzik, imediatamente obteve popularidade como uma alternativa conservadora perante o Bitcoin Core ao apenas ampliar o limite para 2 MB. Assim como o XT, o Classic ampliaria o limite de tamanho dos blocos somente depois de atingir um limiar de 75% do *hashrate*. Poucos dias após a criação do *website* do Classic, 50% do *hashrate* declarou o seu apoio à nova implementação.[3] O periódico *Wall Street Journal* rapidamente tomou nota:

> Outra proposta, esta chamada de Bitcoin Classic, emergiu das cinzas do debate XT/Core. Trata-se de uma versão do bitcoin que permitiria um limite de dois *megabytes*, com regras estabelecidas para ampliá-lo ao longo do tempo. Parece estar obtendo apoio de forma rápida.[4]

Apesar da sua popularidade instantânea, nem todo mundo estava pronto para "forkear" (bifurcar) e se afastar do Core. O *pool* de mineração BTCC estava inicialmente cético em relação ao Classic, embora apoiasse uma ampliação do limite de tamanho dos blocos. A sua preferência era evitar a polêmica ao fazer com que o Core simplesmente ampliasse o limite:

> Apoiamos uma ampliação para 2 MB, mas não firmaremos assinatura para apoiar o Bitcoin Classic (...). Só porque as pessoas estão gravitando ao redor de algo não significa que você automaticamente se entrega a isso sem uma análise séria (...). Para nós, a situação ideal é ter a ampliação para 2 MB realizada no Core, acompanhada pela [SegWit].[5]

"SegWit" simboliza "Segregated Witness" ("Testemunha Segregada")§ e receberá explicações mais adiante.

A estratégia de esperar que o Core ampliasse o tamanho dos blocos não tinha um bom histórico. Eric Voorhees, o criador do jogo extremamente popular Satoshi Dice e da corretora de criptomoedas (*exchange*) ShapeShift, comentou sobre a posição do BTCC e o incentivou a apoiar o Classic — nem que fosse apenas para pressionar o Core a ceder:

> A única circunstância sob a qual o Core passaria para 2 MB é se eles sentissem a iminência de um *hard fork* em direção ao Classic (ou outra coisa). Se o desejo de vocês é fazer com que o Core passe para 2 MB, endossar o Classic é provavelmente o caminho mais eficaz.[6]

No final de fevereiro de 2016, parecia que a pressão estava começando a funcionar. Uma conferência de emergência foi organizada em

§   Neste capítulo, quando "SegWit" recebe menções, utiliza-se o artigo definido feminino "a" para se referir ao termo, que significa "Testemunha Segregada". Nos capítulos seguintes, o artigo definido masculino "o" é utilizado, pois o contexto faz referência ao termo na condição de código (o código "SegWit"). No final deste capítulo, o termo "SegWit2x" é referenciado como código. (N. do T.)

Hong Kong com vários mineradores grandes, várias empresas e vários desenvolvedores principais do Core.

O Acordo de Hong Kong

Os objetivos da indústria eram claros: encontrar uma maneira de escalonar o Bitcoin de modo a evitar a iminente falha da rede; e fazer isso sem despedaçar a comunidade. Os objetivos dos desenvolvedores do Core eram diferentes. Acima de tudo, eles tinham de proteger os seus próprios empregos, visto que se encontravam sob a ameaça de serem demitidos e substituídos pelo Bitcoin Classic. Eles, assim, prometeram uma diminuta ampliação do tamanho dos blocos em troca da promessa dos mineradores de executarem somente o *software* Core. Em 20 de fevereiro, um acordo foi alcançado, agora denominado de "Acordo de Hong Kong" ou "HKA" ("Hong Kong Agreement").[7] Os dois componentes principais do HKA foram:

1) Uma atualização de *hard fork* para ampliar o limite de tamanho dos blocos para 2 MB.
2) Uma atualização de *soft fork* para habilitar a SegWit.

A promessa dos mineradores dizia: "Só executaremos sistemas de consenso compatíveis com o Bitcoin Core, finalmente abrangendo a SegWit e o *hard fork*, esse em elaboração, no futuro previsível." O acordo também se apresentou com um cronograma. A SegWit seria lançada em abril de 2016; o código para o *hard fork*, em julho; e o *hard fork* seria ativado em torno de julho do ano seguinte. Como o Classic era uma atualização para 2 MB e o Core prometia a mesma coisa, o acordo tornou a permanência no Core mais palatável para os mineradores — se pudessem apenas segurar por mais alguns meses, chegariam a 2 MB sem toda a controvérsia.

Em contraste com a ampliação relativamente simples do tamanho dos blocos, a SegWit é uma mudança muito mais complicada para o *software*, modificando a maneira como as transações são estruturadas. A SegWit incrementa ligeiramente o volume de transações, mas o seu propósito principal está em tornar as segundas camadas, tais como a Lightning Network, mais fáceis de serem construídas. Críticas significativas foram feitas à SegWit por pessoas como o Dr. Peter Rizun e outros.[8] Os críticos apontaram potenciais fraquezas de segurança, e todos reconhecem que o código vem acompanhado por sérias "dívidas técnicas" — por aumentos permanentes na complexidade do *software*. Quanto mais complexo for o *software*, mais difícil é trabalhar com ele, e mais *bugs* inevitavelmente serão criados — e a SegWit foi um enorme aumento em complexidade. Todas as carteiras da indústria tiveram de ser escritas para aceitar transações da SegWit de forma segura — uma reclamação suscitada por várias empresas diferentes na época.

Apesar das críticas, nunca tive uma opinião forte perante os méritos da SegWit. Para mim, o mais importante do Bitcoin é ter transações rápidas, baratas e confiáveis que não podem ser censuradas por uma terceira parte. Se a SegWit pode incrementar essas qualidades, então é uma boa ideia. Se a SegWit diminui essas qualidades, então é uma ideia ruim. No entanto, ela, por si só, não se revela suficiente para incrementar o volume de transações numa quantidade significativa. Porém, dada a urgência da situação em 2016, parecia um acordo tolerável obter uma ampliação do limite de tamanho dos blocos sem dividir a rede em duas — isto é, supondo que o Core cumpriria as suas promessas.

Embora o HKA não tenha obtido apoio unânime, ele de fato conseguiu as assinaturas de vários participantes-chave envolvidos com a mineração, incluindo AntPool, Bitmain, BTCC e F2Pool, abarcando uma porcentagem significativa do *hashrate* total. Algumas corretoras de criptomoedas também aderiram. Cinco desenvolvedores do Core acrescentaram as suas assinaturas, juntamente com o CEO da Blockstream, Adam Back. Brian Armstrong se mostrou um crítico notável, e ele, após o seu voo de retorno de Hong Kong, voltou convencido de que o Bitcoin Core precisava ser substituído o mais rapidamente possível. Pouco tempo depois de participar da conferência, ele escreveu um artigo que alertava sobre "o risco sistêmico de o Core ser a única equipe trabalhando no protocolo" e encorajava a mudança para o Bitcoin Classic:

Precisamos nos comunicar com os mineradores chineses sobre esse caminho de atualização. Eles foram enganados a acreditar que apenas 4–5 pessoas no mundo podem trabalhar com segurança no protocolo bitcoin, quando, na realidade, é esse grupo que representa o maior risco para os seus negócios (...).

Ao atualizar para o Bitcoin Classic, isso não significa que precisamos ficar com a equipe do Classic para sempre; trata-se simplesmente da melhor opção para mitigar o risco agora mesmo. Podemos usar código de qualquer equipe no futuro.

O artigo também reafirmou a importância de haver várias implementações de *software* para manter saudável o Bitcoin e evitar a captura por desenvolvedores:

A minha visão geral (a qual articulei na mesa redonda durante o último fim-de-semana) é de que o bitcoin será muito mais bem-sucedido com um sistema multipartes trabalhando no desenvolvimento de protocolos que com uma única equipe com as limitações que mencionei anteriormente. Considero que podemos fazer isso acontecer. Na verdade, devemos fazer isso acontecer (...).

A longo prazo, precisamos formar uma nova equipe para trabalhar no protocolo bitcoin. Uma equipe que acolha novos desenvolvedores à comunidade, disposta a assimilar compensações (*trade offs*) razoáveis; uma equipe que auxiliará o protocolo a prosseguir escalonando.[9]

O Acordo de Hong Kong não dissuadiu os indivíduos nefastos de atacarem os *nodes* Bitcoin Classic, assim como tinham antes procedido com o BitcoinXT. Outra rodada de ataques DDoS (*distributed denial-of-service*; negação-de-serviço distribuída) puniria qualquer indivíduo que executasse/rodasse alternativas ao Core, e os fóruns *online* começaram a se encher novamente de histórias dos ataques. O *website* Blocky.com relatou:

O ataque atual é o mais recente a mostrar que um simples desacordo sobre escalabilidade se degenerou no caos e trouxe à superfície elementos criminosos dentro da nossa comunidade. O desacordo segue recomendações de ampliar a capacidade para 2 MB como medida emergencial para liberar a pressão sobre as transações, as quais, no momento, estão operando na capacidade máxima com blocos cheios.[10]

O nosso *website* Bitcoin.com também foi atacado, levando o nosso ISP (*Internet Service Provider* — Provedor de Serviços de Internet) a desligar um servidor por várias horas. Emil Oldenburg, o nosso CTO (*Chief Technology Officer*) na época, escreveu sobre a motivação por trás do ataque:

> O objetivo desse ataque é intimidar qualquer pessoa que execute o Bitcoin Classic. Trata-se do mesmo *modus operandi* que testemunhamos com o Bitcoin XT. Isso ocorre num momento em que os mineradores começaram a minerar blocos Bitcoin Classic e já possuem muito mais apoio que aquele que o XT sequer teve.
>
> Alguém — ou algumas pessoas — está financiando ataques DDoS direcionados ao Classic na tentativa de impedir o crescimento de *nodes* e blocos do Classic. Alguns desenvolvedores do Core, assim como Adam Back, declararam que "o Bitcoin não é uma democracia", embora essa descrição se mostre correta para o modelo atual de governança; com censura, assassinatos de reputação, ataques contra quem discorda da linha partidária e sabotagem contra a livre escolha, a governança atual está mais parecida com a Coreia do Norte.[11]

A revista CoinTelegraph cobriu a história do F2Pool, um *pool* de mineração chinês responsável por mais de um quarto (¼) do *hashrate* total do Bitcoin, sendo atacado logo após permitir que os seus mineradores executassem o Classic:

> Os ataques começaram a atingir o *pool* de mineração de Bitcoin do F2Pool quase imediatamente depois que a equipe F2Pool anunciou a sua decisão de "testar" o Bitcoin Classic por meio do lançamento de um *subpool* no qual os mineradores podem minerar blocos Bitcoin Classic.[12]

Mais uma vez, os ataques se revelaram notavelmente eficazes. O Bitcoin Classic desfrutou do seu maior apoio em meados de março de 2016 antes de rapidamente entrar em declínio.

Bitcoin Classic Nodes
Jan 17, 2016 – Dec 31, 2016

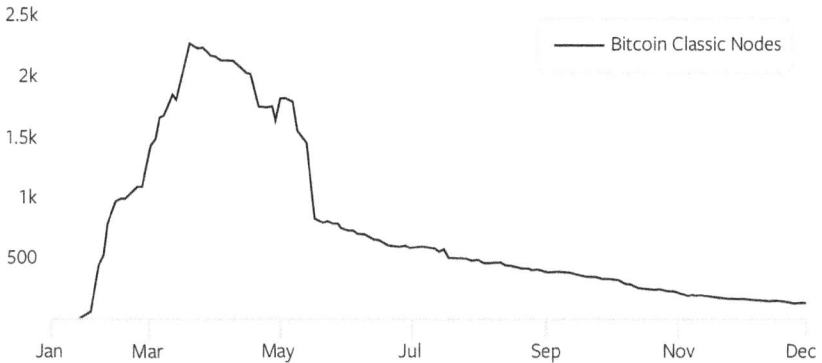

Figura 6: *Número de nodes ativos do Bitcoin Classic*[13]

Não é difícil entender o porquê. Colocar em execução o Bitcoin Classic era polêmico e arriscava "forkear" (bifurcar) a rede em duas, e isso se mostrou um convite aberto para ataques DDoS. Além disso, o Classic só atualizou para blocos de 2 MB, os quais já tinham sido prometidos pelo Core no HKA. Assim, para um grande número de mineradores, confiar no Core parecia uma opção mais segura. Infelizmente, a confiança deles foi colocada no lugar errado, e as críticas de Brian Armstrong se revelaram prescientes. Os desenvolvedores do Core faltaram com os seus prazos tanto para a atualização da SegWit quanto para a ampliação do tamanho dos blocos. Eles não aderiram ao HKA, e os blocos continuaram ficando mais cheios.

Controles Mais Rígidos de Informações

Enquanto isso, a guerra para controlar a narrativa dominante do Bitcoin estava acirrada. A censura desenfreada não foi a tática mais extrema utilizada. Os donos dos principais *websites* informativos ficaram ainda mais descarados. Em julho de 2016, o proprietário do *website* Bitcoin. org, "Cobra", surgiu com uma ideia: talvez os recém-chegados pudessem ser impedidos de aprender sobre a configuração original do Bitcoin *por meio de modificações no próprio whitepaper (monografia seminal) de Satoshi*:

> Tenho percebido que a monografia referente ao Bitcoin (...) está recebendo muito tráfego (...). Quase todas as pessoas que leem a monografia provavelmente a estão lendo pela primeira vez, além de usá-la como um recurso de aprendizagem. No entanto, tendo em vista que a monografia está tão desatualizada, creio que ela não mais faz um bom trabalho em propiciar às pessoas uma compreensão firme do Bitcoin (...).
>
> Sinto que o Bitcoin descrito na monografia e o Bitcoin descrito no *website* bitcoin.org estão começando a divergir. Em algum momento, considero que a monografia começará a fazer mais mal que bem, porque engana as pessoas a acreditarem que entendam o Bitcoin.

Cobra, então, lança a extraordinária alegação de que o *whitepaper* não se destina a explicar a configuração original de Satoshi, mas sim a trazer explicações sobre como o atual *software* Bitcoin Core funciona:

> Tenho visto pessoas promoverem ideias tóxicas e malucas e, depois, citarem partes da monografia na tentativa de justificar tais ideias. Os acadêmicos também estão citando regularmente a monografia e baseando alguns dos seus raciocínios e argumentos nessa monografia desatualizada (...).
>
> Creio que a monografia sempre foi projetada para ser uma visão geral de alto nível da atual implementação de referência e que devemos atualizá-la, agora quando a monografia está desatualizada e a implementação de referência se modificou significativamente desde 2009.[14]

Pela lógica de Cobra, mesmo que os desenvolvedores do Core tenham modificado descontroladamente o código de modo que perdesse toda a semelhança com o Bitcoin original, o *whitepaper* deve ser alterado para refletir essas mudanças. Theymos imediatamente se manifestou na sequência, concordando com a ideia de que o *whitepaper* desencaminhe as pessoas:

> Sugestão interessante. A monografia está definitivamente desatualizada, e muitas vezes vejo pessoas dizendo "basta ler o *whitepaper*!" como se a monografia ainda fosse uma boa maneira de aprender sobre Bitcoin (...).[15]

Felizmente, essa proposta encontrou resistência suficiente para bloquear a mudança, embora isso não os impedisse de, no futuro, tentar novamente. Theymos, mais tarde, faria outra proposta ultrajante, a de que as empresas deveriam ser forçadas a prestarem juramento à narrativa dos defensores de blocos pequenos para terem os seus produtos listados no *website* Bitcoin.org:

> Várias empresas disseram que os mineradores controlam o Bitcoin. Essa crença é uma das ameaças mais perigosas ao Bitcoin (...). Tenho considerado que o *bitcoin.org* deveria, de alguma forma, agir contra isso mais que aquilo que já age. Por exemplo, talvez o *bitcoin.org* deva exigir que serviços e carteiras assinem um juramento muito simples que reconheça que o Bitcoin não é governado por mineradores para conseguirem ser referenciados por *bitcoin.org*.[16]

Cobra entrou na conversa, novamente criticando o *whitepaper* e solicitando que ele fosse revisto ou completamente substituído:

> O *whitepaper* deve ser culpado por todas essas crenças perigosas. Precisamos seriamente reescrevê-lo; ou produzir um *whitepaper* completamente novo e chamá-lo de *whitepaper* do Bitcoin.[17]

Essas citações são chocantes no seu descaramento. Duas pessoas desconhecidas que controlam os *websites* mais proeminentes do Bitcoin estão ávidas por censurar, fazer propaganda e, inclusive, reescrever a história para impulsionarem a sua narrativa. O usuário médio nem mesmo sabe da existência de Theymos e de Cobra, muito menos da história de como eles empurraram uma versão do Bitcoin que é diametralmente oposta à original — nem sequer investidores proeminentes com quem falei em privado, pois para descobrir isso é necessário realizar significativa pesquisa independente ou ter envolvimento de longo prazo na indústria.

BU, NYA, S2X e Outras Siglas

O ano de 2016 terminou sem a SegWit ou uma ampliação do tamanho dos blocos, e o ano seguinte se tornaria o mais louco da história do Bitcoin. Em janeiro de 2017, os blocos estavam funcionando regularmente com mais de 90% da capacidade, ocasionalmente esbarrando no limite de 1 MB; e, em março, a taxa média de transações passou de US$ 1 — um aumento de mais de 1.000% em menos de um ano. Charlie Shrem, empresário dos tempos iniciais do Bitcoin, escreveu:

> Caso não implementemos blocos maiores o mais rapidamente possível, o PayPal será mais barato que o #bitcoin. Eu já pago alguns dólares por *tx* (*transaction*; transação). Parem de atravancar o crescimento.[18]

A próxima implementação alternativa começou a ganhar impulso. A equipe do Bitcoin Unlimited (BU) desejava substituir o limite rigidamente codificado de tamanho dos blocos por algo que eles denominaram de "consenso emergente". A ideia básica era simplesmente permitir que mineradores e *nodes* definissem o seu próprio limite sem necessitarem da aprovação de ninguém. Os incentivos econômicos, de acordo com a equipe do BU, eram fortes o suficiente para manter a rede coordenada e funcional. Concordei com a análise deles.

Apesar de adquirir impulso no início de 2017, o BU era odiado pelos personagens típicos e, em consequência, submetido a ataques. Na plataforma Reddit, múltiplos usuários anônimos compartilharam as suas intenções de explorar quaisquer *bugs* que pudessem encontrar de modo a obterem o máximo efeito.[19] Eles conseguiram; e, em meados de março, mais da metade dos *nodes* Bitcoin Unlimited foram derrubados com sucesso num ataque coordenado. O *bug*, em si, não provocou muitos estragos, mas danificou a reputação dos desenvolvedores do BU num momento fundamental. Num artigo que cobriu os ataques, a agência de notícias Bloomberg escreveu:

> Embora o ponto fraco tenha sido rapidamente corrigido, trata-se de uma validação para os críticos que dizem que os programadores do Unlimited não têm a experiência para corrigir o complicado problema de congestionamento do bitcoin. O Unlimited obteve nas últimas semanas o apoio de mineradores influentes, visto que alguns decidiram desistir de chegar a um consenso na comunidade após mais de dois anos de discussão. O *bug* suscita incertezas sobre se os mineradores prosseguirão com o seu apoio.[20]

Durante todo o drama, a participação de mercado do BTC também começou a desabar. No início do ano, o BTC desfrutava de cerca de 87% do valor de mercado total de todas as criptomoedas. Em maio, despencou para abaixo de 50%. A indústria do Bitcoin estava finalmente começando a sentir as consequências de atrasar o escalonamento por anos. Assim, outra conferência foi organizada, desta vez em Nova York. Os maiores *players* (participantes) econômicos foram convidados, juntamente com os desenvolvedores principais do Core.

Um acordo foi rapidamente alcançado — um acordo conservador, assemelhando-se ao HKA, que anteriormente tinha sido combinado. A SegWit seria ativada com um limiar de 80% de mineradores, e uma ampliação para 2 MB no tamanho dos blocos aconteceria dentro de seis meses. Isso ficou conhecido como o Acordo de Nova York — ou "NYA" ("New York Agreement"). Famosamente, todos os desenvolvedores do Core se recusaram a comparecer à conferência; a indústria, então, teve de encontrar um acordo entre si própria. A minha empresa Bitcoin. com assinou o NYA, embora eu não pudesse comparecer pessoalmente. Se eu estivesse lá, teria me oposto a um problema gritante com o plano inteiro: era esperado que a ampliação do tamanho dos blocos acontecesse depois de a SegWit ser ativada. E se, depois de aceitar a SegWit, outra campanha fosse organizada para atacar todas as alternativas ao

Core? Será que os mineradores finalmente firmariam um compromisso com uma implementação alternativa? Foi uma enorme aposta que se transformou num enorme erro.

O Acordo de Nova York obteve assinaturas de 58 empresas de 22 países diferentes, representando 83% do *hashpower*, mais de US$ 5 bilhões de volume mensal de transações *on-chain* e mais de 20 milhões de carteiras de Bitcoin.[21] O apoio foi tão universal que até mesmo críticos proeminentes do Core e da SegWit assinaram. Por exemplo, o *pool* de mineração ViaBTC escrevera, no mês anterior, um contundente artigo explicando por que eles não apoiavam a SegWit como uma solução de escalonamento, dizendo:

> A capacidade da rede é, neste momento, a questão mais urgente para o Bitcoin (...). A SegWit, que é uma solução de *soft fork* para a maleabilidade, não pode solucionar o problema de capacidade (...). Mesmo que a SegWit, após a ativação, possa incrementar ligeiramente o tamanho dos blocos com novos formatos de transação, ela ainda está muito atrás da demanda para o desenvolvimento da rede Bitcoin.
>
> Redes de segunda camada, como a Lightning Network (que depende da SegWit), não podem ser consideradas como uma solução ao escalonamento dos blocos. As transações da LN NÃO são iguais às transações *on-chain peer-to-peer* do Bitcoin; e a maioria dos cenários de uso do Bitcoin não se mostra aplicável com a Lightning Network. A LN também levará a grandes "centros" de pagamentos, e isso se revela contrário à configuração inicial do Bitcoin como um sistema de pagamento *peer-to-peer*. Ela, todavia, pode ser um bom método para transações frequentes e diminutas de Bitcoin em determinados casos. Mas não podemos depender disso como uma cura para o escalonamento do Bitcoin.

O artigo deles, então, explica como a SegWit fortalecerá o domínio do Core sobre o protocolo do Bitcoin:

> Como implementação de referência para o Bitcoin, o Bitcoin Core foi de influência significativa na comunidade. No entanto,

a sua influência tem sido superestimada pelas suas ações. Ao abusarem da sua influência anterior, eles impediram a ampliação do tamanho dos blocos do Bitcoin de acontecer, contra a vontade da comunidade. A equipe Core, em alguns casos explicitamente, apoiou a censura dos principais fóruns dedicados ao Bitcoin, juntamente com o banimento de muitos proeminentes desenvolvedores, membros e negócios que demonstram opiniões diferentes em relação ao atual *roadmap* (plano de desenvolvimento de longo prazo) do Core. Hoje, o Bitcoin necessita urgentemente de diversificadas implementações e equipes de desenvolvimento para materializar a descentralização no desenvolvimento do Bitcoin.

Caso a SegWit seja ativada, o Bitcoin não terá escolha a não ser prosseguir com o atual *roadmap* do Core nos próximos anos, o que intensificará ainda mais os impactos de uma incompetente equipe de desenvolvimento na comunidade Bitcoin e descartará as possibilidades do Bitcoin de crescer em várias direções.[22]

Entretanto, apesar das suas críticas fortes, eles ainda assinaram o NYA para tentar manter a comunidade unificada em torno da mesma moeda e preservar os efeitos de rede duramente conquistados. Em junho de 2017, as taxas de transação continuaram a disparar para mais de US$ 5 em média — agora, mais de 5.000% em comparação ao ano anterior.

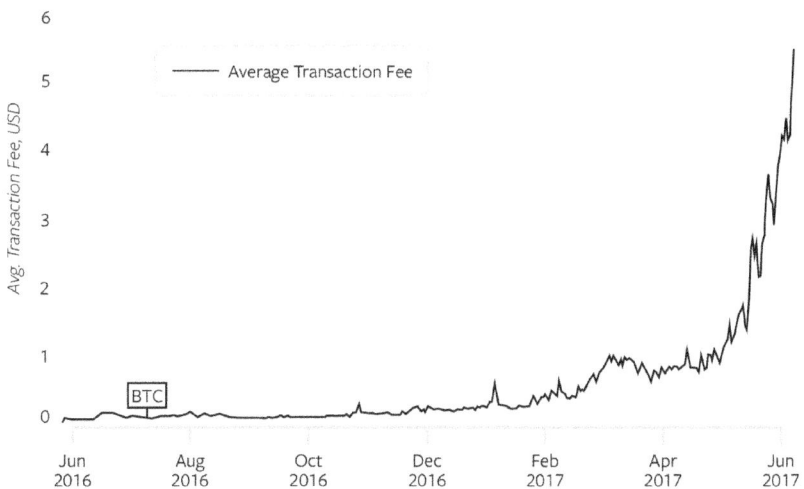

Figura 7: *Taxa média de transações do BTC de junho de 2016 a junho de 2017*

O valor relativo de mercado do BTC também sofreu uma nova baixa de 38%, à medida que mais pessoas estavam escolhendo *chains* (cadeias) alternativas como o Ethereum, que ofereciam melhor desempenho. A esmagadora maioria da indústria concordava que atualizar a capacidade do Bitcoin era urgente, mas os desenvolvedores do Bitcoin Core estavam absolutamente sem disposição alguma para ampliar o limite de tamanho dos blocos. Dessa forma, outros desenvolvedores teriam de fazer isso acontecer num diferente repositório de *software*. Jeff Garzik foi escolhido como o desenvolvedor líder para esse novo projeto, e o código no qual ele estava trabalhando seria chamado de "SegWit2x" (ou "S2X").

Mais uma vez, o Core corria o risco de ser demitido. Se a maioria dos mineradores, executando o SegWit2x, produzisse um bloco maior que 1 MB, os mineradores que estivessem executando o Core seriam bifurcados da rede. Talvez mais importante, as chaves do código do Bitcoin seriam finalmente arrancadas das mãos do Core. Então, outra campanha foi travada para demonizar qualquer indivíduo que apoiasse o SegWit2x, o qual era simplesmente o código que refletia o HKA e o NYA. Greg Maxwell escreveu:

> Alguns idiotas bem-intencionados foram para a China alguns meses atrás para aprender e educar sobre os problemas e conseguiram se deixar trancar num quarto até as 3–4 da manhã até que concordassem pessoalmente em propor algum *hardfork* após segwit.[23]

O usuário de fórum httpagent comentou sobre a hostilidade do Core em relação a qualquer pessoa que se encontrasse fora do círculo deles:

> Tenho percebido uma estratégia de "não saber nada" recentemente adotada pelo [Bitcoin] Core – basicamente, a ideia é que os membros da comunidade afirmem que todos que não façam parte do desenvolvimento do Core sejam ingênuos e não possuam posição válida no debate sobre o futuro do bitcoin.[24]

O restante do ano de 2017 acabaria sendo um confronto entre Blockstream/Core e o resto da indústria. Apesar de declararem durante anos — em nome da união — que um *fork* (bifurcação) deveria, a todo custo, ser evitado, os apoiadores do Core demonstraram que não tinham nenhuma vontade real de cooperação. Quando chegou a hora, eles estavam prontos para provocar cizânia na comunidade e atacar os seus oponentes por quaisquer meios necessários.

19

Os Chapeleiros Malucos

Quando o Bitcoin Core lançou o código SegWit, exigiu que 95% do *hashrate* (o poder de mineração ou processamento) desse o sinal para a ativação dele antes que o código fosse implementado — essencialmente dando poder de veto a uma minoria de 5% de mineradores. O Core foi pesadamente criticado por definir esse limiar num patamar muito elevado, visto que, se um número suficiente de mineradores discordasse, tais mineradores poderiam bloquear indefinidamente a ativação do SegWit; e é por isso que a porcentagem necessária foi reduzida para 80% com o NYA ("New York Agreement" — Acordo de Nova York). No entanto, um plano diferente já tinha sido arquitetado antes de o NYA acontecer, com o propósito de tentar forçar os mineradores a adotarem o SegWit.

Uma Desnecessária e Autodestrutiva Reação Exagerada

O desenvolvedor pseudônimo ShaolinFry anunciou a sua ideia para um "User-Activated Soft-Fork" (UASF; "*Soft-Fork* Ativado por Usuários") em fevereiro de 2017,[1] embora o plano inicialmente não tenha obtido muita atenção. O UASF era uma tentativa de desafiar explicitamente o poder dos mineradores por meio da ameaça de disrupção da rede caso o SegWit não fosse rapidamente adotado.[2] *Nodes* (nós) executando o código do UASF se recusariam a aceitar blocos que não sinalizassem para a ativação do SegWit. Portanto, se os mineradores produzissem blocos incompatíveis com o código do UASF, os *nodes* acabariam "forkeando" (bifurcando) a si próprios da rede. Embora pareça uma ideia evidentemente ruim, isso, em teoria, poderia provocar problemas caso fosse capaz de recrutar, para a execução do código, um número suficiente de *nodes* com influência econômica — *nodes*, digamos, de corretoras de criptomoedas (*exchanges*), de processadores de pagamentos ou de provedores de carteiras. Os usuários poderiam acabar numa *blockchain* separada da maioria dos mineradores, sem o seu conhecimento ou consentimento, potencialmente perdendo fundos ou não conseguindo efetivar os seus pagamentos.

Os arquitetos do UASF tentaram apelar a incentivos econômicos para ganharem impulso por trás da sua ideia. Além da possível dor ocasionada pela disrupção da rede, também argumentaram que os mineradores poderiam obter mais lucros por meio da adoção do SegWit, pois ele possibilitava novos tipos de transação. Taxas poderiam ser arrecadadas tanto a partir de transações no formato original quanto a partir de transações no novo formato. O objetivo era transformar a adoção imediata do SegWit no caminho mais fácil para os mineradores, visto que já planejavam adotá-lo de qualquer maneira.

Tanto o UASF quanto os seus defensores tinham muitos detratores. O cofundador da companhia OB1, Dr. Washington Sanchez, afirmou que o "UASF é um nome chique para um ataque Sybil".[3] Um ataque Sybil acontece quando os participantes de uma rede não conseguem discernir agentes honestos de agentes desonestos. Tendo em vista que os *nodes* do Bitcoin são fáceis de criar, é possível inundar a rede com *nodes* desonestos de modo a dificultar a conexão dos *nodes* honestos uns com os outros. Ironicamente, a exigência de prova-de-trabalho — *proof-of-work* — no Bitcoin é intencionalmente configurada para protegê-lo *de* ataques Sybil. Os *nodes* são baratos e fáceis de criar, mas os nós de mineração, não. Ao exigir que os mineradores demonstrem prova-de-trabalho, isso torna exponencialmente maior o custo de atacar a rede, e esse custo elevado é o que permite que agentes honestos se encontrem. O UASF tenta superar essa proteção por meio da ameaça de *fork* (bifurcação) de *nodes* economicamente relevantes da rede.

Mineradores *versus Full Nodes*

Existem vários problemas críticos com o conceito do UASF. Mais fundamentalmente, dada a configuração do Bitcoin, ele ainda requer a participação de mineradores. Mesmo que os *nodes* do UASF se bifurcassem com sucesso da rede principal, sem quaisquer mineradores cooperando, a sua *chain* (cadeia) não seria capaz de produzir quaisquer blocos novos. Assim, essa *chain* se tornaria imediatamente inutilizável. Se tais *nodes* trouxessem 5% do *hashrate* com eles, a sua *chain* só seria capaz de produzir blocos a 5% da taxa normal — em vez de cada bloco levar, em média, dez minutos, cada bloco levaria duzentos minutos. Esses *nodes* também estariam sujeitos a "ataques de 51%". Um ataque de 51% ocorre quando a maioria do *hashrate* é desonesta ou maliciosa e pode paralisar e mutilar uma *blockchain*. Se os apoiadores do UASF trouxessem 5% do *hashrate* para uma nova *chain*, isso significaria que 95% do *hashrate* permaneceria no BTC. Isso significa que seriam necessários apenas mais outros 6% dos mineradores para se deslocarem à *chain* do UASF para atacá-la. 89% do *hashrate* total estaria no BTC, e 11% estaria na *chain* do UASF. Desses 11%, mais da metade seria hostil e poderia engendrar estragos. No final das contas, a configuração de Satoshi dá aos mineradores o poder de determinar se a *blockchain* é funcional ou não.

Embora o conceito do UASF possa ter sido falho, ele suscitou uma questão importante: os mineradores se conectam a uma rede de *full nodes* (nós completos), ou *full nodes* se conectam a uma rede de mineradores? Felizmente, a resposta é "ambos". Embora os mineradores formem a espinha dorsal técnica do Bitcoin, eles não operam de forma independente perante uma rede econômica mais ampla. Os mineradores ainda são orientados para o lucro, e isso significa que devem considerar o que as outras partes desejam. Eles simplesmente não podem impor mudanças de maneira atropelada sem minar a credibilidade (e o preço) da moeda que mineram. Entretanto, estar excessivamente preocupado com a opinião minoritária também pode ser contraproducente a longo prazo, especialmente se isso impedir que a *blockchain* seja escalonada.

O UASF, no início, não obteve impulso, mas acabou recebendo adeptos depois que os defensores de blocos pequenos (*small blockers*) mais extremos abraçaram a causa — pessoas como Samson Mow, o CSO (*Chief Strategy Officer*) da Blockstream, e Luke Dashjr, um contratado da Blockstream. S. Mow organizou uma arrecadação pública de fundos para a melhor proposta de UASF;[4] e, nos meses seguintes, o apoio ao UASF cresceu, especialmente nas redes sociais, embora nunca tenha ficado claro quanto apoio era real e quanto apoio era fabricado. No Twitter (X), por exemplo, centenas de contas inundaram discussões públicas sobre o Bitcoin, promovendo agressivamente a ideia do UASF. Um número notavelmente elevado dessas contas era novo, tinha fotos de perfil de desenhos animados e quase nenhum seguidor; e, aparentemente, usava as suas contas no Twitter para tão-somente compartilhar as suas opiniões vigorosas sobre o Bitcoin — o que pareciam fazer por várias horas por dia, por múltiplos meses. Enquanto isso, em encontros e conferências do mundo real, nunca houve mais que um par de apoiadores do UASF em qualquer grupo, apesar da sua vociferante presença *online*. Tais apoiadores rapidamente ganharam uma reputação de serem os *bitcoiners* mais hostis e disruptivos em conferências, e eles podiam ser identificados pelos seus correspondentes chapéus de camuflagem estampados com "UASF", que foram produzidos pela Blockstream.

Por fim, algumas poucas empresas como BitFury e Samurai Wallet demonstraram apoio ao UASF, mas o movimento nunca atingiu uma massa crítica — aliás, nunca precisou. Os mineradores simplesmente aceleraram o seu cronograma para adotar o SegWit como parte do NYA. O SegWit estava programado para ser ativado no final de agosto de 2017, e a ampliação de duas vezes no tamanho dos blocos estava programada para novembro do mesmo ano.

O drama em torno do SegWit e do UASF apresentou, porém, outra consequência. Isso estimulou um grupo de mineradores a finalmente criar um plano de reserva. Se o SegWit se revelasse uma má ideia, se a adoção dele provocasse uma divisão de *chain* ou se a ampliação de duas vezes no tamanho dos blocos não ocorresse, um plano B teria de existir. Assim, uma implementação alternativa foi criada para se separar com segurança do BTC e formar uma *chain* separada, sem o SegWit e com uma ampliação imediata do limite de tamanho dos blocos para 8 MB. Essa implementação foi denominada de Bitcoin ABC — com "ABC" simbolizando "adjustable blocksize cap" ("limite ajustável de tamanho dos blocos"), que permitiria que os mineradores definissem os seus próprios limites sem necessitarem da aprovação de desenvolvedores. O Bitcoin ABC trouxe uma nova rede e, portanto, uma nova moeda, chamada de Bitcoin Cash. Foi assim que o BCH começou: não como um substituto imediato para o BTC, mas sim como um plano de contingência dos maiores mineradores caso as atualizações do BTC fracassassem. Acabou se revelando uma boa ideia.

Os "Inimigos do Bitcoin"

Quase imediatamente após o SegWit ser ativado, uma nova campanha tomou o lugar do UASF. Engenheiros de mídia social, controladores de informação e funcionários proeminentes da Blockstream começaram a agitar por "NO2X" ("NÃO AO 2X") — pela rejeição da parte "2X" do SegWit2x e pela manutenção do limite de tamanho dos blocos em 1 MB. Os esforços deles certamente foram facilitados, pois praticamente todas as maiores empresas ainda planejavam a atualização 2x e a sinalização dos mineradores aumentou para mais de 90%. O apoio quase universal da indústria seria difamado como "apoderação corporativa", o que se mostrava bastante irônico, visto que o NYA era necessário para superar a influência corporativa que a Blockstream detinha sobre os desenvolvedores do Core. De acordo com Adam Back:

> Indivíduos que desejam se apoderar corporativamente do Bitcoin possuem *ethos* anti-Bitcoin e se apresentam contrários ao Bitcoin; são *inimigos* do Bitcoin.[5]

O desenvolvedor do Core btcdrak ecoou esse sentimento e alegou que o SegWit2x, na realidade, iria *centralizar* ainda mais o desenvolvimento do Bitcoin:

> Estou absolutamente chocado com essa proposta, tanto do ponto de vista técnico quanto do ponto de vista ético, e com o processo que ela adotou (...). Apesar de toda a conversa sobre a importância das "implementações alternativas", como essa ação precipitada e apressada promove um ecossistema de múltiplos implementadores? Ao encorajar atualizações rápidas, você está realmente centralizando ainda mais o ecossistema.[6]

O esforço para impedir a atualização 2x — e, portanto, para impedir a ação de contornar o Core — foi previsto de antemão por muitos veteranos que estavam familiarizados com as táticas da agressiva facção dos blocos pequenos. O assunto estava sendo discutido nos fóruns não censurados, com algumas pessoas afirmando que esperar que o *hard fork* nunca acontecesse era semelhante a uma teoria da conspiração. O usuário jessquit respondeu a essa ideia, dizendo:

> Onde é que eu tomo a droga que vocês estão usando, seja ela qual for, que faz com que esqueçam completamente os últimos N anos de promessas quebradas por malfeitores neste espaço? Porque vocês, claramente, são capazes de bloquear completamente toda a história aqui e de apenas deixar a sua imaginação levá-los por aí (...).
>
> É possível que o SW2X permaneça no caminho certo e receba mais de 80% para ser ativado e, depois, permaneça no caminho certo para o HF? Sim. É definitivamente possível. Isso exige somente uma espantosa suspensão da descrença.[7]

Outro usuário entrou na conversa, concordando:

Não acredito que a Blockstream e o Core irão mostrar honestidade, já não provaram isso com o acordo de Hong Kong? Eles flagrantemente já renegaram um acordo, certo? É tipo: engane-me uma vez, a culpa é sua; engane-me duas vezes... e eu mereci isso.

Uma tática particularmente desonesta foi alegar que a atualização do SegWit fosse uma ampliação do tamanho dos blocos, dando a entender que o Core já cumprira a sua promessa feita em Hong Kong. Samson Mow iniciou essa narrativa no Twitter com um breve diálogo:

A ativação do SegWit colocaria um fim definitivo à percebida "Guerra Civil" do Bitcoin e à ameaça de um *hard fork* que dividisse a rede.[8]

Edmund Edgar respondeu com ceticismo:

O que querem dizer com isso é que, uma vez que obtenham o segwit, não haverá ampliação do tamanho dos blocos, nunca.[9]

Ao que Mow respondeu, afirmando:

SegWit é uma ampliação do tamanho dos blocos. Prove que não é.[10]

Essa afirmação seria desavergonhadamente repetida pelos personagens habituais, incluindo Adam Back,[11] Peter Todd,[12] Greg Maxwell,[13] Eric Lombrozo[14], e até mesmo no *website* segwit.org.[15] A razão pela qual eles podiam fazer essa alegação era devido à maneira como o SegWit reestruturou as transações. Os detalhes técnicos não são importantes; o que importa é que conseguiram isso por meio da alteração da métrica: de "tamanho dos blocos" (*blocksize*) para "carga dos blocos" (*block weight*), essencialmente medindo diferentes componentes da transação de forma diferente. Através desse novo método contábil, o tamanho literal dos blocos poderia ser ligeiramente ampliado para acima de 1 MB — a média, atualmente, é de 1,3 MB —, mas sem um incremento substancial na capacidade de volume de transações. Afirmar que isso se qualificava como uma ampliação para 2 MB do tamanho dos blocos era enganoso — como se os defensores do SegWit2x simplesmente quisessem ter blocos contendo mais dados, independentemente de isso lhes permitir que processassem mais transações por bloco. Usando métricas de "carga do bloco", o SegWit2x teria resultado num limite de carga de bloco de 8 MB, embora a capacidade de volume de transações fosse essencialmente a mesma da capacidade de um limite de tamanho dos blocos de 2 MB. O SegWit, por si só, apenas permitia 50% da capacidade que a indústria planejava após os Acordos de Hong Kong e de Nova York. Se o SegWit realmente fosse, pela definição usual, uma ampliação do tamanho dos blocos, então a controvérsia SegWit2x não teria sequer existido.

Todos São Culpados

Theymos e Cobra, mais uma vez, alavancaram o seu controle sobre os principais *websites* com o propósito de impulsionarem a narrativa "somente o Core". Outro esforço foi feito no *website* Bitcoin.org para retirar da lista as empresas que apoiavam o SegWit2x. Cobra escreveu:

> Por enquanto, vamos apenas remover qualquer menção à Coinbase e à Bitpay (e aos seus produtos associados) e exibir um alerta dizendo aos usuários que TOMEM CUIDADO com a Coinbase e a Bitpay porque elas planejam mudar para algo que acreditamos não ser o Bitcoin verdadeiro. O alerta pode conter instruções dizendo aos usuários como tirar o BTC deles desses serviços, além de recomendar empresas alternativas que têm o compromisso de utilizar o verdadeiro Bitcoin.[16]

Alguns dias depois, Cobra compartilharia planos para adicionar um "Segwit2x Safety Alert" ("Alerta de Segurança Referente ao Se-gWit2x") com a finalidade de avisar os usuários sobre "o que essas empresas traiçoeiras estão planejando para que possamos impedi-las de silenciosamente forçá-lo".[17] Essas empresas traiçoeiras abrangiam a parcela mais ampla dos maiores, mais antigos, mais bem-sucedidos e mais respeitados participantes da indústria — quase todos fora da bolha Blockstream/Core. Todavia, apenas uma semana depois, o *website* Bitcoin.org anunciou as suas intenções de colocar em lista negra a maioria das empresas relacionadas ao Bitcoin:[18]

Bitcoin.org está planejando publicar um guia em todas as páginas do *website* alertando os usuários acerca dos riscos da utilização de serviços que irão debandar para o suposto *hard fork* controverso do Segwit2x1 (S2X). As empresas envolvidas com o S2X serão chamadas pelo nome (...). Por padrão, estaremos usando, em nosso aviso, a seguinte lista de empresas conhecidas por apoiar o S2X:

– 1Hash (China)

– Abra (Estados Unidos)

– ANX (Hong Kong)

– Bitangel.com/Chandler Guo (China)

– Rede BitClub (Hong Kong)

– Bitcoin.com (São Cristóvão e Névis)

– Bitex (Argentina)

– bitFlyer (Japão)

– Bitfury (Estados Unidos)

– Bitmain (China)

– BitPay (Estados Unidos)

– CryptoFacilities (Reino Unido)

– Decentral (Canadá)

– Digital Currency Group (Estados Unidos)

– Filament (Estados Unidos)

– Genesis Global Trading (Estados Unidos)

– Genesis Mining (Hong Kong)

– GoCoin (Ilha de Man)

– Grayscale Investments (Estados Unidos)

– Jaxx (Canadá)

– Korbit (Coreia do Sul)

– Luno (Cingapura)

- BitPesa (Quênia)

- BitOasis (Emirados Árabes Unidos)

- Bitso (México)

- Bixin.com (China)

- Blockchain (Reino Unido)

- Bloq (Estados Unidos)

- BTC.com (China)

- BTCC (China)

- BTC. TOP (China)

- BTER.com (China)

- Circle (Estados Unidos)

- Civic (Estados Unidos)

- Coinbase (Estados Unidos)

- Coins.ph (Filipinas)

- MONI (Finlândia)

- Netki (Estados Unidos)

- OB1 (Estados Unidos)

- Purse (Estados Unidos)

- Ripio (Argentina)

- Safello (Suécia)

- SFOX (Estados Unidos)

- ShapeShift (Suíça)

- SurBTC (Chile)

- Unocoin (Índia)

- Veem (Estados Unidos)

- ViaBTC (China)

- Xapo (Estados Unidos)

- Yours (Estados Unidos)

Em 2017, essa lista representou a coisa mais próxima do consenso dentro da comunidade Bitcoin, pois abarcava praticamente a indústria inteira. Porém, de acordo com os proprietários do *website* Bitcoin.org, essa era meramente uma lista de "empresas traiçoeiras" que estivessem de fato deixando o consenso, infernalmente decididas a capturar o Bitcoin para si mesmas de modo a modificar irresponsavelmente o *software* para permitir blocos de 2 MB. O absurdo da situação foi bem capturado no título de um artigo de notícias do *website* trustnodes.com: "Bitcoin.org Plans to 'Denounce' Almost All Bitcoin Businesses and Miners" ("Bitcoin.org Planeja 'Denunciar' Quase Todas as Empresas e Todos os Mineradores de Bitcoin").[19]

Por Quaisquer Meios Necessários

Ao invés de evitar *forks*, o Bitcoin parecia que se dividiria em três *chains* (cadeias) diferentes até o final de 2017: a *chain* Segwit1x (S1X); a *chain* Segwit2x (S2X); e o Bitcoin Cash (BCH). A briga entre a S1X e a S2X suscitou uma questão crítica: qual *chain* manteria o nome "Bitcoin" e o símbolo-*ticker* "BTC"? Se "Bitcoin" é idêntico à rede oferecida pelo *software* Bitcoin Core, então isso obviamente significaria que a S1X é o Bitcoin. Porém, se o Bitcoin é a rede oferecida pelos mineradores e pela indústria — e não é o sinônimo de uma implementação de *software* —, então a S2X seria, obviamente, o Bitcoin.

A maior parcela da indústria adotou a mesma política, muitas vezes considerada a política neutra. O nome "Bitcoin" seria atribuído a qualquer *chain* que acumulasse mais *hashrate*, independentemente de ser a S1X ou a S2X. Isso não só se mostrava coerente com a configuração de Satoshi, mas também fazia sentido em termos de dar aos consumidores a máxima estabilidade. Uma *chain* de *hashrate* minoritário não apenas é inconfiável, mas também pode resultar em perda de fundos. Embora essa política fosse razoável, era também uma ameaça existencial para a Blockstream e os desenvolvedores do Core. Em setembro de 2017, aproximadamente 95% do *hashrate* estava sinalizando para a *chain* S2X,[20] praticamente garantindo que o nome, o símbolo-*ticker* e os efeitos de rede do Bitcoin acompanhariam a *chain* de 2 MB. E, a menos que os desenvolvedores do Core colocassem proteções adicionais — como as proteções colocadas em efeito quando o Bitcoin Cash se bifurcou

—, eles corriam o risco de terem a sua *chain* totalmente destruída. Entretanto, colocar essas proteções em prática seria uma admissão de que constituíam um *fork* minoritário e tinham perdido a batalha pelo Bitcoin. Então, em vez de admitirem a derrota, eles se tornaram ainda mais agressivos e tentaram envolver o governo.

Eric Lombrozo, desenvolvedor do Core, chamou o código S2X de "ataque cibernético sério" e ameaçou tomar medidas de cunho jurídico contra ele, declarando:

> Boa parte da comunidade deseja manter a *legacy chain* (cadeia legada, estabelecida) (...), tentativas de destruí-la serão tratadas como um ataque à propriedade de todas essas pessoas. Isso constitui um ataque cibernético sério, e ações decisivas contra ele, tanto técnicas quanto jurídicas, têm sido preparadas.[21]

Matt Corallo, cofundador da Blockstream, escreveu diretamente à SEC ("Security and Exchange Comission"; Comissão de Valores Mobiliários — agência do governo federal dos EUA) para solicitar que interviessem e providenciassem "proteção ao consumidor" perante o *fork*:

> Eu sou Matt Corallo, um desenvolvedor de longa data do Bitcoin (...), um especialista na operação do Bitcoin, defensor enérgico do Bitcoin e proponente vigoroso da disponibilização de um *Exchange-Traded Product* (ETP — Produto Negociado em Bolsa) do Bitcoin. Nutro preocupações muito sérias com as regras propostas para a manutenção de depósitos de Bitcoin e com a falta de proteção ao consumidor no evento de mudanças nas regras da Rede Bitcoin nos registros atuais.
>
> Conforme descrito no documento S–1 para o "Bitcoin Investment Trust" (BIT), uma "bifurcação permanente" do Bitcoin pode ocorrer quando dois grupos de usuários expressam discordância quanto às regras que definem o sistema (as suas "regras de consenso"). Mais especificamente, essa "bifurcação permanente" é provável de acontecer quando um grupo de usuários deseja realizar uma mudança nas regras de consenso do Bitcoin, enquanto outro grupo, não (...).

> É importante notar que, no evento de uma bifurcação permanente,
> é provável que haja uma confusão significativa no mercado à
> medida que investidores, empresas e usuários decidem qual
> criptomoeda denominarão de "Bitcoin" (...). Num cenário desses,
> o BIT poderia causar uma significativa confusão de longo prazo
> no mercado, deturpando a si mesmo de maneira efetiva diante
> dos consumidores, ao mesmo tempo em que cumprisse com os
> documentos e as regras atualmente propostos.[22]

Samson Mow foi ao Twitter, sugerindo que a Coinbase estivesse violando as normas da "BitLicense" em Nova York. Marcando tanto a Coinbase quanto o Departamento de Serviços Financeiros de Nova York ("New York Department of Financial Services" — NYDFS), ele escreveu:

> Está a @coinbase violando os termos da #BitLicense? Endossar
> o *fork* 2x definitivamente levanta preocupações referentes à segu-
> rança. @NYDFS[23]

E, mais tarde, continuou:

> O superintendente da @NYDFS deu aprovação prévia por escri-
> to para a Coinbase assinar o #NYA?[24]

Além de ameaças de processos, eles também usaram formas mais diretas de atacar empresas que não definiam "Bitcoin" pelo *software* do Bitcoin Core. Os provedores de carteiras, por exemplo, podiam enfrentar ondas de avaliações falsas de uma estrela nos seus aplicativos, avaliações essas alertando os usuários de possíveis "fundos perdidos" ou de potenciais "*malwares*" porque aquela empresa não apoiava o Bitcoin "verdadeiro". O nosso *website* Bitcoin.com foi colocado numa lista para bombardeio de e-mails maliciosos, através da qual todos os nossos endereços de e-mail *@bitcoin.com* receberiam milhares de e-mails de *spam* todos os dias. Outra rodada de ataques DDoS se iniciou contra apoiadores do NYA. As constantes demonizações, os constantes assassinatos de re-putação e o constante assédio *online* se estendiam até mesmo a pessoas que recebiam culpa por *se associarem* a inimigos declarados. Quando o

Bitcoin.org estava discutindo a remoção da carteira BTC.com do seu *website*, Cobra respondeu:

> Eles estão associados com aquele monstro Jihan Wu, então não me importo se forem removidos por causa disso, são pessoas terríveis. Eu definitivamente sinto que uma linha foi ultrapassada aqui.[25]

Jihan Wu é o cofundador da Bitmain, a maior fabricante de *chips* para mineradores de Bitcoin. Ele também foi a primeira pessoa a traduzir o *whitepaper* (monografia seminal) de Satoshi para o chinês. Apesar de se envolver no setor em 2011 e construir uma das empresas de Bitcoin mais bem-sucedidas do mundo, Wu foi difamado como um monstro por causa da sua falta de obediência total ao Bitcoin Core. Na verdade, como quase todos os mineradores estavam apoiando o S2X em vez do Core, a narrativa rapidamente mudou para a hostilidade aberta e absoluta em relação aos mineradores em geral — como se o Segwit2x fosse uma "apoderação por mineradores" do Bitcoin. A função adequada dos mineradores não mais era proteger, assegurar e escalonar a rede; era executar silenciosamente o *software* fornecido a eles pelos desenvolvedores do Core.

A Máfia Vence

Mais uma vez, a pressão começou a surtir efeito. As empresas estavam sendo seriamente prejudicadas pelas campanhas organizadas contra elas. Enquanto a censura aos defensores de blocos grandes (*big blockers*) prosseguia nos fóruns *online*, eram promovidas postagens que atacavam empresas apoiadoras do S2X, não importando quão essenciais tais empresas tivessem sido para a economia Bitcoin. Brian Hoffman, da companhia OB1, foi um dos primeiros a retirar publicamente o seu apoio ao S2X, não porque apoiasse o S1X, mas porque estava exausto com os ataques contra a sua empresa. Num artigo intitulado "SegWit2X: You're f***ed if you do, you're f***ed if you don't" ("SegWit2X: Você está ferrado se faz, você está ferrado se não faz"), ele escreveu:

Outro motivo pelo qual eu apoiei o SegWit2x é porque eu esperava que, ao tornar o SegWit uma realidade, pudéssemos, de alguma forma, unir uma fraturada comunidade Bitcoin quando ela mais precisasse. Eu estava errado. Não mais sinto que isso seja uma realidade. A comunidade Bitcoin não se importa com a união, a não ser que preserve a riqueza já acumulada por tantos detentores iniciais e investidores abastados.

Ele, então, escreveu sobre a enorme mudança de cultura que ocorreu dentro do Bitcoin. Ao invés de celebrar a adoção e a utilização em massa, a cultura se tornara hostil às pessoas que gastam os seus Bitcoins:

> Sou constantemente bombardeado com mensagens de pessoas me dizendo que eu esteja prejudicando o Bitcoin ao encorajar os usuários a gastarem quantias deles em Bitcoin no OpenBazaar. Alguém realmente sinalizou a nossa iniciativa *Crypto is Currency Day* ("Dia das Cripto como Dinheiro") como uma atividade maliciosa porque eles não acreditavam na utilização do Bitcoin como forma de pagamento. É decepcionante que as pessoas sejam tão mesquinhas; mas, mais uma vez, essa é a realidade (...). Então, para finalizar, você pode me colocar oficialmente na coluna #Whatever2X. Estou mais interessado em criar situações positivas no mundo, não em combater *trolls* e idiotas na comunidade.[26]

Em meio à polêmica e à confusão, a corretora de criptomoedas BitFinex — que, notavelmente, não assinou o NYA — encontrou uma maneira de aumentar os custos de prosseguir com o Segwit2x. Ao contrário da maioria da indústria, ela decidiu que o símbolo-*ticker* BTC não seria atribuído tendo como base o *hashrate*. Em vez disso, o símbolo-*ticker* seria dado à "implementação vigente". O anúncio dizia:

> Como o proposto projeto Segwit2x de protocolo de consenso parece provável de ser ativado, optamos por designar o *fork* Segwit2x como B2X, por enquanto. A implementação vigente (com base no existente protocolo de consenso do Bitcoin) continuará a ser negociada como BTC, mesmo que a *chain* B2X tenha mais poder de *hash* (...). Por ora, o BTC continuará a ser rotulado como "Bitcoin", e o

B2X será rotulado como "B2X". Esse continuará a ser o caso a menos que — e até que — as forças do mercado sugiram um sistema de rotulagem alternativo e mais adequado para uma ou ambas as *chains*.[27]

Algumas outras corretoras menores em breve seguiriam a mesma política. Isso significava que os usuários poderiam se encontrar negociando "BTC" por um preço na BitFinex, por um preço amplamente diferente na Coinbase, e processadores de pagamento como a BitPay poderiam nem mesmo reconhecer as moedas dos usuários — essencialmente, um cenário de pesadelo para o usuário médio. Imagine um processador de transações como a BitPay tentando explicar essa situação para comerciantes ou consumidores que estivessem perguntando por que os seus pagamentos em BTC não foram efetuados. A dor de cabeça era enorme, e é por esse motivo que, em oito de novembro de 2017, cerca de uma semana antes do *fork* planejado, a BitPay escreveu uma carta solicitando o cancelamento do Segwit2x.[28] Pouco tempo depois, alguns dos seus mais robustos apoiadores, incluindo Jeff Garzik, o desenvolvedor líder, fizeram um anúncio conjunto:

> O nosso objetivo sempre foi uma atualização suave para o Bitcoin. Embora acreditemos fortemente na necessidade de um limite maior de tamanho dos blocos, há algo que acreditamos ser ainda mais importante: manter unida a comunidade. Infelizmente, está nítido que não formamos suficiente consenso para uma atualização limpa do tamanho dos blocos neste momento. Prosseguir no caminho atual pode dividir a comunidade e ser um revés para o crescimento do Bitcoin. Esse nunca foi o objetivo do Segwit2x.
>
> À medida que as taxas aumentam na *blockchain*, acreditamos que finalmente se tornará óbvio que incrementos na capacidade *on--chain* são necessários. Quando isso acontecer, esperamos que a comunidade se una e encontre uma solução, possivelmente com uma ampliação do tamanho dos blocos. Até lá, estamos suspendendo os nossos planos para a próxima atualização de 2 MB.[29]

E, com isso, o Acordo de Nova York fracassou, assim como o Acordo de Hong Kong antes dele — e assim como o Bitcoin Unlimited, o Classic e o XT antes disso. A ameaça de disrupção se mostrava um risco muito grande, especialmente para apenas um limite de 2 MB, o qual proporcionaria tão-somente uma fração da capacidade de volume necessária para a adoção em massa. O fracasso do S2X demonstrou, de uma vez por todas, que o Bitcoin Core tinha capturado totalmente o BTC e possuiria permanentemente o poder de vistoria sobre a configuração dele. Qualquer pessoa que aderisse à visão original para o Bitcoin como dinheiro digital seria forçada a passar para um projeto diferente. Felizmente, o Bitcoin Cash imediatamente propiciou esse canal de saída, na condição de Bitcoin de blocos grandes sem os fardos da Blockstream e dos desenvolvedores do Core. Três dias após o cancelamento do Segwit2x, Gavin Andresen identificou o BCH como a continuação do projeto original do Bitcoin:

> O Bitcoin Cash é aquilo em que comecei a trabalhar em 2010: uma reserva de valor E um meio de troca.[30]

O momento mais sombrio, mais soturno do Bitcoin foi durante a sua era da Guerra Civil, resultando num sequestro bem-sucedido do projeto original. Mas, felizmente, a sua história não termina aí. Os maximalistas insistirão que a batalha pelo Bitcoin acabou; que os desenvolvedores do Core, agora, constituem a autoridade final; e que a valorização de preço do BTC deu razão à filosofia dos blocos pequenos. Nada dessas coisas é verdade. A tecnologia do Bitcoin ainda é nova e, com blocos grandes, pode concorrer com qualquer sistema monetário do mundo. Os desenvolvedores do Core podem controlar o BTC, mas eles não detêm controle algum sobre o BCH. O preço de cada moeda depende da qualidade das informações dentro da economia. Se a desinformação se encontra atualmente bastante disseminada, então os preços estão destinados a se ajustar à medida que melhores informações se tornem conhecidas. O objetivo original e ambicioso do Bitcoin era ser um sistema de pagamentos rápidos, baratos e confiáveis para a internet sem a necessidade de confiança numa autoridade centralizada. Esse projeto está vivo e passa bem. Apenas foi adiado por alguns anos.

Parte III:
Retomando o Bitcoin

20

Desafiante ao Título

Nenhum projeto de criptomoeda, por mais promissora que seja a tecnologia, encontra-se além da corrupção, pois todas as criptomoedas dependem de *software* — e, portanto, de seres humanos — para a sua existência. Os indivíduos sempre podem ser corrompidos, e o *software* sempre pode ser reescrito. A captura bem-sucedida do Bitcoin Core foi uma demonstração clara dessa verdade infeliz. Embora as criptomoedas provavelmente sejam o dinheiro do futuro, uma questão prossegue em aberto: se elas tornarão o mundo um lugar mais livre. Na sua presente trajetória, a tecnologia pode acabar completamente corrompida. Em vez de ser utilizada para empoderar os indivíduos e lhes dar mais liberdade financeira, ela pode ser usada para o propósito oposto — para fortalecer os governos nas ações de rastrear, vigiar e controlar as pessoas. Esse resultado negativo se mostra muito mais provável caso as pessoas não possam acessar a *blockchain* (cadeia de blocos) e, em vez disso, forem forçadas a confiar em segundas camadas (*second layers*). O dinheiro *peer-to-peer* (ponta-a-ponta) é uma ferramenta incrível para promover a liberdade humana; uma *blockchain* permissionada é uma ferramenta incrível para restringi-la. Se o Bitcoin termina por ser um sistema de dinheiro *peer-to-peer* ou um sistema de controle no âmago de um pesadelo distópico, isso depende de quais decisões tomaremos daqui para frente.

O Verdadeiro Bitcoin

No final de 2017, o Bitcoin iniciou a sua transição da era da Guerra Civil para a atual era Mainstream. O fracasso do SegWit2x enviou a nítida mensagem de que a configuração de Satoshi nunca seria implementada na rede Bitcoin Core. Os blocos pequenos se tornaram uma característica essencial do BTC. Qualquer indivíduo que desejasse escalonar o Bitcoin com blocos grandes foi, então, forçado a mudar do BTC para o BCH. Por causa disso, dediquei imediatamente todos os meus esforços para promover o Bitcoin Cash, pois consistia na continuação do projeto em que eu estivera trabalhando nos sete anos anteriores. Não demorou muito para que as maiores empresas, tais como BitPay e Coinbase, integrassem o BCH nos seus serviços para possibilitar que as pessoas comprassem e pagassem com BCH em vez de com BTC.

Imediatamente se iniciou uma competição entre o Bitcoin Cash e o Bitcoin Core, e os dois não estavam apenas competindo por usuários. A mera existência do Bitcoin Cash representava um desafio fundamental para o Bitcoin Core, porque ele detinha uma reivindicação legítima para o título de "o verdadeiro Bitcoin". No primeiro ano de existência do Bitcoin Cash, o BTC e o BCH estavam lutando pelo título de "Bitcoin". Embora, hoje, a norma da indústria seja chamar o BTC de "Bitcoin", essa convenção não foi estabelecida por algum tempo; e, quando você entende a tecnologia e a história dela, fica claro o porquê. A batalha pelo nome "Bitcoin" era e ainda permanece criticamente importante, e nenhum grupo pode sequer ser permitido a monopolizá-lo. Vitalik Buterin ecoou esse sentimento em 2017, mesmo considerando prematuro chamar o BCH de "Bitcoin", ao publicar no Twitter:

> Considero o BCH um candidato legítimo ao nome bitcoin. Considero o *fracasso* do bitcoin em ampliar o tamanho dos blocos para manter razoáveis as taxas como uma grande mudança (não consensual) no "plano original", moralmente equivalente a um *hard fork* (...).
>
> Dito isso, *agora*, acho que tentar afirmar "BCH = bitcoin" cons-

titui uma ideia ruim, pois *é* uma opinião minoritária na "grande comunidade bitcoin".[1]

Três Perguntas Críticas

O *fork* — a bifurcação — do BCH suscitou três perguntas críticas que todo *bitcoiner* deve responder:

1) O Bitcoin é idêntico ao que os desenvolvedores do Bitcoin Core oferecem?

Inclusive os apoiadores mais raivosos, mais fanáticos do Bitcoin Core têm de admitir que o Bitcoin não pode ser simplesmente qualquer coisa que os desenvolvedores do Core ofereçam. Não é necessária muita imaginação para ver como tal projeto poderia ser corrompido. Por exemplo, imagine que as principais contas da plataforma GitHub associadas ao Bitcoin Core sejam corrompidas e modifiquem o código para exigir que toda transação pague uma taxa a um endereço desconhecido. Isso, obviamente, sugeriria que o Bitcoin Core tinha sido sequestrado — e "o verdadeiro Bitcoin" teria de prosseguir com uma implementação diferente de *software*. Visto que a ameaça de sequestro está sempre presente, isso significa que o Bitcoin deve permanecer separado da implementação do Bitcoin Core de modo a proteger a integridade da rede. Mas isso traz à tona a próxima pergunta:

2) Quando se torna necessário "forkear-se" (bifurcar-se) do Bitcoin Core?

O ecossistema do Bitcoin deve sempre estar preparado para modificar as implementações de *software*, se necessário — caso contrário, não há defesa contra a corrupção dos desenvolvedores. Portanto, devem existir alguns critérios para determinar quando um *fork* se faz necessário. Se cada transação é repentinamente forçada a pagar uma taxa a uma entidade misteriosa, isso se revela um sinal óbvio de que se trata da hora de "forkear". Mas nem todas as situações são tão claras. Por exemplo, se a configuração fundamental do Bitcoin for alterada de modo a restringir o acesso das pessoas à *blockchain*, isso também pode ser um sinal. Ou se os desenvolvedores mais poderosos formarem uma empresa que desvie o tráfego do Bitcoin para a sua *sidechain* (cadeia lateral ou paralela) proprietária — isso também pode ser um sinal. A centralização do desenvolvimento é uma preocupação permanente; e, ironicamente, até mesmo o desenvolvedor principal Wladimir van der Laan admitiu isso em 2021. Numa postagem de *blog* anunciando que não mais desejava liderar o projeto, ele escreveu:

> Percebo que eu mesmo constituo algo como um gargalo centralizado. E, embora ache o Bitcoin um projeto extremamente interessante e acredite que seja uma das coisas mais importantes que estão acontecendo no momento, eu também tenho muitos outros interesses. Isso também é singularmente estressante, e eu não quero que isso, assim como as brigas bizarras nas redes sociais em torno disso, comece a me definir como pessoa.[2]

Quando o desenvolvedor principal admite que eles se tornaram um gargalo centralizado, isso também pode ser um sinal de que é hora de "forkear". O fato de que os *forks* são justificados e necessários em determinadas situações levanta a próxima pergunta crítica:

3) Quando um *fork* obtém o título de "o verdadeiro Bitcoin"?

Por si só, a capacidade de "forkear" o *software* não impede a sua captura por desenvolvedores. A ação de "forkear" o *software* também deve vir com a ameaça de capturar efeitos de rede preexistentes — cada lado de um *fork* deve competir pelo título de "o verdadeiro Bitcoin" e pelo símbolo-*ticker* "BTC". A integridade do sistema inteiro depende disso.

A maioria das pessoas não percebe que os símbolos-*ticker* (BTC, BCH, ETH, XMR, etc.) estão separados da *blockchain* subjacente à qual se encontram ligados. Na realidade, nos primeiros dias de existência do Bitcoin Cash, ele era negociado em algumas corretoras de criptomoedas (*exchanges*) como "BCC" antes de a convenção "BCH" ser adotada. Esses símbolos constituem, para qualquer moeda, uma grande parcela dos efeitos de rede. Na prática, seja o que for que se negocie nas corretoras sob o *ticker* "BTC" é aquilo ao qual as pessoas se referem como "Bitcoin". É extremamente importante, então, que os *forks* possam também competir pelo símbolo dominante. Se o Bitcoin Core sempre herda esses efeitos de rede, trata-se de uma enorme vantagem, assim como um passo substancial para capturar totalmente o Bitcoin, visto que qualquer novo concorrente teria de construir a sua própria rede do zero. Se, não importando o que aconteça, a infraestrutura existente se padroniza perante o Bitcoin Core, então toda a competição séria foi perdida, e os desenvolvedores do Core nunca podem realmente ser demitidos ou substituídos.

Apesar da sua importância, as três perguntas anteriores raramente são feitas. Suscitá-las em público desperta a ira dos engenheiros de mídia social que desesperadamente desejam manter o controle da narrativa do Bitcoin. Se as pessoas do público em geral reconhecerem que a captura por desenvolvedores constitui uma ameaça existencial para qualquer projeto de criptomoeda, elas podem perceber que o Bitcoin Core já capturou o Bitcoin — e que o Bitcoin Cash é a tentativa de recuperá-lo, retomá-lo.

Inverta a Situação

Imediatamente após o fracasso do SegWit2x, havia uma possibilidade real de que o Bitcoin Cash simplesmente substituísse o BTC como o verdadeiro Bitcoin. Não fui o único a pensar assim. Em um mês, o preço do BCH passou de cerca de US$ 650 para uma alta interdiária (*inter-day high*) de mais de US$ 4.000! Por um breve período, parecia que o Bitcoin iria se libertar do Core de uma vez por todas. O ímpeto, todavia, não persistiu; e, diante do controle asfixiante de informações, o preço do BCH, nos últimos anos, diminuiu constantemente em relação ao BTC. Os apoiadores do Bitcoin Core estão ávidos para declarar uma vitória por causa da grande diferença de preço entre as duas moedas, mas isso é prematuro.

Na minha opinião, o preço mais elevado do BTC se deve quase inteiramente à herança de efeitos de rede, não à hipótese de que as pessoas estivessem animadas com blocos pequenos — tendo em vista que, anos depois, ainda não há quase ninguém que entenda a diferença entre blocos grandes e blocos pequenos. MortuusBestia, usuário do fórum Reddit, ilustra esse ponto com um experimento mental imaginando que o BTC fosse um *fork* do BCH (e não o contrário):

> Inverta a situação.
>
> Imagine que o bitcoin dominante possuía blocos de 32 MB com um plano detalhado de escalonamento, incluindo testes bem-sucedidos de blocos GB+, apoio de todos os principais negócios, projetos e serviços de criptografia, taxas inferiores a centavos garantidas e uma estratégia de crescimento de "quanto mais, melhor" em prol de uma verdadeira adoção global.
>
> Agora imagine que alguns *devs* iniciantes "forkearam" e reduziram o tamanho do bloco para 1 MB, restringindo pesadamente a capacidade transacional de modo a criar um mercado de taxas flutuantes destinado a formar taxas de longo prazo superiores a US$ 100 que levassem os usuários a um sistema de segunda camada de intermediários financeiros cobradores de taxas regulamentados pelo governo que eles chamam de "hubs".
>
> Será que essa nova moeda de taxas elevadas teria sequer alguma tração?
>
> É necessário entender que o preço atual do BTC constitui resultado de atribuição, não de mérito. Qualquer sugestão de que o mercado nunca poderia chegar à conclusão de que a reconfiguração de Blockstream/Core do bitcoin foi um erro é pura ideologia de seita.[3]

Esse se mostra um grande ponto. É difícil levar a sério a ideia de que a cadeia (*chain*) de blocos pequenos e taxas altas teria tido algum impulso real. Essa cadeia seria salutar como um experimento ou como uma *sidechain*, pois se trata efetivamente de uma ideia nova quando comparada à visão de Satoshi. Eu apoio totalmente uma experimentação dessas, mas ela não deveria ter herdado os efeitos de rede do BTC — a indústria inteira tem ficado há anos paralisada porque esse experimento, do ponto de vista tecnológico, fracassou profusamente.

"Você não Chamou Isto de Bcash"

A arma mais potente no arsenal dos maximalistas do BTC sempre foi o controle da narrativa. Então, de imediato, eles passaram a operar usando as suas velhas táticas de difamar as pessoas e de direcionar o fluxo *online* de informações. O meu apelido de "Jesus do Bitcoin" foi invertido para "Judas do Bitcoin", como se eu fosse um grande traidor do Bitcoin, apesar do fato de as minhas ideias permanecerem constantes desde 2011. Uma campanha foi formada para se referir ao Bitcoin Cash somente como "bcash", de modo a desacreditar e distanciar o BCH da marca Bitcoin. Ninguém dentro da comunidade BCH utilizou "bcash" para se referir ao Bitcoin Cash, mas isso não importava. Inclusive criaram uma página falsa no Reddit chamada de "r/bcash" — controlada por defensores de blocos pequenos (*small blockers*) —, direcionando as pessoas a ela a partir da popular página r/Bitcoin para enganá-las.[4] A discussão honesta sobre o Bitcoin Cash foi mais uma vez fortemente reprimida e, muitas vezes, abertamente censurada.

Tendo testemunhado tais táticas antes, muitos defensores de blocos grandes (*big blockers*) presumiram que a campanha bcash estivesse sendo coordenada pelos mesmos indivíduos nefastos; e conversas vazadas fortaleceram essa suspeita. Numa conversa na plataforma Slack entre Adam Back e Cobra — o coproprietário pseudônimo do domínio *Bitcoin.org* —, Back tenta convencer Cobra a entregar o domínio para outra pessoa porque ele acusa Cobra de ser secretamente simpático à filosofia dos blocos grandes. Para amparar a sua acusação, Back assinala que Cobra "apenas disse que o bcash possui vantagens e não o chamou de bcash" — como se simplesmente *não utilizar o termo bcash* fosse um comportamento suspeito.[5] Apesar de extremamente mesquinha, essa estreita coordenação de linguagem entre os maximalistas tem se mostrado eficaz para reforçar a narrativa de que o Bitcoin Cash não consista num projeto a ser levado a sério.

Jonald Fyookball, desenvolvedor do BCH, elaborou um artigo resumindo os seus pensamentos sobre a motivação por trás da campanha "bcash". Ele explicou:

> É simples: eles desejam dissociar o Bitcoin Cash do Bitcoin. Eles não querem permitir que o Bitcoin Cash utilize a marca Bitcoin. E isso é completamente hipócrita, dado o fato de que o grupo Core usou todos os truques sujos disponíveis (censura, corporativismo, mentiras e paralisação) para usurpar o projeto do Bitcoin para os seus próprios fins...
>
> Eles esperam que novos usuários nem sequer percebam que existe outra versão do Bitcoin. Eles possuem a esperança de que tais usuários não percebam que o Bitcoin era originalmente dinheiro eletrônico *peer-to-peer* (não essa camada de liquidação que o Core está empurrando).
>
> E, em última análise, eles esperam que as pessoas não vejam que o Bitcoin mudou de curso e que existe uma versão do Bitcoin que permaneceu com a fórmula original.[6]

Os pensamentos de Jonald encontram-se em conformidade com os meus; e conheço muitos indivíduos que, em particular, privadamente, concordam com o raciocínio apresentado.

21

Objeções Infelizes

A cartilha do maximalista do Bitcoin já deve estar clara: de forma implacável, empurrar uma narrativa e atacar qualquer pessoa que a questione. Se necessário, censurar discussões e praticar revisionismo histórico. Utilizar as redes sociais para assediar, envergonhar e intimidar as pessoas, ao ponto da submissão. Espero que essas táticas prossigam no futuro porque até agora elas foram eficazes e, também, porque a narrativa do Bitcoin Core é bastante frágil. Qualquer pessoa disposta a cavar por baixo da superfície rapidamente encontrará buracos na história dos maximalistas. Embora existam inúmeros exemplos de comportamento ultrajante e ardiloso, nem todas as críticas ao Bitcoin Cash provêm de indivíduos nefastos. A informação tem sido rigidamente controlada *online* por vários anos, então a maioria das pessoas está simplesmente confusa porque só ouviu um lado da história. As críticas mais comuns ao BCH são fáceis de refutar, mas ainda assim merecem ser abordadas.

"Problemas Técnicos Graves"

A obra *The Bitcoin Standard ["O Padrão Bitcoin"]* compõe um dos maiores contribuintes para a confusão porque contém alguns erros básicos. As alegações de Saifedean Ammous sobre escalabilidade já foram abordadas, mas ele também faz afirmações duvidosas sobre o BCH. Depois de perceber o grande diferencial de preço entre o BTC e o BCH, ele discorre:

> Não só [o Bitcoin Cash] é incapaz de obter valor econômico, mas também é acossado com um grave problema técnico que o torna quase inutilizável.[1]

Essa parece ser uma referência exagerada ao Ajuste Emergencial de Dificuldade (*Emergency Difficulty Adjustment* — EDA), o qual o Bitcoin Cash utilizou brevemente após a sua criação. Antes de o *fork* (bifurcação) de 2017 ocorrer, não estava claro quanto *hashrate* (poder de mineração ou processamento) a *chain* (cadeia) do BCH teria, então o EDA foi elaborado para assegurar que a *blockchain* (cadeia de blocos) permanecesse funcional mesmo com um pequeno número de mineradores. A desvantagem era que o EDA poderia provocar oscilações de *hashrate*, alternando entre produção de blocos excessivamente rápida e excessivamente lenta. Tais flutuações não eram um "grave problema técnico". Elas eram esperadas de antemão, embora as suas magnitudes fossem subestimadas. Isso, entretanto, tornou-se disruptivo; e, depois de alguns meses, o EDA foi simplesmente removido e substituído por um algoritmo melhor, conforme planejado.

"É a Moeda do Roger Ver"

Perdi a conta do número de vezes em que fui chamado de "criador" do Bitcoin Cash devido à minha promoção dele. Mas essa alegação é simplesmente falsa. Eu nada tive a ver com a criação do Bitcoin Cash. Na verdade, eu apoiei o SegWit2x *porque* eu não desejava que a indústria se quebrasse em duas. A minha primeira preferência era manter o BTC intacto; e foi somente depois que o S2X fracassou que decidi dar todo o meu apoio ao Bitcoin Cash.

Ainda de forma mais fundamental: eu me recuso a jurar fidelidade

a qualquer moeda em específico. Sempre fui a favor de um futuro mul-
timoedas em que os usuários podem escolher entre muitas opções. A
concorrência é saudável; e, se o BCH perder a concorrência para outra
moeda — e se tal projeto aumentar a quantidade total de liberdade
econômica no mundo —, eu apoio plenamente essa moeda. O Bitcoin
Cash parece promissor por causa da sua capacidade técnica subjacente;
porém, se outra moeda tiver fundamentos melhores, então eu apoio o
seu uso e a sua adoção também.

Aliás, como testemunhei pessoalmente a captura e a corrupção do
BTC, estou dolorosamente ciente de que isso pode acontecer com o
BCH ou com qualquer outro projeto. Nenhuma tecnologia ou comunidade é perfeita, e o sucesso nunca está garantido. O meu foco, então,
encontra-se na utilidade geral das criptomoedas para tornar o mundo
melhor — e não em qualquer moeda em específico em prol do próprio
interesse dela. Não sou o criador do Bitcoin Cash, mas sou um dos seus
maiores defensores.

"Apenas um Punhado de Mineradores"

Outra objeção popular está em dizer que apenas um punhado de
mineradores controla o Bitcoin Cash. A preocupação com a centralização de mineradores constitui uma preocupação válida diante de
blockchains de prova-de-trabalho/*proof-of-work* — ataques de 51% são
sempre possíveis —, mas essa crítica cai por terra porque não é aplicada
de forma consistente e coerente. Devido à configuração de Satoshi,
grandes *pools* de mineração controlam uma porcentagem significativa
do *hashrate*, mas esse fato é verdadeiro tanto para BTC, BCH, BSV
quanto para qualquer outra cadeia (*chain*) de prova-de-trabalho que
utilize o algoritmo SHA–256. Na realidade, os mesmos mineradores
alternarão entre as cadeias à medida que a lucratividade/rentabilidade
da mineração flutuar. O gráfico a seguir mostra a centralização de
mineração no BTC, a partir de março de 2023:[2]

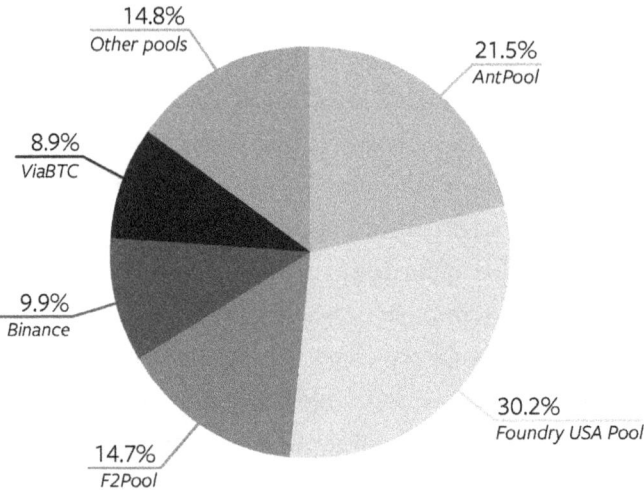

Figura 8: *Os mais recentes blocos do BTC por pool de mineração (uma semana)*

Esse diagrama mostra três *pools* de mineração com mais de 65% do *hashrate* total. Se você incluir os dois próximos maiores *pools*, o total é de mais de 85%. A mineração de Bitcoin simplesmente não é tão descentralizada. Embora isso seja uma preocupação válida, os riscos reais não devem ser superestimados. Os *pools* de mineração não controlam diretamente os mineradores conectados a eles. Por qualquer motivo, os mineradores individuais — assim como as máquinas que operam — podem mudar para um *pool* diferente. Portanto, ainda que um operador de *pool* quisesse coordenar um ataque de 51%, ele não possuiria mecanismo algum para forçar mineradores individuais a acompanhá-lo. Qualquer crítica ao Bitcoin Cash pela sua centralização de mineração deve ser aplicada de maneira consistente e coerente a todas as *chains* SHA–256.

Além disso, vale lembrar uma das mensagens de Satoshi para Mike Hearn em 2011, momento em que escreveu:

> À medida que as coisas evoluíram, o número de pessoas que precisam executar *full nodes* (nós completos) é menor que o número que eu originalmente imaginava. A rede ficaria bem com um pequeno número de *nodes* caso a carga de processamento se torne pesada.[3]

Satoshi compreendeu que algum grau de centralização é inevitável, e esse padrão se repete em diferentes indústrias. O problema não está na centralização por si só, mas sim nos riscos de ataques de 51%. À medida que a indústria de mineração cresce, torna-se menos realista imaginar que os maiores participantes coordenariam um ataque malicioso a uma rede na qual investiram centenas de milhões de dólares.

"Os Desenvolvedores São Ruins"

Os apoiadores do Bitcoin Core são famosos por declararem que possuam os melhores desenvolvedores de qualquer projeto de criptomoeda — mas *especialmente* melhores que os desenvolvedores do Bitcoin Cash. Durante o primeiro ano após o *fork* (bifurcação) do Bitcoin Cash, essa foi uma das difamações mais populares contra o BCH; mas ela tornou-se notavelmente menos comum desde um evento no final de 2018, quando um desenvolvedor do BCH chamado Awemany descobriu um *bug* catastrófico no *software* do Bitcoin Core. No seu artigo na plataforma Medium explicando o que aconteceu, Awemany escreveu:

> Seiscentos microssegundos. Esse é mais ou menos o tempo que Matt Corallo desejava remover da validação de blocos com a sua *pull request* (PR; solicitação de alterações) em 2016 para o Bitcoin Core (...). Essa otimização de 600 microssegundos agora resultou no CVE–2018–17144. Com certeza o *bug* mais catastrófico dos últimos anos — e certamente *um dos bugs mais catastróficos no Bitcoin de todos os tempos.*

> Esse *bug* era inicialmente suspeito de potencialmente causar inflação; ele foi relatado porque provocou quedas confiáveis e confirmado por uma análise mais detalhada (...) como estando realmente permitindo inflação!

De todos os possíveis *bugs* no Bitcoin, os relativos à inflação são dos piores — se explorados, poderiam ter possibilitado que alguém secretamente criasse moedas novas do nada! Awemany ficou tão chocado com a gravidade do *bug* — e com o fato de que ele passou pela revisão-por-pares (*peer-review*) de pessoas como Wladimir van der Laan e Greg Maxwell — que ele perguntou a si se isso foi intencional:

> Também tenho que ser honesto, essa mudança forma em mim um elemento inevitável de suspeita (...). Eu [gostaria de] ressaltar que isso não é o que eu afirmo nem considero que esteja acontecendo, mas definitivamente passa pela minha cabeça como uma possibilidade (...).
>
> Sempre temi que alguém dos círculos dos *banksters* (trocadilho com as palavras "banqueiro" e "gângster"), alguém introduzido nos círculos de desenvolvimento do Bitcoin com o único objetivo de provocar estragos irrecuperáveis, fizesse exatamente o que aconteceu. Injetando um *bug* silencioso de inflação. Porque isso é o que destruiria uma das principais vantagens que o Bitcoin possui sobre o *status quo* atual (...).
>
> Agora, de novo, definitivamente não estou dizendo que esse seja com certeza o caso da PR 9049. Na verdade, considero que a explicação de que um jovem e arrogante desenvolvedor do Core, um novo "mestre do universo", esteja causando estragos por pura arrogância e prepotência seja a mais provável.[4]

Awemany descobriu esse *bug* em setembro de 2018. Apesar de experenciar a hostilidade dos desenvolvedores do Core por anos, ele decidiu divulgar o *bug* para eles em particular, privadamente, e não explorá-lo para ganho financeiro. Awemany poderia ter causado danos sérios à reputação do Bitcoin Core — e à credibilidade do BTC —, mas optou por não fazer isso. A sua boa vontade não foi devolvida; e, no lugar de gratidão, a sua divulgação foi recebida com mais críticas, e os indivíduos envolvidos se recusaram a assumir a responsabilidade pelo *bug* catastrófico. Ele escreveu:

> Eu ainda não vi nada parecido com uma admissão de imperfeição pelo desenvolvedor em questão — ou por qualquer outro desenvolvedor proeminente do Core — diante desse assunto.

Após esse evento, os maximalistas ainda se recusaram a dar a Awemany o respeito que merecia, mas isso acalmou as alegações de que o Bitcoin Core detinha o monopólio de todos os desenvolvedores competentes.

22

Livre para Inovar

O *fork* (a bifurcação) em relação ao Bitcoin Core permitiu que os desenvolvedores do Bitcoin Cash aprimorassem mais que apenas o limite de tamanho dos blocos (*blocksize limit*). Outros recursos que Satoshi incorporou à configuração original foram reativados, e outras inovações aprimoraram a capacidade do BCH de criar *smart contracts* (contratos inteligentes), de emitir *tokens* de maneira suave, sem perturbações, e de maximizar a privacidade das transações. Empreendedores e desenvolvedores, agora, possuem mais ferramentas disponíveis para construírem diretamente no Bitcoin sem terem de se preocupar com problemas com o seu produto por causa das limitações extremas dos blocos pequenos.

Restauração e Aprimoramento

Os desenvolvedores do Bitcoin Cash rapidamente removeram algumas das restrições desnecessárias impostas ao Bitcoin. O *software* funciona ao utilizar códigos de operação (*operation codes* — "opcodes") para formar e processar transações. Um desses *opcodes*, "OP_RETURN", foi mencionado anteriormente, no Capítulo 14 deste livro. O *opcode* OP_RETURN possibilita que os dados sejam adicionados à *blockchain* (cadeia de blocos) de maneira fácil e escalável. O tamanho do OP_RE-TURN foi triplicado no BCH, permitindo que ele fosse utilizado com muito mais facilidade. Diferentes empresas já usaram esse recurso para elaborar serviços de *internet* de próxima geração, como plataformas de mídia social descentralizadas.

No início da história do Bitcoin, alguns dos *opcodes* originais de Satoshi foram desativados por precaução, mas os desenvolvedores do Core nunca se interessaram em reexaminá-los ou reativá-los. Os desenvolvedores do Bitcoin Cash reativaram com sucesso vários deles em maio de 2018, expandindo ainda mais a funcionalidade. Também acrescentaram um novo *opcode* denominado de OP_CHECKDATASIG, o qual possibilita que o *software* incorpore dados fora da *blockchain* para serem utilizados dentro de *smart contracts*.[1] Desde então, ainda mais *opcodes* foram adicionados, incluindo uma série de novos "*opcodes* de Introspecção Nativa" que se combinam para incrementar imensamente a sofisticação do sistema de elaboração de *smart contracts* do BCH e para auxiliar a tornar o código mais simples, menor, mais eficiente e mais potente.

Livres do *roadmap* (plano de desenvolvimento de longo prazo) do Bitcoin Core, os desenvolvedores do BCH podem finalmente retornar ao foco e ao propósito originais do Bitcoin: como um sistema de pagamento em dinheiro digital. O polêmico, controverso recurso Replace--By-Fee (RBF) — que permitia que as transações de confirmação zero fossem facilmente revertidas — foi removido, tornando as transações instantâneas muito mais confiáveis para comerciantes e processadores de pagamentos.

O Bitcoin é complexo; e, quanto mais complexo ele se torna, mais difícil fica construir carteiras e outras ferramentas. O recurso RBF acrescentou complexidade desnecessária, mas que empalideceu em comparação com as mudanças introduzidas pelo código SegWit. Entre outras complexidades, o SegWit usou um novo formato de endereço, promovendo dificuldades em transacionar entre carteiras que não suportavam o SegWit e o novo formato. A maioria dos defensores de blocos grandes (*big blockers*) considerou que o SegWit era desnecessariamente complexo, não constituindo uma solução para a escalabilidade; então, quando a cisão do Bitcoin Cash aconteceu, os defensores de blocos grandes intencionalmente realizaram o *fork* antes de o SegWit ser ativado, garantindo, dessa forma, que não tivessem de se preocupar em removê-lo da base do código. Essa decisão revelou-se acertada e sábia. Os desenvolvedores, os comerciantes e os usuários do Bitcoin Cash prosseguem completamente não afetados pela complexidade introduzida pelo SegWit.

Segurança e Privacidade

A quantidade de poder computacional necessária para minerar o Bitcoin constitui uma parcela essencial da segurança do sistema. Se a mineração for muito fácil, agentes maliciosos poderão achar mais simples provocar disrupções na rede. Se a mineração for muito difícil, os blocos levarão muito tempo para serem produzidos, retardando os tempos de confirmação e a velocidade de processamento. Esse nível de dificuldade ajusta-se regularmente de modo a manter o sistema se autorregulando, mas por vezes esse nível de dificuldade tem se revelado inconsistente. Portanto, um Algoritmo de Ajuste de Dificuldade (*Difficulty Adjustment Algorithm* — DAA) foi acrescentado para mais estabilidade, o qual foi atualizado em 2020. A rede tem desfrutado de ajustes de nível de dificuldade ainda mais suaves desde que o novo algoritmo assumiu.

A privacidade é sempre um desafio para as *blockchains*, visto que todas as transações são públicas. Porém, de vez em quando, aparece uma inovação que oferece aos usuários um pouco mais de privacidade nas suas transações. As assinaturas Schnorr constituem uma dessas inovações que atualizam a criptografia utilizada no Bitcoin. A tecnologia oferece várias vantagens em relação ao método de assinatura mais antigo, como a vantagem de resolver o problema de longa data da maleabilidade das transações. Mais importante para a privacidade: ela permite que várias partes criem uma transação conjunta utilizando apenas uma assinatura. Isso significa que um observador externo que olhasse para a *blockchain* veria uma única transação e não reconheceria com facilidade o fato de que havia várias partes envolvidas, dando a todos os participantes um nível mais elevado de privacidade.

Essa atualização promoveu a criação do CashFusion, um protocolo de privacidade que opera exatamente conforme descrito acima, além de apresentar outras técnicas para o aprimoramento da privacidade. Em 2020, a empresa Kudelski Security realizou uma auditoria independente de segurança do CashFusion, concluindo:

> No geral, acreditamos que o CashFusion aborda um problema existente no gerenciamento de transações anonimizadas no Bitcoin Cash por meio da adoção de uma compensação *(tradeoff)* razoável de segurança (...). Em geral, acreditamos que o CashFusion oferece uma maneira prática de recombinar transações anônimas fragmentadas de forma segura sem que o servidor seja capaz de furtar os fundos ou de retirar o anonimato dos usuários.[2]

No momento em que tal texto foi escrito, esse protocolo foi utilizado para mais de 190.000 transações, totalizando mais de 17 milhões de BCH na rede.[3]

Escalonamento Sério

O Bitcoin Cash já pode suportar muito mais transações que a *blockchain* estagnada do Bitcoin Core, mas o desenvolvimento persiste com o propósito de materializar a visão de dinheiro digital global. Existem várias propostas que receberam algum apoio da comunidade, embora não seja certo que elas entrarão no código. Algumas delas são pequenas mudanças para aumentar a segurança do sistema, mas uma proposta, CashTokens, segue adiante o esforço de tornar o BCH ainda mais útil para *smart contracts*. Se a tecnologia funcionar como prometido, CashToken viabilizará aplicativos descentralizados no BCH de maneira semelhante à rede Ethereum, com a escalabilidade adicional do Bitcoin de blocos grandes.

Os pesquisadores, desde muito tempo atrás, têm apresentado interesse em ultrapassar os limites da escalabilidade *on-chain* (dentro da cadeia de blocos). O Bitcoin Cash já possui um limite de 32 MB, mas isso obviamente não é suficiente para a adoção global. Em 2017, o Dr. Peter Rizun utilizou a "testnet" do BCH — uma *sandbox* para testes sem afetar a cadeia principal — e minerou com sucesso um bloco de 1 GB.[4] Dado o ritmo de desenvolvimento da tecnologia computacional, a afirmação de Satoshi de que "nunca realmente atinge um teto de escala" se revela correta. Na verdade, um pesquisador desejava ver se o Raspberry Pi 4 — um computador de placa única extremamente pequeno e barato — poderia verificar um bloco de 256 MB em menos de dez minutos. *Ele demorou menos de dois minutos.*[5]

Longe das alegações dos apoiadores do Bitcoin Core, o Bitcoin original possui extrema capacidade de escalonamento, e isso finalmente está sendo concretizado na rede do Bitcoin Cash. Agora mesmo, os mineradores podem optar por ampliar o limite de tamanho dos blocos. Se a maioria do *hashrate* quiser triplicar o limite, eles podem simplesmente modificar as configurações dentro do *software* do BCH sem necessitarem da permissão de um grupo centralizado de desenvolvedores. Atualmente está ocorrendo uma discussão sobre se o limite de tamanho dos blocos pode, por fim, ser completamente removido, conforme foi considerado anos atrás por Mike Hearn e Gavin Andresen. Apesar de a tecnologia ter sido projetada em 2009, o Bitcoin continua sendo uma das criptomoedas mais escaláveis — caso não a mais escalável — do mundo.

Toda criptomoeda tem apoiadores que proclamam em voz estridente que a sua moeda seja superior por um motivo ou outro. Em vez de fazer argumentos abstratos ou um apelo de *marketing*, sugiro fortemente que os leitores experimentem o Bitcoin Cash por si mesmos. As taxas são extremamente baixas, o que significa que você, ao interagir, não perderá um monte de dinheiro em taxas de transação. Colocamos uma enorme quantidade de trabalho e esforço na nossa carteira Bitcoin.com, a qual pode ser baixada no aplicativo App Store, e os usuários podem experimentar por si próprios o Bitcoin que Satoshi vislumbrou, com taxas menores que centavos e transações instantâneas. A experiência, por ser tão boa quando comparada a outros projetos, fala por si.

23

Ainda "Forkeando" por Aí

O Bitcoin Cash não é a criptomoeda perfeita; e não tem uma comunidade perfeita em torno dele. Ainda existem efetivos problemas reais, alguns dos quais apenas podem ser gerenciados, nunca resolvidos. Embora a tecnologia seja incrível, ela não solucionou os difíceis problemas sociais que surgem sempre quando um grande número de pessoas está trabalhando em conjunto num projeto; e as questões sobre a governança apropriada não desapareceram. Os problemas dos quais nos "forkeamos" (bifurcamos) em relação ao Bitcoin Core ressurgiram em grau menor no Bitcoin Cash. Como resultado, mais dois *forks* (bifurcações) aconteceram desde a separação perante o BTC em 2017. Nenhum desses *forks* foi motivado primordialmente por disputas tecnológicas, mas sim pelas personalidades envolvidas. Da minha perspectiva, a parte menos atraente, menos aprazível do Bitcoin Cash é o fato de que essas cisões realmente ocorreram e acabaram por fragmentar ainda mais a comunidade adepta dos blocos grandes. Apesar desse grave problema, os *forks* também demonstraram que a comunidade Bitcoin Cash não irá tolerar tentativas de sequestro do protocolo, ao contrário daquilo que aconteceu com o Bitcoin Core.

Forks não são, inerentemente, uma coisa ruim. Em retrospectiva, o Bitcoin provavelmente estaria em melhor situação caso tivesse se afastado do Core vários anos antes. Quando diferenças irreconciliáveis ocorrem dentro de uma comunidade, o *fork* constitui uma maneira de cada lado desenvolver o seu próprio projeto de forma independente. É como um processo evolutivo, com diferentes grupos se ramificando de modo a encontrar o seu próprio formato único. Se eles realizarem mudanças positivas, os seus projetos terão mais chances de sucesso; se fizerem mudanças negativas, os seus projetos naturalmente morrerão. Esses *forks*, porém, têm um custo, porque necessariamente fragmentam os efeitos de rede em partes menores, e os efeitos de rede constituem uma grande parcela do sucesso de qualquer criptomoeda. Os *forks* também reduzem o *pool* de talentos e forças dentro de um projeto, parecendo inevitavelmente causar amargura e rivalidade entre os campos — outra perda de energia e foco em objetivos produtivos. Os comerciantes também podem ser prejudicados por *forks*, pois muitas vezes há drama envolvido, e eles precisam descobrir se irão tomar um lado ou se permanecerão neutros.

Forks podem ser extremamente valiosos caso forem necessários, mas podem ser extremamente prejudiciais caso não o forem. Então, tendo em vista os interesses envolvidos, o que foi tão grave a ponto de ter provocado mais dois *forks* dentro da comunidade adepta dos blocos grandes? A história é semelhante ao que aconteceu no BTC: alguns líderes autoproclamados tentaram assumir o controle total do desenvolvimento do *software*, mas desta vez ambas as tentativas fracassaram — infelizmente, não sem fraturarem ainda mais a rede.

"Visão de Satoshi"

Os defensores de blocos grandes (*big blockers*) foram finalmente unificados em torno do Bitcoin Cash após a separação perante o BTC em 2017. Todos nós tínhamos reconhecido a genialidade do projeto original e desejávamos nos libertar do Bitcoin Core de modo a, de imediato, escalonar a tecnologia. Entretanto, as discussões sobre escalonamento não desapareceram. *Com que rapidez* o limite de tamanho dos blocos deve ser elevado? E a quais níveis?

A primeira cisão a ocorrer foi entre diferentes implementações do Bitcoin Cash. A implementação mais popular ainda era o Bitcoin ABC liderado por Amaury Sechet, o principal programador por trás do *fork* do BCH de 2017. Mas algumas pessoas consideraram que o *roadmap* (plano de desenvolvimento de longo prazo) do Bitcoin ABC era muito comedido e não escalonava de forma suficientemente agressiva. Assim, uma equipe de desenvolvimento separada foi formada, chamada de "Bitcoin SV". O "SV" simboliza 'Visão de Satoshi' (*Satoshi's Vision*), pois alegavam estarem implementando a visão do criador do Bitcoin. Embora esse possa ter sido um objetivo louvável, os esforços sofreram complicações por causa da liderança de um homem que dizia ser o próprio Satoshi: Craig S. Wright (CSW).

CSW é um personagem ímpar, e a maioria das pessoas se mostra extremamente cética em relação à sua afirmação. Todavia, por algum tempo, eu de fato considerei que ele realmente poderia ser Satoshi. Tenho grande respeito por Gavin Andresen, e Gavin uma vez afirmou que pensava que Craig fosse Satoshi, mesmo que não pudesse ter certeza disso. Depois que um punhado de outras mentes respeitadas dentro do Bitcoin disse a mesma coisa, eu confiei no seu discernimento — além do fato de Craig se manifestar descaradamente como um defensor de blocos grandes que sabia que o Bitcoin tinha o potencial de escalonar de maneira massiva. Porém, desde então, um enorme amontoado de controvérsias eclodiu em torno da sua alegação de ser Satoshi, e as evidências que ele apresentou ao público são extremamente suspeitas. Independentemente de as suas afirmações serem verdadeiras ou não, ele foi capaz de reunir com sucesso uma comunidade de pessoas em torno da sua visão para o futuro do Bitcoin. Um proeminente apoiador do Bitcoin SV foi Calvin Ayre, um bem-sucedido empresário com experiência em jogos *online* de azar, o qual acabou fornecendo os recursos financeiros para o desenvolvimento do *software* do Bitcoin SV.

Infelizmente, alguns detalhes técnicos do Bitcoin SV e do Bitcoin

ABC eram incompatíveis, e não parecia que nenhum dos lados estivesse com disposição e vontade para ceder. Assim, em agosto de 2018, um grupo de mineradores e empresários se encontrou na Tailândia de modo a ver se outra cisão poderia ser evitada. Naquela época, eu considerava que a implementação do Bitcoin ABC era mais promissora, mas estava otimista de que encontraríamos um terreno comum. Tive — e participei de — uma conversa razoável com Ayre durante o jantar da noite anterior à conferência. Mas fiquei chateado ao descobrir que, na manhã seguinte, o veículo de comunicações e notícias de Ayre publicou um artigo afirmando que os mineradores presentes na conferência tinham concordado com unanimidade em seguir a implementação do SV — ainda que as discussões nem mesmo tivessem começado! A minha desconfiança cresceu quando CSW saiu da conferência apenas algumas horas depois, impedindo qualquer outra discussão ou acordo efetivo. Essas táticas dissimuladas deixaram um gosto ruim na minha boca.

Nos meses seguintes, a amargura se acirrou entre os campos. Outro *hard fork* controverso parecia provável, embora dessa vez não estivesse claro como seria resolvido. O Bitcoin SV e o Bitcoin ABC eram compatíveis entre si até que um dos lados realizasse mudanças fundamentais no seu *software*; e, ainda assim, duas implementações incompatíveis não necessariamente dariam origem a duas *blockchains* (cadeias de blocos) separadas. Outra possibilidade era que, com *hashrate* (poder de mineração ou processamento) suficiente, um lado poderia sobrepujar totalmente o outro, com a *chain* (cadeia) minoritária sendo destruída completamente. Embora isso pareça um resultado mais disruptivo, ele pode ser preferível, tendo em vista que, num cenário de vencedor-leva-tudo, o vitorioso preserva todos os efeitos de rede existentes. Se duas *blockchains* viáveis e separadas surgem, isso significa que os efeitos de rede existentes são divididos entre elas, e duas moedas separadas exsurgem da luta. Esse tipo de competição tem sido chamado de "guerra de *hash*", pois a batalha é sobre quem pode obter o apoio da maioria dos mineradores.

O Bitcoin ABC e o Bitcoin SV pareciam estar em rota de colisão para travar uma guerra de *hash*. Como o meu foco sempre foi a utilização do Bitcoin para pagamentos, eu sabia que a credibilidade do Bitcoin Cash poderia sofrer impactos se a rede passasse por uma disrupção significativa. Eu, então, gastei mais de um milhão de dólares alugando equipamentos de mineração para garantir que a rede ABC assegurasse mais *hashrate* que a rede SV. Como precaução adicional, Amaury Sechet acrescentou código que impedia reorganizações da *chain* ABC que fossem maiores que a dimensão de dez blocos. No entanto, esse código nunca entrou em vigor, pois a rede ABC acumulou mais *hashrate* que a rede SV, e ambos os lados acabaram existindo na condição de redes separadas. O Bitcoin SV acabou criando uma moeda nova, que recebeu o símbolo-*ticker* "BSV". Embora eu estivesse satisfeito com o fato de que o meu lado venceu a batalha — e com o fato de que nos livramos, com sucesso, do extremamente divisivo Craig Wright —, a vitória veio ao custo de encolher ainda mais o tamanho da nossa rede. Após a cisão do BSV, os *bitcoiners* dos blocos grandes não mais estavam unificados em torno de um projeto.

Desde essa cisão em novembro de 2018, o BSV ficou ainda mais atrás do BCH em termos de preço e *hashrate*. Como resultado, a sua estratégia parece ter mudado para o foco de basear-se em ações judiciais e em intimidação envolvendo a questão de patentes. Eu, assim como uma longa lista de pessoas envolvidas na indústria de criptomoedas, fui processado repetidamente por Craig. Essas táticas foram amplamente condenadas; e, como consequência, o BSV possui uma das piores reputações entre todas as criptomoedas. A maioria das corretoras de criptomoedas (*exchanges*) baniu a moeda do BSV das suas plataformas, dificultando ainda mais a aceitação dela. Embora eu apoie e encoraje completamente a concorrência entre projetos, considero impossível ignorar o fato de que a liderança do BSV tomou a decisão de utilizar o sistema jurídico como arma para perseguir e prejudicar pessoas, inclusive a mim. Em fevereiro de 2023, Gavin Andresen atualizou o seu *blog* pessoal com uma nota aos leitores. No topo do seu famoso artigo de 2016 no qual explicava por que pensava que Craig era Satoshi, ele acrescentou:

Eu não acredito em reescrever a história, então irei deixar esta postagem aqui em cima. Mas, nos sete anos desde que escrevi este artigo, muita coisa aconteceu, e agora sei que foi um erro confiar tanto em Craig Wright quanto o fiz. Eu me arrependo de ter sido sugado para o jogo de "quem é (ou não é) Satoshi"; e eu me recuso a jogar mais esse jogo.[1]

ABC, outro Core do Bitcoin?

Todos os defensores de blocos grandes viram que o modelo de financiamento para desenvolvedores do Bitcoin Core estava quebrado, esgotado. A organização Blockstream corrompeu vários programadores importantes que trabalhavam com conflitos de interesse. Porém, só porque podemos ver os problemas no Bitcoin Core não significa que tenhamos encontrado uma solução perfeita no Bitcoin Cash. Subsistem ainda questões por resolver sobre o melhor mecanismo de financiamento do desenvolvimento. Essas questões têm surgido ocasionalmente desde 2017, e elas acabaram provocando mais uma cisão em 2020.

Amaury Sechet era o principal desenvolvedor do Bitcoin ABC, que foi a principal implementação de *software* do BCH até 2020. Sechet possuía a reputação de ser tecnicamente competente; todavia, as suas habilidades de liderança foram questionadas por anos. A indústria de criptomoedas é uma mistura complexa de pessoas e computadores; bons líderes precisam ter habilidades tanto interpessoais quanto técnicas. Seja qual for o motivo disto, a indústria apresenta a tendência a atrair trabalhadores que se encontram nos dois extremos — ou extremamente habilidosos com pessoas; ou extremamente habilidosos com computadores; mas raramente com ambos. Sechet tinha construído uma reputação de ser alguém com quem era difícil de trabalhar, e ele frequentemente expressava descontentamento com a quantidade de financiamento que o ABC estava recebendo.

Em 2019, a questão do financiamento dos desenvolvedores foi suscitada no BCH, e a comunidade respondeu com uma arrecadação de fundos que doou mais de 800 BCH para diversas equipes. Eu pessoalmente doei milhões de dólares para diferentes equipes ao longo dos anos, incluindo cerca de US$ 500.000 para o Bitcoin ABC. No início de 2020, o assunto ressurgiu novamente.

Em resposta, um grupo de mineradores que representava a maioria do *hashrate* propôs um "Plano de Financiamento de Infraestrutura" (*Infrastructure Funding Plan* — IFP), o qual direcionaria 12,5% da recompensa por bloco por seis meses para um fundo assinalado para desenvolvimento. O fundo seria controlado por uma corporação independente em Hong Kong, e eles inicialmente estimaram que o IFP levantaria cerca de US$ 6 milhões. Os mineradores descreveram a sua proposta num artigo:

> a) Não há votação "masternode" ou qualquer outra votação. Esta é uma decisão dos mineradores de financiar diretamente o desenvolvimento.
> b) A iniciativa terá duração de seis meses (de 15 de maio de 2020 a 15 de novembro de 2020)
> c) A iniciativa encontra-se sob a direção e o controle dos mineradores, que podem a qualquer momento optar por não continuar.
> d) Não se trata de mudança de protocolo. Em vez disso, esta é uma decisão dos mineradores sobre como gastar as suas recompensas de base de moedas e sobre quais blocos devem ser construídos.[2]

Isso me pareceu um bom plano, pois eram os mineradores se organizando entre si e isso seria apenas temporário. Mas a reação no seio da comunidade mais ampla do Bitcoin Cash foi mista. Algumas pessoas consideravam que o percentual de 12,5% era muito alto, e outras salientavam — com razão — que os mineradores estavam sendo vagos em relação aos detalhes sobre como os fundos seriam distribuídos.

Após alguma deliberação, o Bitcoin ABC adicionou o código para o IFP no seu *software* com uma concessão: a recompensa seria reduzida para 5%, e um determinado número de mineradores teria de concordar antes que a mudança fosse ativada. Se os mineradores não votassem, isso fracassaria.

A ideia inteira se mostrou impopular, provocando a criação de uma implementação concorrente de *software* denominada de Bitcoin Cash Node (BCHN), que não suportava o IFP. A equipe do BCHN também propiciou uma alternativa à liderança de Amaury Sechet, que tinha sido enfraquecida após ele atacar e afastar as pessoas ao seu redor. Com o aumento do apoio dos mineradores ao BCHN e a diminuição do apoio ao ABC e a Sechet, o IFP fracassou.

Em resposta, Sechet anunciou em agosto de 2020 que o Bitcoin ABC estaria implementando uma nova versão do IFP em novembro. A sua nova versão modificou algumas variáveis-chave: a porcentagem da recompensa por bloco destinada ao desenvolvimento foi elevada de 5% para 8%; tornou-se permanente; não requeria um número de mineradores para ser ativada; e, talvez o mais escandaloso, os fundos seriam enviados para um único endereço, controlado pelo próprio Sechet ou por alguém intimamente afiliado a ele. Em outras palavras, Amaury Sechet decidiu que a sua implementação do Bitcoin ABC deveria ser financiada de forma direta pelas recompensas por blocos do BCH indefinidamente. Nem mesmo o Bitcoin Core foi tão descarado assim!

Num artigo anunciando o novo plano, Sechet deixou claro que não se importava com quem discordasse. O plano avançaria sem discussão:

> Embora alguns possam preferir o fato de que o Bitcoin ABC não implementou essa melhoria, este anúncio não é um convite para o debate. A decisão foi tomada e será colocada em prática na atualização de novembro.[3]

Uma grande parcela da comunidade Bitcoin Cash ficou indignada. O Bitcoin ABC queria se posicionar na condição de versão 2.0 de Blockstream / Bitcoin Core e garantir 8% da recompensa do bloco para si mesmo indefinidamente no futuro — uma grande oportunidade financeira, se a rede BCH permitisse. O pesquisador Dr. Peter Rizun escreveu categoricamente: "Amaury Sechet está literalmente modificando o protocolo do BCH para emitir moedas para ele e os amigos dele."[4]

Mais frustração foi manifestada por outros desenvolvedores do

BCH, como Jonathan Toomim, que comentou:

> Por três anos, Amaury Sechet foi o desenvolvedor mais produtivo no espaço de *full nodes* (nós completos) do BCH. Isso era verdade porque, como mantenedor do Bitcoin ABC, ele estava na condição de impedir que qualquer outra pessoa fizesse muita coisa.[5]

Apesar das críticas, Sechet não cedeu, e o seu novo código foi incorporado ao Bitcoin ABC, estando programado para entrar no ar em novembro de 2020. Assim, três anos após a separação perante o Bitcoin Core — na qual o BCH se tornou a *chain* (cadeia) minoritária e teve de construir os seus efeitos de rede do zero —, uma situação semelhante novamente surgiu. Se Amaury Sechet tivesse efetivamente conseguido sequestrar o Bitcoin Cash, admito que eu teria me tornado extremamente pessimista sobre a viabilidade do Bitcoin de blocos grandes — não por quaisquer razões técnicas, mas sim pelo motivo de que isso teria demonstrado uma fraqueza sistêmica diante da captura por desenvolvedores.

No entanto, para a minha alegria, a comunidade Bitcoin Cash não aceitaria essa apoderação de Sechet, e os mineradores, também não. Mais *hashrate* passou para o BCHN; e, quando se chegou ao mês de novembro, o Bitcoin ABC não conseguiu garantir suficiente apoio e "forkeou-se" (bifurcou-se) da rede principal. Amaury Sechet foi demitido, e o seu projeto recebeu um novo nome, "eCash", existindo numa *blockchain* separada.

Por um lado, esses *forks* têm sido prejudiciais para a continuidade e o crescimento do Bitcoin Cash. Toda vez em que ocorre uma cisão controversa, a rede encolhe, a amargura cresce, a experiência do usuário piora, e indivíduos talentosos acabam se retirando por causa do drama. Porém, por outro lado, o Bitcoin Cash demitiu com sucesso uma equipe de desenvolvimento que tentou sequestrar o protocolo em proveito próprio. Isso é um ótimo sinal. O Bitcoin Cash, agora, encontra-se livre da Blockstream, de Craig Wright e de um aborrecido Amaury Sechet. Eu desafio qualquer pessoa a encontrar uma *blockchain* mais resistente à captura por desenvolvedores.

24

Conclusão

Nós nos encontramos nos primórdios de uma revolução monetária. Vista de uma perspectiva histórica, a *blockchain* (cadeia de blocos) ainda se revela uma invenção absolutamente nova, podendo, como qualquer nova tecnologia poderosa, tornar o mundo um lugar consideravelmente melhor ou pior. Caso não tenhamos cuidado e cautela, ela pode ser cooptada e usada para rastrear e controlar as pessoas num nível sem precedentes. Se, porém, destravarmos o seu potencial para o bem, ela inaugurará uma nova era de moeda sólida, liberdade pessoal e prosperidade. Os benefícios do dinheiro digital sólido são enormes — tão enormes quanto os riscos do dinheiro digital não sólido. Se aprendi alguma coisa na última década é que esse poder não passou despercebido. O *establishment* político e financeiro tomou nota do Bitcoin e de outras criptomoedas porque constituem uma ameaça existencial ao *status quo*.

As transações que não são *peer-to-peer* (ponta-a-ponta) exigem terceiras partes que as facilitem, e o velho sistema financeiro é amplamente composto por terceiras partes — bancos, processadores de pagamentos, empresas de cartão de crédito e agências reguladoras, além de bancos centrais manipulando a oferta monetária. Os intermediários estão por todo lugar, lucrando de alguma forma com cada transação que tocam. A versão de Satoshi do Bitcoin — utilizado para o comércio diário, com blocos grandes e acesso universal à *blockchain* — contorna esses intermediários. A versão do Bitcoin Core, não. Na realidade, o BTC agora depende do sistema antigo para ser de utilidade para uma pessoa comum. Até mesmo a Lightning Network ("Rede Relâmpago") depende de terceiras partes confiáveis, visto que praticamente todos devem utilizar carteiras custodiadas, as quais são meros saldos em conta mantidos com uma empresa. Nada existe de revolucionário nisso. No final de 2021, o *website* Cointelegraph escreveu um artigo que demonstrou bem esse ponto:

> A corretora de criptomoedas (*exchange*) sul-coreana Coinone anunciou que, a partir de janeiro, planeja não mais permitir saques de *tokens* para carteiras externas não verificadas (...).
>
> A Coinone disse que os usuários teriam de 30 de dezembro a 23 de janeiro para registrar as suas carteiras externas na corretora; depois desse período, ela restringiria os saques. A corretora especificou que os usuários de criptomoedas só poderiam registrar as suas próprias carteiras, e o processo de verificação "pode levar algum tempo", podendo também ser modificado no futuro.
>
> Conforme a Coinone, ela planejava verificar os nomes dos usuários e os números de registro dos residentes — emitidos a todos os residentes da Coreia do Sul — para assegurar que as transações de criptomoedas "não fossem usadas para atividades ilegais, como lavagem de dinheiro".[1]

A tendência mundial se apresenta nesse sentido, no qual as empresas são obrigadas a cumprir regulamentações que retiram completamente a privacidade dos seus consumidores. Uma maneira de combater essa tendência está em manter as transações como *peer-to-peer* e em deixar de utilizar carteiras custodiadas. Entretanto, isso não é viável se a criptomoeda que está sendo utilizada não escalonar para possibilitar que todos acessem a *blockchain*.

Talvez nunca saibamos a verdadeira motivação por trás da decisão do Bitcoin Core de reformular a configuração de Satoshi. Talvez isso tenha ocorrido de boa-fé. Talvez isso tenha acontecido porque o Core estava infiltrado. Independentemente disso, o resultado é o mesmo: uma versão de blocos pequenos do Bitcoin que se revela consideravelmente menos disruptiva para o *status quo*. Se determinadas partes interessadas não corromperam diretamente o Bitcoin, elas com certeza se beneficiam da corrupção dele. A mesma coisa pode ser dita em relação à censura *online* desenfreada, ao alastrado controle de informações e à engenharia de mídia social que envolve esse tema — ainda que a oposição não o tenha causado, ela certamente se beneficia disso.

Encontrando o Equilíbrio

Bitcoiners de primeira geração, como eu, que queriam ver o Bitcoin amplamente adotado como um sistema de dinheiro eletrônico *peer--to-peer*, até agora demonstraram fracasso. No entanto, os nossos erros podem ser fonte de aprendizado. A visão por um dinheiro digital rápido, barato, confiável e à prova de inflação ainda se encontra viva, mas exige uma rede de pessoas para trazê-la à existência concreta. O *software*, sozinho, por si só, não pode tornar melhor o mundo; os seres humanos ainda são necessários!

A próxima geração de entusiastas do dinheiro digital precisará ter uma filosofia mais sofisticada que aquela que tínhamos nos primórdios. Para elaborar essa filosofia, devemos começar com a análise das diferentes tensões que existem dentro dos sistemas. Todo projeto de criptomoeda se depara com uma lista interminável de problemas, e tais problemas nunca possuem soluções perfeitas. Em vez disso, há escolhas compensatórias (*tradeoffs*) que devem ser equilibradas entre si. Analisar essas incompatibilidades é fundamental para aprimorar a nossa compreensão geral.

A primeira dessas escolhas está entre concentrar os nossos esforços num projeto de criptomoeda e concentrá-los em vários. No panorama geral, haver concorrência entre vários projetos é uma grande coisa. Nunca devemos jurar fidelidade a nenhuma moeda em específico. Todavia, os nossos recursos, a nossa atenção e o nosso tempo são escassos. Se alguma criptomoeda irá competir com os sistemas financeiros existentes, necessitamos de coordenação uns com os outros. Quanto mais coordenação existir no mesmo projeto, mais fortalecido ele se tornará ao longo do tempo. Se todos construírem numa rede separada, nenhuma dessas redes terá sucesso. É por esse motivo que estou me concentrando agora mesmo principalmente no Bitcoin Cash, porque sei que a tecnologia subjacente pode escalonar, já tendo, aliás, sido testada na batalha do mundo real. Até que apareçam evidências claras de que haja uma opção genuinamente superior — não apenas a possibilidade teórica de uma opção assim —, continuarei a promover o BCH como a criptomoeda mais promissora a se tornar dinheiro digital.

Uma tensão semelhante existe entre a necessidade de várias implementações de *software* e a necessidade de uma liderança forte e competente. O sequestro do Bitcoin Core e a tentativa de sequestro do Bitcoin Cash demonstraram que uma única equipe de desenvolvedores não pode ser perpetuamente confiável. O Bitcoin deve permanecer separado de qualquer implementação em específico. Isso, porém, não significa que cada desenvolvedor necessite criar a sua própria implementação separada. Líderes competentes devem possuir uma equipe ao seu redor que respeite a hierarquia profissional, conforme sugeriu Mike Hearn. Ter uma implementação de liderança é bom, desde que o sistema permaneça meritocrático. Do contrário, ele se degradará em outro caso de captura por desenvolvedores.

O mesmo pode ser mencionado em relação a *hard forks* controversos. Por um lado, a capacidade de "forkear" (bifurcar) constitui uma parcela crítica da governança do Bitcoin. Por outro lado, os *forks* (bifurcações) são extremamente disruptivos e prejudiciais aos efeitos de rede. Eles devem continuar sendo ações de último recurso; caso contrário, uma comunidade "forkeará" a si mesma na irrelevância. Mike Hearn comentou algumas dessas ideias num fantástico Q&A (*Questions and Answers* —

Perguntas e Respostas) ocorrido em 2018. Quando questionado sobre a comunidade e a estrutura de desenvolvedores do Bitcoin Cash, ele respondeu:

> A minha opinião é que o Bitcoin Cash se assemelha fortemente à comunidade Bitcoin de 2014. Isso não é bom. Esse experimento foi tentado e não funcionou. É tentador achar que o que aconteceu foi uma ocorrência pontual maluca, mas não considero que tenha sido. Penso que era inevitável tendo em vista a estrutura e o perfil psicológico da comunidade na época.
>
> Então, somente tentar "voltar aos trilhos", como vejo, não é nem de longe radical o suficiente. Se nesta sessão eu pudesse passar uma mensagem para você, é esta: seja ousado. Esteja disposto a aceitar que aquilo que aconteceu não foi apenas azar.[2]

A história, mais uma vez, demonstrou que Hearn estava certo; e, desde que ele externou tais comentários, o BCH sofreu cisão mais duas vezes. Uma outra vez mais poderia se mostrar desastrosa. Os problemas estruturais subjacentes têm de ser corrigidos. Uma maneira está em reduzir o número de parâmetros críticos que os desenvolvedores controlam. Por exemplo, todo o drama em torno do limite de tamanho dos blocos (*blocksize limit*) pode ser evitado com a ação de simplesmente remover completamente o limite e com a ação de permitir que os mineradores determinem o tamanho dos blocos a serem produzidos. Quanto mais decisões pudermos colocar nas mãos de mineradores e empresas — e não nas mãos de desenvolvedores de protocolos —, melhor.

Ainda mais fundamental: um projeto bem-sucedido precisará demonstrar estabilidade ao longo do tempo. A ação de adicionar novos recursos pode ser atraente, em especial para programadores de computador, mas a sua execução envolve o custo da estabilidade. As empresas simplesmente não podem estabelecer as suas atividades em plataformas instáveis; e, se a tecnologia de pagamentos que estão utilizando se modifica a cada poucos meses, essa tecnologia rapidamente se torna mais um incômodo que um benefício. Um sistema global de dinheiro digital deve ser sólido como rocha. Assim que são definidas e estabelecidas as características principais, essenciais, elas não devem ser modificadas, a menos que isso seja absolutamente necessário. Existe uma abundância de outras criptomoedas que estão tentando ser como o Ethereum e oferecer uma plataforma universal para *smart contracts* (contratos inteligentes) e outras funcionalidades complexas. Mas nem toda moeda precisa ser como o Ethereum; precisamos que algum(ns) projeto(s) se concentre(m) em transações de dinheiro que sejam simples e fáceis de fazer e possam atingir escala global.

Mais um recurso que é singular ao Bitcoin merece ser abordado. Tanto o BTC quanto o BCH possuem recompensas por bloco decrescentes ao longo do tempo, o que significa que, em breve, os mineradores receberão a vasta maioria da sua receita a partir de taxas de transação, não a partir de moedas recém-cunhadas. Isso representa um sério desafio para o BTC por causa dos blocos pequenos, nos quais taxas altas são necessárias para que se mantenha a segurança. Mas os mineradores do BCH continuarão tendo um mecanismo simples de lucro graças à configuração original de Satoshi. Simplesmente ao escalonarem a base de usuários e processarem mais transações, eles podem ser bem pagos. Por exemplo, se meio bilhão de pessoas estiverem transacionando com Bitcoin Cash duas vezes por dia, isso significa um bilhão de transações diárias. Com uma taxa de US$ 0,01 por transação, isso representa cerca de US$ 10 milhões por dia como receita — ou mais de US$ 3,5 bilhões por ano divididos entre os mineradores. Isso fornece um grande incentivo para que se prossiga escalonando indefinidamente a rede.

A Procura pela Liberdade

A indústria de criptomoedas é notória por ser tóxica e divisiva, na qual projetos concorrentes são vistos como inimigos mortais. Porém, no panorama mais amplo, a maioria de nós encontra-se do mesmo lado. Queremos mais liberdade humana e menos controle centralizado sobre as nossas vidas. O mundo está pronto para o dinheiro eletrônico *peer-to-peer*. A narrativa do Bitcoin Core — apesar dos seus muitos erros factuais — inspirou milhões de pessoas que estão ávidas para verem a separação entre moeda e estado. O conceito de ouro digital se provou popular; basta esperar até que as pessoas percebam que podem ter ouro digital *e* dinheiro digital ao mesmo tempo, na mesma rede, com a mesma moeda.

A maioria das pessoas simplesmente não conhece a história do Bitcoin Core. Elas não sabem que as *blockchains* podem escalonar muito bem e que a rede do Bitcoin foi intencionalmente reconfigurada para possuir taxas altas. Não sabem que a organização Blockstream obtém lucros ao desviar o tráfego para a sua *blockchain* proprietária. Não sabem sobre as falhas da Lightning Network e sobre a proliferação inevitável de carteiras custodiadas/custodiais (*custodial wallets*). Não sabem que a informação que consomem na internet tem sido rigidamente controlada e censurada por anos com o propósito de promover uma narrativa única e dominante. Mas as pessoas estão totalmente de acordo com a ideia de uma moeda digital sólida que não é controlada por uma autoridade centralizada — uma linda visão que simplesmente não pode ser concretizada na rede do BTC. Então, em determinado sentido, apesar da desinformação generalizada, o esforço mais difícil de convencimento já está realizado. Mudar de uma *blockchain* para outra é fácil em comparação com ser convencido, em primeiro lugar, pela ideia de criptomoedas.

A última década foi, para mim, um turbilhão. Acompanhei o nascimento de uma tecnologia revolucionária e testemunhei a sua subsequente corrupção. Auxiliei a plantar as sementes de uma indústria emergente e as observei crescer, fazendo, nesse caminho, amigos para toda a vida. O meu entusiasmo em promover o Bitcoin me rendeu o apelido de "Jesus do Bitcoin", apenas para, alguns anos depois, ser demonizado como "Judas do Bitcoin" por pregar a mesma mensagem. Vi o valor dos meus ativos subir e cair milhões por cento.

Tudo isso, realmente, tem sido um percurso bravio, selvagem. Espero que, daqui a trinta anos, fique claro que os investimentos físicos, mentais, financeiros e emocionais colocados nesta indústria tornaram o mundo um lugar dramaticamente melhor. O sucesso do Bitcoin e das criptomoedas não deve ser mensurado pelo quão caras estejam as moedas, nem pelo quão ricos os investidores iniciais se tornarem, mas sim pelo quanto o mundo se tornou mais livre ao utilizar esta maravilhosa nova tecnologia.

Notas

1. Visão Modificada

1   "How Digital Currency Will Change the World", Coinbase, 31 de agosto, 2016, https://blog.coinbase.com/how-digital-currency-will-change-the-world-310663fe4332

2   DishPash, "Peter Wuille. Deer caught in the headlights." Reddit, 08 de dezembro, 2015, https://www.reddit.com/r/bitcoinxt/comments/3vxv92/peter_wuille_deer_caught_in_the_headlights/cxxfqsj/

3   Chakra_Scientist, "What Happened at The Satoshi Roundtable", Reddit, 04 de março, 2016, https://www.reddit.com/r/Bitcoin/comments/48zhos/what_happened_at_the_satoshi_roundtable/d0o5w13/

4   Gregory Maxwell, "Total fees have almost crossed the block reward", Bitcoin-dev mailing list, 21 de dezembro, 2017, https://lists.linuxfoundation.org/pipermail/bitcoin-dev/2017-December/015455.html

5   CoinMarketSwot, "Hey, do you realize the blocks are full? Since when is this?", Reddit, 14 de fevereiro, 2017, https://www.reddit.com/r/btc/comments/5tzq45/hey_do_you_realize_the_blocks_are_full_since_when/ddtb8dl/

2. Noções Básicas sobre Bitcoin

1   "Bitmain Chooses Rockdale, Texas, for Newest Blockchain Data Center", Business Wire, 06 de agosto, 2018, https://www.businesswire.com/news/home/20180806005156/en/Bitmain-Chooses-Rockdale-Texas-Newest-Blockchain-Data

2   Satoshi, "Re: Scalability and transaction rate", Bitcoin Forum, 29 de julho, 2010, https://bitcointalk.org/index.php?topic=532.msg6306#msg6306

3   BITCOIN, "Bitcoin: Elon Musk, Jack Dorsey & Cathie Wood Talk Bitcoin at The B Word Conference", YouTube, 21 de julho, 2021, https://youtu.be/TowDxSHSClw?t=8168

3. Dinheiro Digital para Pagamentos

1   Saifedean Ammous, *The Bitcoin Standard* *["O Padrão Bitcoin"]*, New Jersey: Wiley, 2018. Descrição na aba traseira do livro.

2   Dan Held (@danheld), Twitter, 14 de janeiro, 2019, https://twitter.com/danheld/status/1084848063947071488

3   Satoshi Nakamoto, "Bitcoin: A Peer-to-Peer Electronic Cash System", 2008, https://www.bitcoin.com/bitcoin.pdf

4   Samuel Patterson, "Breakdown of all Satoshi's Writings Proves Bitcoin not Built Primarily as Store of Value", SamPatt, 06 de junho, 2019, https://sampatt.com/blog/2019/06/06/breakdown-of-all-satoshi-writings-provesbitcoin-not-built-primarily-as-store-of-value

5   Satoshi, "Re: Flood attack 0.00000001 BC", Bitcoin Forum, 04 de agosto, 2010, https://bitcointalk.org/index.php?topic=287.msg7524#msg7524

6   Gavin Andresen, "Re: How a floating blocksize limit inevitably leads towards centralization", Bitcoin Forum, 19 de fevereiro, 2013, https://bitcointalk.org/index.php?topic=144895.msg1539692#msg1539692

7   Satoshi, "Re: Flood attack 0.00000001 BC", Bitcoin Forum, 05 de agosto, 2010, https://bitcointalk.org/index.php?topic=287.msg7687#msg7687

8   Satoshi Nakamoto, "Bitcoin v0.1 released", Metzdowd, 16 de janeiro, 2009, https://www.metzdowd.com/pipermail/cryptography/2009-January/015014.html

9   Peter Todd, "How a floating blocksize limit inevitably leads towards centralization", Bitcoin Forum, 18 de fevereiro, 2023, https://bitcointalk.org/index.php?topic=144895.0

10   Satoshi, "Re: Bitcoin minting is thermodynamically perverse", Bitcoin Forum, 07 de agosto, 2010, https://bitcointalk.org/index.php?topic=721.msg8114#msg8114

11   Ilama, "Re: Bitcoin snack machine (fast transaction problem)", Bitcoin Forum, 18 de julho, 2010, https://bitcointalk.org/index.php?topic=423.msg3836#msg3836

12   Molybdenum, "CLI bitcoin generation", Bitcoin Forum, 22 de maio, 2010, https://bitcointalk.org/index.php?topic=145.msg1194#msg1194

13   Satoshi, "Re: The case for removing IP transactions", Bitcoin Forum, 19 de setembro, 2010, https://bitcointalk.org/index.php?topic=1048. msg13219#msg13219

14   Satoshi, "Re: URI-scheme for bitcoin", Bitcoin Forum, 24 de fevereiro, 2010, https://bitcointalk.org/index.php?topic=55.msg481#msg481

15   Satoshi, "Re: Porn", Bitcoin Forum, 23 de setembro, 2010, https://bitcointalk.org/index.php?topic=671.msg13844#msg13844

16   Satoshi, "Re: Bitcoin mobile", Bitcoin Forum, 26 de junho, 2010, https://

bitcointalk.org/index.php?topic=177.msg1814#msg1814

17   Stephen Pair, Consensus 2017, https://s3.amazonaws.com/media. coindesk.com/live-stream/Day1_Salons34.html

18   This Week in Startups, "E779: Brian Armstrong Coinbase & Tim Draper: crypto matures, ICO v VC, fiat end, bitcoin resiliency", YouTube, 17 de novembro, 2017, https://youtu.be/AIC62BkY4Co?t=2168

19   "Bitcoin P2P Cryptocurrency", Bitcoin, 31 de janeiro, 2009, https://web.archive.org/web/20100722094110/http://www.bitcoin.org:80/

20   "Bitcoin is an innovative payment network and a new kind of money", Bitcoin, 23 de março, 2013, https://web.archive.org/web/20150701074039/https://bitcoin.org/en/

4. Reserva de Valor vs. Meio de Troca

1   Ammous, *The Bitcoin Standard*, p. 212

2   Ammous, *The Bitcoin Standard*, p. 206

3   Saifedean Ammous (@saifedean), Twitter, https://twitter.com/saifedean/status/9392176589978542

4   Tuur Demeester (@TuurDemeester), Twitter, 29 de maio, 2019, https://twitter.com/TuurDemeester/status/1133735055115866112

5   Ludwig von Mises, *The Theory of Money and Credit ["Teoria da Moeda e do Crédito"]*, Alemanha: Duncker & Humblot, 1912

6   Murray N. Rothbard, *What Has Government Done to Our Money? ["O Que o Governo Fez com o Nosso Dinheiro?"]*, Alabama: Mises Institute, 2010

7   Satoshi, "Re: Bitcoin does NOT violate Mises' Regression Theorem",

Bitcoin Forum, 27 de agosto, 2010, https://bitcointalk.org/index. php?topic=583.msg11405#msg11405

8   Tone Vays, "On The Record w/ Willy Woo & Kim Dotcom – Can't All 'Bitcoiners' Just Get Along?", YouTube, 16 de janeiro, 2020, https://www. youtube.com/watch?v=mvcZNSwQlRU

5. O Limite de Tamanho dos Blocos

1   Stephen Pair, Bitcoin.com podcast", Reddit, 05 de abril, 2017, https:// www.reddit.com/r/btc/comments/63m2cp/if_you_told_me_in_2011_that_ we_would_be_sitting/

2   "Bitcoin transactions", Blockchair, 18 de agosto, 2023, https:// blockchair.com/bitcoin/transactions?s=fee_usd(desc)&q=fee_ usd(900..1100)#

3   Gavin Andresen, GAVIN ANDRESEN, 18 de agosto, 2023, http:// gavinandresen.ninja/

4   Gavin Andresen, GavinTech, 18 de agosto, 2023, https://gavintech. blogspot.com/

5   Gavin Andresen, "One-dollar lulz", GAVIN ANDRESEN, 03 de março, 2016, http://gavinandresen.ninja/One-Dollar-Lulz

6   Gavin Andresen, "Re: Please do not change MAX_BLOCK_SIZE", Bitcoin Forum, 03 de junho, 2013, https://bitcointalk.org/index. php?topic=221111.msg2359724#msg2359724

7   Cryddit, "Re: Permanently keeping the 1MB (anti-spam) restriction is a great idea...", Bitcoin Forum, 07 de fevereiro, 2015, https://bitcointalk. org/index.php?topic=946236.msg10388435#msg10388435

8   Jorge Timón, "Răspuns: Personal opinion on the fee market from a worried local trader", Bitcoin-dev Mailing List, 31 de julho, 2015, https:// lists.linuxfoundation.org/pipermail/bitcoin-dev/2015-July/009804.html

9   User <gmaxwell>, bitcoin-wizards chat log, 16 de janeiro, 2016, http:// gnusha.org/bitcoin-wizards/2016-01-16.log

10   Bitcoincash, "Satoshi Reply to Mike Hearn", Nakamoto Studies Institute, 12 de abril, 2009, https://nakamotostudies.org/emails/ satoshireply-to-mike-hearn/

11   "Scalability", Bitcoin, 11 de setembro, 2011, https://web.archive.org/web/20130814044948/https://en.bitcoin.it/wiki/Scalability

12   Gavin Andresen, "Re: Bitcoin 20 MB Fork", Bitcoin Forum, 31 de janeiro, 2015, https://bitcointalk.org/index.php?topic=941331.msg10315826#msg10315826

13   Satoshi, "Re: Flood attack 0.00000001 BC", Bitcoin Forum, 11 de agosto, 2010, https://bitcointalk.org/index.php?topic=287.msg8810#msg8810

14   jtimon, Reddit, 13 de dezembro, 2016, https://www.reddit.com/r/Bitcoin/comments/5i3d87/til_4_years_ago_matt_carollo_tried_to_solve/db5d96z/

15   Pieter Wuille, "Bitcoin Core and hard forks", Bitcoin-dev mailing list, July 22, 2015, https://lists.linuxfoundation.org/pipermail/bitcoindev/2015-July/009515.html

16   User <gmaxwell>, "bitcoin-wizards" chat log, Gnusha, 16 de janeiro, 2016, http://gnusha.org/bitcoin-wizards/2016-01-16.log

17   Gregory Maxwell, "Total fees have almost crossed the block reward", Bitcoin-dev mailing list, 21 de dezembro, 2017, https://lists.linuxfoundation.org/pipermail/bitcoin-dev/2017-December/015455.html

18   Satoshi, "Re: What's with this odd generation?", Bitcoin Forum, 14 de fevereiro, 2010, https://bitcointalk.org/index.php?topic=48.msg329#msg329

19   Vitalik Buterin (@VitalikButerin), Twitter, 14 de novembro, 2017, https://twitter.com/VitalikButerin/status/930276246671450112

20   "Steam is no longer supporting Bitcoin", Steam, 06 de dezembro, 2017, https://steamcommunity.com/games/593110/announcements/detail/1464096684955433613

21   Elon Musk (@elonmusk) Twitter, 10 de julho, 2021, https://twitter.com/elonmusk/status/1413649482449883136

6. Nodes Notórios

1   Wladimir J. van der Laan, "Block Size Increase", Bitcoin-development mailing list, 07 de maio, 2015, https://lists.linuxfoundation.org/pipermail/bitcoin-dev/2015-May/007890.htm

2   BitcoinTalk, "Re: Scalability and transaction rate", Satoshi Nakamoto Institute, 29 de julho, 2010, https://satoshi.nakamotoinstitute.org/posts/bitcointalk/287/

3   Cryptography Mailing List, "Bitcoin P2P e-cash paper, Satoshi Nakamoto Institute, 03 de novembro, 2008, https://satoshi.nakamotoinstitute.org/emails/cryptography/2/

4   Alan Reiner, "Block Size Increase", Bitcoin-development mailing list, 08 de maio, 2015, https://lists.linuxfoundation.org/pipermail/bitcoindev/2015-May/008004.html

5   Theymos, "Re: The MAX_BLOCK_SIZE fork", Bitcoin Forum, 31 de janeiro, 2013, https://bitcointalk.org/index.php?topic=140233.msg1492629#msg1492629

6   Satoshi Nakamoto, Bitcoin: A Peer-to-Peer Electronic Cash System ["Bitcoin: Um Sistema de Dinheiro Eletrônico Peer-to-Peer"], 2008, https://www.bitcoin.com/bitcoin.pdf

7   "Full node", Bitcoin Wiki, 08 de abril, 2022, https://en.bitcoin.it/w/index.php?title=Full_node

8   Mike Hearn, "Re: Reminder: zero-conf is not safe; $500USD reward posted for replace-by-fee patch", Bitcoin Forum, 19 de abril, 2013, https://bitcointalk.org/index.php?topic=179612.msg1886471#msg1886471

9   BitcoinTalk, "Re: Scalability", Satoshi Nakamoto Institute, 14 de julho, 2010, https://satoshi.nakamotoinstitute.org/posts/bitcointalk/188/

7. O Custo Real dos Blocos Grandes

1   Gavin Andresen, "Re: Bitcoin 20 MB Fork", Bitcoin Forum, 17 de março, 2015, https://bitcointalk.org/index.php?topic=941331.msg10803460#msg10803460

2   Ammous, *The Bitcoin Standard,* p. 233

3   *Ibid.*

4   "Seagate BarraCuda NE-ST8000DM004", NewEgg, setembro de 2023, https://www.newegg.com/seagate-barracuda-st8000dm004-8tb/p/N82E16822183793

5   "QNAP TS-653D-4G 6 Bay NAS", Amazon, setembro de 2023, https://www.amazon.com/QNAP-TS-653D-4G-Professionals-Celeron-2-5GbE/dp/B089728G34/

6   John McCallum, "Historical cost of computer memory and storage", Our World in Data, 2022 https://ourworldindata.org/grapher/historical-cost-of-computer-memory-and-storage

7   "Disk Drive Prices 1955+", Jcmit, setembro de 2023, https://jcmit.net/diskprice.htm

8   Ammous, *The Bitcoin Standard*, páginas 233–234

9   Satoshi Nakamoto, "Bitcoin P2P e-cash paper", Bitcoin.com, 03 de novembro, 2008, https://www.bitcoin.com/satoshi-archive/emails/cryptography/2/#selection-29.1597-29.2053

10   "The Shrinking Cost of a Megabit", ncta, 28 de março, 2019, https://www.ncta.com/whats-new/the-shrinking-cost-of-a-megabit

11   Michael Ken, "AT&T Starts Offering 2-Gigabit and 5-Gigabit Home Internet Amid Cost Hike", PC Mag, 24 de janeiro, 2022, https://www.pcmag.com/news/att-starts-offering-2-gigabit-and-5-gigabit-home-internet-amid-cost-hike

12   Nick Perry, "How much data does Netflix use?", digitaltrends, 19 de junho, 2021, https://www.digitaltrends.com/movies/how-much-data-does-netflix-use/

13   Blair Levin and Larry Downes, "Why Google Fiber Is High-Speed Internet's Most Successful Failure", Harvard Business Review, 07 de setembro, 2018, https://hbr.org/2018/09/why-google-fiber-is-high-speed-internets-most-successful-failure

14   Kristin Houser, "Japan breaks world record for fastest internet speed", Big Think, 13 de novembro, 2021, https://bigthink.com/the-present/japan-internet-speed/

15   Alex Kerai, "State of the Internet in 2023: As Internet Speeds Rise, People Are More Online", HighSpeedInternet.com, 30 de janeiro, 2023, https://www.highspeedinternet.com/resources/state-of-the-internet

16   Gavin Andresen, "A Scalability Roadmap", Bitcoin Foundation, 06 de outubro, 2014, https://web.archive.org/web/20141027182035/https://bitcoinfoundation.org/2014/10/a-scalability-roadmap/

8. Os Incentivos Certos

1   Gavin Andresen, "Re: Microsoft Researchers Suggest Method to Improve Bitcoin Transaction Propagation", Bitcoin Forum, 15 de novembro, 2011, https://bitcointalk.org/index.php?topic=51712.msg619395#msg619395

2   F. A. Hayek, *The Fatal Conceit: The Errors of Socialism ["A Prepotência Fatal: Os Erros do Socialismo"]*, editado por W. W. Bartley III, Chicago: University of Chicago Press, (1988), p. 76.

3   *Ibid.*

4   Gavin Andresen, "Re: Please do not change MAX_BLOCK_SIZE", Bitcoin Forum, 03 de junho, 2013, https://bitcointalk.org/index.php?topic=221111.msg2359724#msg2359724

5   Wladimir J. van der Laan, "Block Size Increase", Bitcoin-development mailing list, 07 de maio, 2015, https://lists.linuxfoundation.org/pipermail/bitcoin-dev/2015-May/007890.html

9. A Lightning Network

1   Paul Sztorc, "Lightning Network – Fundamental Limitations", Truthcoin.info, 04 de abril, 2022, https://www.truthcoin.info/blog/lightning-limitations/

2   "Bitcoin development", BitcoinCore, 18 de agosto, 2023, https://bitcoin.org/en/development

3   Level39 (@level39), Twitter, 15 de dezembro, 2022, https://twitter.com/level39/status/1603214594012598273

4   Epicenter Podcast, "EB94 – Gavin Andresen: On the Blocksize and Bitcoin's Governance", YouTube, 31 de agosto, 2015, https://www.youtube.com/watch?v=B8l11q9hsJM

5   Gavin Andresen, "Development process straw-man", Bitcoin Forum, 19 de dezembro, 2010, [https://bitcointalk.org/index.php?topic=2367.msg31651#msg31651

10. Chaves para o Código

1   Ammous, *The Bitcoin Standard*, p. 200

2   "Bitcoin development", BitcoinCore, 18 de agosto, 2023, https://bitcoin.org/en/development

3   Level39 (@level39), Twitter, 15 de dezembro, 2022, https://twitter.com/level39/status/1603214594012598273

4   Epicenter Podcast, "EB94 – Gavin Andresen: On the Blocksize and Bitcoin's Governance", YouTube, 31 de agosto, 2015, https://www.youtube.com/watch?v=B8l11q9hsJM

5   Gavin Andresen, "Development process straw-man", Bitcoin Forum, 19 de dezembro, 2010, [https://bitcointalk.org/index.php?topic=2367.msg31651#msg31651

6   Epicenter Podcast, "EB94 – Gavin Andresen: On the Blocksize and Bitcoin's Governance", YouTube, 31 de agosto, 2015, https://www.youtube.com/watch?v=B8l11q9hsJM

7   Epicenter Podcast, "EB82 – Mike Hearn – Blocksize Debate at The Breaking Point", YouTube, 8 de junho, 2015, https://youtu.be/8JmvkyQyD8w?t=3699

8   Mike Hearn, "The resolution of the Bitcoin experiment", Medium, 14 de janeiro, 2016, https://blog.plan99.net/the-resolution-of-the-bitcoin-experiment-dabb30201f7

9   Lannwj, "Rebrand client to 'Bitcoin Core' #3203", GitHub, 05 de novembro, 2013, https://github.com/bitcoin/bitcoin/issues/3203

10   Epicenter Podcast, "EB94 – Gavin Andresen: On the Blocksize and Bitcoin's Governance", YouTube, 31 de agosto, 2015, https://www.youtube.com/watch?v=B8l11q9hsJM

11   *Ibid.*

12   Epicenter Podcast, "EB82 – Mike Hearn – Blocksize Debate at The Breaking Point", YouTube, 08 de junho, 2015, https://youtu.be/8JmvkyQyD8w?t=3845

11. As Quatro Eras

1   Gavin Andresen, "Is Store of Value enough?", GAVINTHINK, 11 de julho, 2012, https://gavinthink.blogspot.com/2012/07/is-store-of-value-enough.html

2   "What Happened at The Satoshi Roundtable", Coinbase, 04 de março, 2016, https://blog.coinbase.com/what-happened-at-the-satoshi-roundtable-6c11a10d8cdf

3   Samson Mow (@Excellion), Twitter, 06 de outubro, 2016, https://twitter.com/Excellion/status/783994642463326208

12. Sinais de Alerta

1   Keep Bitcoin Free!, "Why the blocksize limit keeps Bitcoin free and decentralized", YouTube, 17 de maio, 2013, https://www.youtube.com/watch?v=cZp7UGgBR0I

2   Gmaxwell, "Re: New video: Why the blocksize limit keeps Bitcoin free and decentralized", Bitcoin Forum, 17 de maio, 2013, https://bitcointalk.org/index.php?topic=208200.msg2182597#msg2182597

3   Peter Todd, "Reminder: zero-conf is not safe; $1000USD reward posted for replace-by-fee patch", Bitcoin Forum, 18 de abril, 2013, https://bitcointalk.org/index.php?topic=179612.0

4   Peter Todd, "Reminder: zero-conf is not safe; $1000USD reward posted for replace-by-fee patch", Bitcoin Forum, 18 de abril, 2013, https://bitcointalk.org/index.php?topic=179612.0

5   Bram Cohen, "The inevitable demise of unconfirmed Bitcoin transactions", Medium, 02 de julho, 2015, https://bramcohen.medium.com/the-inevitable-demise-of-unconfirmed-bitcoin-transactions-8b5f66a44a35

6   Gavin Andresen, "A definition of 'Bitcoin'", GAVIN ANDRESEN, 07 de fevereiro, 2017, http://gavinandresen.ninja/a-definition-of-bitcoin

7   Etotheipi, "Re: Reminder: zero-conf is not safe; $1000USD reward posted for replace-by-fee patch", Bitcoin Forum, 09 de maio, 2013, https://bitcointalk.org/index.php?topic=179612.80

8   Mike Hearn, "Replace by fee: A counter argument", Medium, 28 de março, 2015, https://blog.plan99.net/replace-by-fee-43edd9a1dd6d

9   *Ibid.*

10   *Ibid.*

11   *Ibid.*

12   "Opt-in RBF FAQ", BitcoinCore, 18 de agosto, 2023, https:// bitcoincore.org/en/faq/optin_rbf/

13   Mike Hearn, "Replace by fee: A counter argument", Medium, 28 de março, 2015, https://blog.plan99.net/replace-by-fee-43edd9a1dd6d

14   Peter Todd, "Bitcoin Blocksize Problem Video", Bitcoin Forum, 28 de abril, 2013, https://bitcointalk.org/index.php?topic=189792.msg1968200

15   Benjamindees, "Re: New video: Why the blocksize limit keeps Bitcoin free and decentralized", Bitcoin Forum, 18 de maio, 2013, https:// bitcointalk.org/index.php?topic=208200.20

16   User <gavinandresen>, IRC chat log, 30 de agosto, 2013, http://azure. erisian.com.au/~aj/tmp/irc/log-2013-08-30.html

17   "Untitled", Pastebin, 16 de novembro, 2013, https://web.archive.org/ web/20131120061753/http://pastebin.com/4BcycXUu

13. Bloqueando a Corrente

1   Maria Bustillos, "The Bitcoin Boom", The New Yorker, 01 de abril, 2013, https://www.newyorker.com/tech/annals-of-technology/the-bitcoin-boom

2   Gavin Andresen, "Bitcoin Core Maintainer: Wladimir van der Laan", Bitcoin Foundation, 07 de abril, 2014, https://web.archive.org/ web/20140915022516/https://bitcoinfoundation.org/2014/04/bitcoin- core-maintainer-wladimir-van-der-laan/

3   Oliver Janssens, "The Truth about the Bitcoin Foundation", Bitcoin Foundation, 04 de abril, 2015, https://web.archive.org/ web/20150510211342/https://bitcoinfoundation.org/forum/index.php?/ topic/1284-the-truth-about-the-bitcoin-foundation/

4   Gavin Andresen, "Joining the MIT Media Lab Digital Currency Initiative", GavinTech, 22 de abril, 2015, https://gavintech.blogspot. com/2015/04/joining-mit-media-lab-digital-currency.html

5   "The philosophical origins of Bitcoin's civil war (Mike Hearn, written 2016 but released 2020)", Reddit, 13 de dezembro, 2020, https://www. reddit.com/r/btc/comments/kc2k3h/the_philosophical_origins_of_

bitcoins_civil_war/gforyhb/?context=3

6   Adam3us, "We are bitcoin sidechain paper authors Adam Back, Greg Maxwell and others", Reddit, 23 de outubro, 2014, https://www.reddit.com/r/IAmA/comments/2k3u97/we_are_bitcoin_sidechain_paper_authors_adam_back/clhoo7d/

7   Daniel Cawrey, "Gregory Maxwell: How I Went from Bitcoin Skeptic to Core Developer", CoinDesk, 29 de dezembro, 2014, https://www.coindesk.com/markets/2014/12/29/gregory-maxwell-how-i-went-from-bitcoin-skeptic-to-core-developer/

8   Laura Shin, "Will This Battle for The Soul of Bitcoin Destroy It?", Forbes, 23 de outubro, 2017, https://www.forbes.com/sites/laurashin/2017/10/23/will-this-battle-for-the-soul-of-bitcoin-destroy-it

9   Adam Back, Matt Corallo, Luke Dashjr, Mark Friedenbach, Gregory Maxwell, Andrew Miller, Andrew Poelstra, Jorge Timón e Pieter Wuille, "Enabling Blockchain Innovations with Pegged Sidechains", 22 de outubro, 2014, https://blockstream.com/sidechains.pdf

10   "What is the Liquid Federation?", Blockstream, 18 de agosto, 2023, https://help.blockstream.com/hc/en-us/articles/900003013143-What-is-the-Liquid-Feder

11   "How do transaction fees on Liquid work?", Blockstream, 18 de agosto, 2023, https://help.blockstream.com/hc/en-us/articles/900001386846-How-do-transaction-fees-on-Liquid-work-

12   Adam Back (@adam3us), Twitter, 23 de maio, 2020, https://twitter.com/adam3us/status/1264279001419431936

13   Avanti, 27 de janeiro, 2022, https://web.archive.org/web/20220127022722/https://avantibank.com/

14   Nate DiCamillo, "Unpacking the Avit, Avanti Bank's New Digital Asset Being Built with Blockstream", CoinDesk, 12 de agosto, 2020, https://www.coindesk.com/business/2020/08/12/unpacking-the-avit-avanti-banks-new-digital-asset-being-built-with-blockstream/

15   Blockstream Team, "El Salvador to Issue $1B in Tokenized Bonds on the Liquid Network", Blockstream, 21 de novembro, 2021, https://blog.blockstream.com/el-salvador-to-issue-1b-in-tokenized-bonds-on-the-liquid-network/

16   Paul Vigna, "Bitcoin Startup Blockstream Raises $55 Million in Funding Round", The Wall Street Journal, 03 de fevereiro, 2016, https://www.wsj.com/articles/bitcoin-startup-blockstream-raises-55-million-in-funding-round-1454518655

17   "Global 500", Fortune, 18 de agosto, 2023, https://fortune.com/global500/2021/search/?sector=Financials

18   Graham Ruddick, "Axa boss Henri de Castries on coal: 'Do you really want to be the last investor?'", The Guardian, 07 de agosto, 2015, https://www.theguardian.com/business/2015/aug/07/axa-boss-henri-de-castries-on-coal-do-you-really-want-to-be-the-last-investor

19   "List of Bilderberg participants", Wikipedia, 18 de agosto, 2023, https://en.wikipedia.org/wiki/List_of_Bilderberg_participants

20   Fitz Tepper, "Barry Silbert Launches Digital Currency Group with Funding from MasterCard, Others", TechCrunch, 28 de outubro, 2015, https://techcrunch.com/2015/10/27/barry-silbert-launches-digital-currency-group-with-funding-from-mastercard-others/

21   "Blockstream Raise $210 Million Series B With $3.2 Billion Valuation", FinTechs.fi, 18 de agosto, 2023, https://fintechs.fi/2021/08/24/blockstream-raise-210-million-with-3-2-billion-valuation/

22   Crypto Me!, "Stefan Molyneux predicts Blockstream takeover of Bitcoin", YouTube, 07 de maio, 2018, https://www.youtube.com/watch?v=q-sMbf2OzOY

14. Centralizando o Controle

1   Michael J. Casey, "Linked-In, Sun Microsystems Founders Lead Big Bet on Bitcoin Innovation", The Wall Street Journal, 17 de novembro, 2014, https://web.archive.org/web/20141201173917/https://blogs.wsj.com/moneybeat/2014/11/17/linked-in-sun-microsystems-founders-lead-big-bet-on-bitcoin-innovation/

2   Jeff Garzik, "Block size: It's economics & user preparation & moral hazard", Bitcoin-dev mailing list, 16 de dezembro, 2015, https://lists.linuxfoundation.org/pipermail/bitcoin-dev/2015-December/011973.html

3   Tim Swanson, "Bitcoin Hurdles: the Public Goods Costs of Securing a Decentralized Seigniorage Network which Incentivizes Alternatives and Centralization", abril de 2014, http://www.ofnumbers.com/wp-content/

uploads/2014/04/Bitcoins-Public-Goods-hurdles.pdf

4   "Make Master Protocol harder to censor", GitHub, setembro de 2014, https://github.com/OmniLayer/spec/issues/248

5   "Vitalik Buterin tried to develop Ethereum on top of Bitcoin, but was stalled because the developers made it hard to build on top of Bitcoin" Reddit, 01 de fevereiro, 2018, https://np.reddit.com/r/btc/comments/7umljb/vitalik_buterin_tried_to_develop_ethereum_on_top/dtli9fg/

6   Joseph Young, "Vitalik Buterin Never Attempted to Launch Ethereum on Top of Bitcoin", CoinJournal, 22 de maio, 2020, https://coinjournal.net/news/vitalik-buterin-never-attempted-launch-ethereum-top-bitcoin/

7   "Vitalik Buterin tried to develop Ethereum on top of Bitcoin, but was stalled because the developers made it hard to build on top of Bitcoin" Reddit, 01 de fevereiro, 2018, https://np.reddit.com/r/btc/comments/7umljb/vitalik_buterin_tried_to_develop_ethereum_on_top/dtli9fg/

8   Ibid.

9   Erik Voorhees (@ErikVoorhees), Twitter, 05 de janeiro, 2021, https://twitter.com/erikvoorhees/status/1346522578748370952

10   Laanwj, "Change the default maximum OP_RETURN size to 80 bytes #5286", GitHub, 03 de fevereiro, 2015, https://github.com/bitcoin/bitcoin/pull/5286

11   Gavin Andresen, "Re: Gavin Andresen Proposes Bitcoin Hard Fork to Address Network Scalability", Bitcoin Forum, 19 de outubro, 2014, https://bitcointalk.org/index.php?topic=816298.msg9254725#msg9254725

12   Crypto Me!, "The Internet of Money should not cost 5 cents per transaction." – Vitalik Buterin", YouTube, 19 de dezembro, 2017, https://www.youtube.com/watch?v=unMnAVAGIp0

13   Stephen Pair, "Bitcoin as a Settlement System", Medium, 05 de janeiro, 2016, https://medium.com/@spair/bitcoin-as-a-settlement-system-13f86c5622e3

14   Pieter Wuille, "Re: How a floating blocksize limit inevitably leads towards centralization", Bitcoin Forum, 18 de fevereiro, 2013, https://bitcointalk.org/index.php?topic=144895.msg1537737#msg1537737

15   Mike Hearn, "Why Satoshi's temporary anti-spam measure isn't temporary", Bitcoin-dev mailing list, 29 de julho, 2015, https://lists.linuxfoundation.org/pipermail/bitcoin-dev/2015-July/009726.html

16   Aantonop, "Re: Roger Ver and Jon Matonis pushed aside now that Bitcoin is becoming mainstream", Bitcoin Forum, 29 de abril, 2013, https://bitcointalk.org/index.php?topic=181168.msg1977971#msg1977971

17   Gavin Andresen, "A Scalability Roadmap", Bitcoin Foundation, 06 de outubro, 2014, https://web.archive.org/web/20150130122517/https://blog.bitcoinfoundation.org/a-scalability-roadmap/

15. Contra-atacando

1   Matt Corallo, "Block Size Increase", Bitcoin-development mailing list, 06 de maio, 2015, https://lists.linuxfoundation.org/pipermail/bitcoin-dev/2015-May/007869.html

2   Satoshi Nakamoto, "Bitcoin: A Peer-to-Peer Electronic Cash System", 2008, https://www.bitcoin.com/bitcoin.pdf

3   Maria Bustillos, Inside the Fight Over Bitcoin's Future, The New Yorker, 25 de agosto, 2015, https://www.newyorker.com/business/currency/inside-the-fight-over-bitcoins-future

4   Mike Hearn, "The resolution of the Bitcoin experiment", Medium, 14 de janeiro, 2016, https://blog.plan99.net/the-resolution-of-the-bitcoin-experiment-dabb30201f7

5   Pieter Wuille, "Bitcoin Core and hard forks", Bitcoin-dev mailing list, 22 de julho, 2015, https://lists.linuxfoundation.org/pipermail/bitcoin-dev/2015-July/009515.html

6   Stephen Pair, Peter Smith, Jeremy Allaire, Sean Neville, Sam Cole, Charles, Cascarilla, John McDonnell, Wences Casares and Mike Belshe, "Our community stands at a crossroads." 24 de agosto, 2015, https://web.archive.org/web/20150905190229/https://blog.blockchain.com/wp-content/uploads/2015/08/Industry-Block-Size-letter-All-Signed.pdf

7   Joseph Young, "7 Leading Bitcoin Companies Pledge Support for BIP 101 and Bigger Blocks", Bitcoin Magazine, 24 de agosto, 2015, https://bitcoinmagazine.com/technical/7-leading-bitcoin-companies-pledge-support-BIP 101-bigger-blocks-1440450931

8   F2Pool, Mining Pool Technical Meeting – Blocksize Increases, 12 de junho, 2015, https://imgur.com/a/LlDRr

9   Mike Hearn, "Why is Bitcoin forking?", Medium, 15 de agosto, 2015, https://medium.com/faith-and-future/why-is-bitcoin-forking-d647312d22c1

16. Bloqueando a Saída

1   "Bitcoin.org Hard Fork Policy", Bitcoin, 16 de junho, 2015, https://cloud.githubusercontent.com/assets/61096/8162837/d2c9b502-134d-11e5-9a8b-27c65c0e0356.png

2   Harding, "Blog: Bitcoin.org Position on Hard Forks #894", GitHub, 16 de junho, 2015, https://github.com/bitcoin-dot-org/bitcoin.org/pull/894#issuecomment-112121007 – double check

3   Harding, "Blog: Bitcoin.org Position on Hard Forks #894", GitHub, 16 de junho, 2015, https://github.com/bitcoin-dot-org/bitcoin.org/pull/894#issuecomment-112123722

4   Tiraspol, "These Mods need to be changed. Up-Vote if you agree", Reddit, 16 de agosto, 2015, https://archive.ph/rum9c

5   Theymos, "It's time for a break: About the recent mess & temporary new rules", Reddit, 17 de agosto, 2015, https://www.reddit.com/r/Bitcoin/comments/3h9cq4/its_time_for_a_break_about_the_recent_mess/

6   Theymos: "I know how moderation affects people." (Bitcoin censorship)", Reddit, 16 de setembro, 2015, https://www.reddit.com/r/bitcoin_uncensored/comments/3l6oni/theymos_i_know_how_moderation_affects_people/

7   John Ratcliff, "Confessions of an r/Bitcoin Moderator", Let's Talk Bitcoin, 19 de agosto, 2015, https://archive.ph/6loqD

8   "So long, and thanks for all the fish." Reddit, 30 de agosto, 2015, https://www.reddit.com/r/bitcoin_uncensored/comments/3iwzmk/so_long_and_thanks_for_all_the_fish/cuonqqu/?utm_source=share&utm_medium=web2x

9   Tom Simonite, "Allegations of Dirty Tricks as Effort to "Rescue" Bitcoin Falters", MIT Technology Review, 08 de setembro, 2015, https://www.technologyreview.com/2015/09/08/166310/allegations-of-dirty-tricks-as-effort-to-rescue-bitcoin-falters/

10   Celean, "UDP flood DDoS attacks against XT nodes", Reddit, 29 de agosto, 2015, https://www.reddit.com/r/bitcoinxt/comments/3iumsr/udp_flood_ddos_attacks_against_xt_nodes/

11   Sqrt7744, "PSA: If you're running an XT node in stealth mode, now would be a great time disable that feature, DDOS attacks on nodes (other than Coinbase) seem to have stopped, it's a great time to show support publicly." Reddit, 27 de dezembro, 2015, https://www.reddit.com/r/bitcoinxt/comments/3yewit/psa_if_youre_running_an_xt_node_in_stealth_mode/

12   Jasonswan, "The DDoSes are still real", Reddit, 03 de setembro, 2015, https://www.reddit.com/r/bitcoinxt/comments/3jg2rt/the_ddoses_are_still_real/cupb74s/?utm_source=share&utm_medium=web2x

13   Oddvisions, "I support BIP 101", Reddit, 03 de setembro, 2015, https://www.reddit.com/r/Bitcoin/comments/3jgtjl/comment/cupg2wr/?utm_source=share&utm_medium=web2x&context=3

14   Aaron van Wirdum, "Coinbase CEO Brian Armstrong: BIP 101 is the Best Proposal We've Seen So Far", Bitcoin Magazine, 03 de novembro, 2015, https://bitcoinmagazine.com/technical/coinbase-ceo-brian-armstrong-bip-is-the-best-proposal-we-ve-seen-so-far-1446584055

15   Desantis, "Coinbase CEO Brian Armstrong: BIP 101 is the Best Proposal We've Seen So Far", Reddit, 03 de novembro, 2015, https://www.reddit.com/r/Bitcoin/comments/3rejl9/coinbase_ceo_brian_armstrong_bip_101_is_the_best/cwpglh6/

16   Brian Armstrong (@brian_armstrong), Twitter, 26 de dezembro, 2015, https://archive.ph/PYwTA

17   Cobra-Bitcoin, "Remove Coinbase from the 'Choose your Wallet' page #1178", GitHub, 27 de dezembro, 2015, https://github.com/bitcoin-dot-org/bitcoin.org/pull/1178

18   *Ibid.*

19   Oliver Janssens (@oliverjanss), Twitter, 27 de dezembro, 2015, https://twitter.com/olivierjanss/status/681178084846993408?s=20

20   Cobra-Bitcoin, "Remove Coinbase from the 'Choose your Wallet' page #1178", GitHub, 27 de dezembro, 2015, https://github.com/bitcoin-dot-org/bitcoin.org/pull/1178

21 CrimBit, "Hackers DDoS Coinbase, website down", Bitcoin Forum, 28 de dezembro, 2015, https://bitcointalk.org/index.php?topic=1306974.0

17. Em Ligação Direta para a Liquidação

1 Cobra-Bitcoin, "Remove Coinbase from the 'Choose your Wallet' page #1178", GitHub, 27 de dezembro, 2015, https://github.com/bitcoin-dot-org/bitcoin.org/pull/1178#issuecomment-167389049

2 Satoshi, "Re: [PATCH] increase block size limit", Bitcoin Forum, 04 de outubro, 2010, https://bitcointalk.org/index.php?topic=1347.msg15366#msg15366

3 Cade Metz, "The Bitcoin Schism Shows the Genius of Open Source", Wired, 19 de agosto, 2015, https://www.wired.com/2015/08/bitcoin-schism-shows-genius-open-source/

4 Cobra-Bitcoin, "Remove Coinbase from the 'Choose your Wallet' page #1178", GitHub, 27 de dezembro, 2015, https://github.com/bitcoin-dot-org/bitcoin.org/pull/1178#issuecomment-167389049

5 Aaron van Wirdum, "Chinese Mining Pools Call for Consensus; Refuse Switch to Bitcoin XT", Cointelegraph, 24 de julho, 2015, https://cointelegraph.com/news/chinese-mining-pools-call-for-consensus-refuse-switch-to-bitcoin-xt

6 Ibid.

7 Adam Back (@adam3us), Twitter, 26 de agosto, 2015, https://twitter.com/adam3us/status/636410827969421312

8 Adam Back (@adam3us), Twitter, 30 de dezembro, 2015, https://twitter.com/adam3us/status/682335248504365056

9 Mike Hearn, "AMA: Ask Mike Anything", Reddit, 05 de abril, 2018, https://www.reddit.com/r/btc/comments/89z483/comment/dwup253/

10 Mike Hearn, "The resolution of the Bitcoin experiment", Medium, 14 de janeiro, 2016, https://blog.plan99.net/the-resolution-of-the-bitcoin-experiment-dabb30201f7

11 Jeff Garzik, "Bitcoin is Being Hot-Wired for Settlement", Medium, 29 de dezembro, 2015, https://medium.com/@jgarzik/bitcoin-is-being-hot-wired-for-settlement-a5beb1df223a#.850eazy81

12   BitPay's Bitcoin Payments Volume Grows by 328%, On Pace for $1 Billion Yearly", BitPay, 02 de outubro, 2017, https://web.archive.org/web/20200517164537/https://bitpay.com/blog/bitpay-growth-2017/

13   Stephen Pair, "Bitcoin as a Settlement System", Medium, 05 de janeiro, 2016, https://medium.com/@spair/bitcoin-as-a-settlement-system-13f86c5622e3#.59s53nck6

14   Stephen Pair, "Miners Control Bitcoin: ... and that's a good thing", Medium, 04 de janeiro, 2016, https://medium.com/@spair/miners-control-bitcoin-eea7a8479c9c

15   "Bitcoin is not ruled by miners", Bitcoin Wiki, 18 de agosto, 2023, https://en.bitcoin.it/wiki/Bitcoin_is_not_ruled_by_miners

16   "Bitcoin is not ruled by miners", Bitcoin Wiki, 18 de agosto, 2023, https://en.bitcoin.it/wiki/Bitcoin_is_not_ruled_by_miners

18. De Hong Kong a Nova York

1   "What Happened at The Satoshi Roundtable", Coinbase, 04 de março, 2016, https://blog.coinbase.com/what-happened-at-the-satoshi-roundtable-6c11a10d8cdf

2   "Consensus census", Google Docs, https://docs.google.com/spreadsheets/d/1Cg9Qo9Vl5PdJYD4EiHnIGMV3G48pWmcWI3NFoKKfIzU/edit#gid=0

3   "49% of Bitcoin mining pools support Bitcoin Classic already (as of January 15, 2016)", Reddit, 15 de janeiro, 2016, https://www.reddit.com/r/btc/comments/414qxh/49_of_bitcoin_mining_pools_support_bitcoin/

4   Paul Vigna, "Is Bitcoin Breaking Up?", The Wall Street Journal, 17 de janeiro, 2016 https://archive.ph/lK24o#selection-4511.0-4511.263

5   "49% of Bitcoin mining pools support Bitcoin Classic already (as of January 15, 2016)", Reddit, 15 de janeiro, 2016, https://www.reddit.com/r/btc/comments/414qxh/comment/cz063na/?utm_source=share&utm_medium=web2x&context=3

6   "49% of Bitcoin mining pools support Bitcoin Classic already (as of January 15, 2016)", Reddit, 15 de janeiro, 2016, https://www.reddit.com/r/btc/comments/414qxh/comment/cz0hwzz/?utm_source=share&utm_medium=web2x&context=3

7   Bitcoin Roundtable, "Bitcoin Roundtable Consensus", Medium, 20 de fevereiro, 2016, https://medium.com/@bitcoinroundtable/bitcoin-roundtable-consensus-266d475a61ff#.8vbwu3ft7

8   The Future of Bitcoin, "Dr. Peter Rizun – SegWit Coins are not Bitcoins – Arnhem 2017", YouTube, July 7, 2017, https://www.youtube.com/watch?v=VoFb3mcxluY

9   "What Happened at The Satoshi Roundtable", Coinbase, 04 de março, 2016, https://blog.coinbase.com/what-happened-at-the-satoshi-roundtable-6c11a10d8cdf

10   "Bitcoin Classic Nodes Under Heavy DDoS Attack", Blocky, 28 de fevereiro, 2016, https://web.archive.org/web/20160302070655/http://www.blockcy.com/bitcoin-classic-nodes-under-ddos-attack

11   Drew Cordell, "Bitcoin Classic Targeted by DDoS Attacks", Bitcoin.com, 01 de março, 2016, https://news.bitcoin.com/bitcoin-classic-targeted-by-ddos-attacks/

12   Joseph Young, "F2Pool Suffers from Series of DDoS Attacks", Cointelegraph, 02 de março, 2016, https://cointelegraph.com/news/f2pool-suffers-from-series-of-ddos-attacks

13   Coin Dance, "Bitcoin Classic Node Summary", https://coin.dance/nodes/classic, agosto de 2023

14   Cobra-Bitcoin, "Amendments to the Bitcoin paper #1325", GitHub, 02 de julho, 2016, https://github.com/bitcoin-dot-org/bitcoin.org/issues/1325

15   *Ibid*

16   Theymos, "Policy to fight against 'miners control Bitcoin' narrative #1904", GitHub, 08 de novembro, 2017, https://github.com/bitcoin-dot-org/bitcoin.org/issues/1904

17   *Ibid.*

18   Charlie Shrem (@CharlieShrem), Twitter, 19 de janeiro, 2017, https://twitter.com/CharlieShrem/status/822189031954022401

19   Andrew Quentson, "Bitcoin Core Supporter Threatens Zero Day Exploit if Bitcoin Unlimited Hardforks", CCN, 04 de março, 2021, https://www.ccn.com/bitcoin-core-supporter-threatens-zero-day-exploit-bitcoin-unlimited-hardforks/

20   Yuji Nakamura, "Divisive 'Bitcoin Unlimited' Solution Crashes After Bug Discovered", Bloomberg Technology, 15 de março, 2017, https://web. archive.org/web/20170315070841/https://www.bloomberg.com/news/ articles/2017-03-15/divisive-bitcoin-unlimited-solution-crashes-after-bug-exploit

21   Digital Currency Group, "Bitcoin Scaling Agreement at Consensus 2017", Medium, 23 de maio, 2017, https://dcgco.medium.com/bitcoin-scaling-agreement-at-consensus-2017-133521fe9a77

22   ViaBTC, "Why we don't support SegWit", Medium, 19 de abril, 2017, https://viabtc.medium.com/why-we-dont-support-segwit-91d44475cc18

23   Gmaxwell, "Re: ToominCoin aka "Bitcoin_Classic" #R3KT", Bitcoin Forum, 13 de maio, 2016, https://bitcointalk.org/index. php?topic=1330553.msg14835202#msg14835202

24   Mike Hearn, Hacker News, Y Combinator, 28 de março, 2016, https://news.ycombinator.com/item?id=11373362

19. Os Chapeleiros Malucos

1   Shaolinfry, "Moving towards user activated soft fork activation", Bitcoin-dev mailing list, 25 de fevereiro, 2017, https://lists.linuxfoundation. org/pipermail/bitcoin-dev/2017-February/013643.html

2   Jordan Tuwiner, "UASF / User Activated Soft Fork: What is It?", Buy Bitcoin Worldwide, 03 de janeiro, 2023, https://www.buybitcoinworldwide. com/uasf/

3   Washington Sanchez (@drwasho), Twitter, 17 de maio, 2017, https:// twitter.com/drwasho/status/864651283050897408

4   Samson Mow (@Excellion), Twitter, 22 de março, 2017, https://twitter. com/excellion/status/844349077638676480

5   Adam Back (@adam3us), Twitter, 03 de outubro, 2017, https://twitter. com/adam3us/status/915232292825698305?s=20

6   Btc Drak, "A Segwit2x BIP", Bitcoin-dev mailing list, 08 de julho, 2017, https://lists.linuxfoundation.org/pipermail/bitcoin-dev/2017-July/014716.html

7   AlexHM, "BTCC just started signalling NYA. They went offline briefly.

That's over 80%. Good job, everyone." Reddit, 20 de junho, 2017, https://www.reddit.com/r/btc/comments/6ice15/btcc_just_started_signalling_nya_they_went/dj5dsuy/

8   Samson Mow (@Excellion), Twitter, 29 de março, 2017, https://twitter.com/Excellion/status/847159680556187648

9   Edmund Edgar (@edmundedgar), Twitter, 30 de março, 2017, https://twitter.com/edmundedgar/status/847213867503460352

10   Samson Mow (@Excellion), Twitter, 30 de março, 2017, https://twitter.com/excellion/status/847273464461352960

11   Adam Back (@adam3us), Twitter, 01 de abril, 2017, https://archive.ph/WJdZj

12   Peter Todd (@peterktodd), Twitter, 19 de julho, 2017, https://twitter.com/peterktodd/status/887656660801605633

13   Nullc, "Segwit is a 2 MB block size increase, full stop." Reddit, 13 de agosto, 2017, https://archive.ph/8d6Jm

14   Eric Lombrozo (@eric_lombrozo), Twitter, 20 de abril, 2017, https://archive.ph/9xTbZ

15   "Is SegWit a block size increase?", Segwit.org, 29 de agosto, 2017, https://archive.ph/lEpFf

16   Delist NYA participants from bitcoin.org #1753", GitHub, 18 de agosto, 2017, https://github.com/bitcoin-dot-org/bitcoin.org/issues/1753#issuecomment-332300306

17   Cobra-Bitcoin, "Add Segwit2x Safety Alert #1824 ", GitHub, 11 de outubro, 2017, https://github.com/bitcoin-dot-org/bitcoin.org/pull/1824

18   "Bitcoin.org to denounce "Segwit2x"", Bitcoin.org, 05 de outubro, 2017, https://web.archive.org/web/20171028193101/https://bitcoin.org/en/posts/denounce-segwit2x

19   Bitcoin.org Plans to "Denounce" Almost All Bitcoin Businesses and Miners", Trustnodes, 06 de outubro, 2017, https://www.trustnodes.com/2017/10/06/bitcoin-org-plans-denounce-almost-bitcoin-businesses-miners

20   SegWit2x Blocks (historical) Summary", Coin Dance, 18 de agosto, 2023, https://web.archive.org/web/20171006030014/https://coin.dance/blocks/segwit2xhistorical

21   Eric Lombrozo, "Bitcoin Cash's mandatory replay protection – an example for B2X", Bitcoin segwit2x mailing list, 22 de agosto, 2017, https://lists.linuxfoundation.org/pipermail/bitcoin segwit2x/2017-August/000259.html

22   Matt Corallo, "Subject: File No. SR-NYSEArca-2017-06", 11 de setembro, 2017, https://www.sec.gov/comments/sr-nysearca-2017-06/nysearca201706-161046.html

23   Samson Mow (@Excellion), Twitter, 07 de outubro, 2017, https://twitter.com/Excellion/status/916491407270879232

24   Samson Mow (@Excellion), Twitter, 07 de outubro, 2017, https://twitter.com/Excellion/status/916492211700690945

25   Microbit, "Removal of BTC.com wallet? #1660", GitHub, 03 de julho, 2017, https://github.com/bitcoin-dot-org/bitcoin.org/issues/1660#issuecomment-312738631

26   Kokou Adzo, "Best Programming Homework Help Websites for You to Choose", Startup.info, 08 de junho, 2023, https://techburst.io/segwit2x-youre-fucked-if-you-do-you-re-fucked-if-you-don-t-6655a853d8e7

27   "Statement Regarding Upcoming Segwit2x Hard Fork", Bitfinex, 06 de outubro, 2017, https://www.bitfinex.com/posts/223

28   Stephen Pair, "Segwit2x Should Be Canceled", Medium, 08 de novembro, 2017, https://medium.com/@spair/segwit2x-should-be-canceled-b7399c767d34

29   Mike Belshe, "Final Steps", Bitcoin-segwit2x mailing list, 08 de novembro, 2017, https://lists.linuxfoundation.org/pipermail/bitcoin-segwit2x/2017-November/000685.html

30   Gavin Andresen (@gavinandresen), Twitter, 11 de novembro, 2017, https://twitter.com/gavinandresen/status/929377620000681984

20. Desafiante ao Título

1   Vitalik.eth (@VitalikButerin), Twitter, 14 de novembro, 2017, https://mobile.twitter.com/vitalikbuterin/status/930276246671450112

2   Van der Laan, "The widening gyre", Laanwj's blog, 21 de janeiro, 2021, https://laanwj.github.io/2021/01/21/decentralize.html

3   MortuusBestia, "BTC--->BCH has been the most popular trade

on ShapeShift.io for some time", Reddit, https://www.reddit.com/r/CryptoCurrency/comments/8e3eon/comment/dxs2puh/

4 BitcoinIsTehFuture, "It's called 'Bitcoin Cash'. The term 'Bcash' is a social attack run by r/bitcoin." Reddit, 02 de agosto, 2017, https://www.reddit.com/r/btc/comments/6r4no6/its_called_bitcoin_cash_the_term_bcash_is_a/

5 "bashco at least we got a warning right? Cobra I got a concrete head ups, I warned users to check signatures, it's that simple", https://imgur.com/a/wwVSXZW

6 Jonald Fyookball, "Why Some People Call Bitcoin Cash 'bcash'. This Will Be Shocking to New Readers." Medium, 18 de setembro, 2017, https://medium.com/@jonaldfyookball/why-some-people-call-bitcoin-cash-bcash-this-will-be-shocking-to-new-readers-956558da12fb

21. Objeções Infelizes

1 Ammous, *The Bitcoin Standard*, p. 229

2 Latest Bitcoin Blocks by Mining Pool (last 7 days) Summary", Coin Dance, 18 de agosto, 2023, https://coin.dance/blocks/thisweek

3 Mike Hearn, "Re: More BitCoin questions", Bitcoin.com, 10 de janeiro, 2011, https://www.bitcoin.com/satoshi-archive/emails/mike-hearn/12/

4 Awemany, "600 Microseconds: A perspective from the Bitcoin Cash and Bitcoin Unlimited developer who discovered CVE-2018–17144", Bitcoin Unlimited, 22 de setembro, 2018, https://medium.com/@awemany/600-microseconds-b70f87b0b2a6

22. Livre para Inovar

1 Mengerian, "The Story of OP_CHECKDATASIG", Medium, 15 de dezembro, 2018, https://mengerian.medium.com/the-story-of-op-checkdatasig-c2b1b38e801a

2 Kudelski Security, "CashFusion Security Audit", CashFusion, 29 de julho, 2020, https://electroncash.org/fusionaudit.pdf

3 "191457 Fusions since 28/11/2019", Bitcoin Privacy Stats, 18 de agosto, 2023, https://stats.sploit.cash/#/fusion

4   Jamie Redman, "Gigablock Testnet Researchers Mine the World's First 1 GB Block", Bitcoin.com, 16 de outubro, 2017, https://news.bitcoin.com/gigablock-testnet-researchers-mine-the-worlds-first-1gb-block/

5   I have previously stated that the latest RPi4 can process Scalenet's 256 MB blocks in just under ten minutes. I was wrong." Reddit, 08 de julho, 2022, https://np.reddit.com/r/btc/comments/vuiqwm/im_terribly_sorry_as_the_noob_that_i_am_i_have/

23. Ainda "Forkeando" por Aí

1   Gavin Andresen, "Satoshi", Gavin Andresen, 02 de maio, 2016, http://gavinandresen.ninja/satoshi

2   Jiang Zhuoer, "Infrastructure Funding Plan for Bitcoin Cash", Medium, 22 de janeiro, 2020, https://medium.com/@jiangzhuoer/infrastructure-funding-plan-for-bitcoin-cash-131fdcd2412e

3   Amaury Sechet, "Bitcoin ABC's plan for the November 2020 upgrade", Medium, 06 de agosto, 2020, https://amaurysechet.medium.com/bitcoin-abcs-plan-for-the-november-2020-upgrade-65fb84c4348f

4   Peter R. Rizun (@PeterRizun), Twitter, 15 de fevereiro, 2020, https://twitter.com/PeterRizun/status/1228787028734574592

5   MemoryDealers, "Even if Amaury and ABC are the best developers in the world, that doesn't mean they deserve 8% of the block reward." Reddit, 18 de outubro, 2020, https://www.reddit.com/r/btc/comments/jdft5s/comment/g98y9l3/

24. Conclusão

1   Turner Wright, "Coinone will stop withdrawals to unverified external wallets", Cointelegraph, 29 de dezembro, 2021, https://cointelegraph.com/news/coinone-will-stop-withdrawals-to-unverified-external-wallets

2   Mike_Hearn, "AMA: Ask Mike Anything", Reddit, 05 de abril, 2018, https://www.reddit.com/r/btc/comments/89z483/ama_ask_mike_anything/

Sobre o Autor

Roger Ver é o primeiro investidor do mundo em *startups* relacionadas ao Bitcoin, tendo sido uma figura proeminente na indústria de criptomoedas desde o início dela. Os seus investimentos incluem Bitcoin. com, Blockchain.com, Bitpay, Ripple, Shapeshift, Kraken e muitos outros. Na condição de empreendedor da área de tecnologia, Roger imediatamente soube que o Bitcoin estava em vias de mudar o mundo após descobri-lo em 2011. Desde então, ele tem dedicado a sua total atenção ao Bitcoin e a outras *blockchains*.

www.ingramcontent.com/pod-product-compliance
Lightning Source LLC
Chambersburg PA
CBHW031953190326
41520CB00007B/230